U0604397

本书系北京市社会科学基金重大项目（15ZDA41）阶段性成果

砧木与嫁接

中国近代公司法律制度贯通论

孙　喆／著

ROOTSTOCK AND GRAFTING

Comprehensive Research
on Company Legal System
in Modern China

社会科学文献出版社
SOCIAL SCIENCES ACADEMIC PRESS (CHINA)

序

我国经济学者盛洪由于翻译科斯的著作而应邀去美国访学。盛洪介绍了这样一则趣闻：

有一次，科斯给我拿来一本《科学美国人》，其中一篇文章题目叫作《伟大的中国井》，讲的是 18 世纪或更早的时候，中国四川省的盐井在钻井技术上的惊人成就。由于四川地处内陆，海盐运到四川非常昂贵，而四川的地下又蕴藏着大量的浆盐，因此钻井取浆盐的事业有利可图。钻井技术随之发展了起来。据《伟大的中国井》作者介绍，早在一千多年前，四川人就能够钻一百多米深的井了。他们最为辉煌的成就，是 159 年前（1835 年）钻的"燊海"井，深度达 1001 米。而在当时，欧洲人的记录是 535 米，是由一个德国工程师在 1842 年创造的。科斯对这段历史非常感兴趣，他问道，中国过去有那么好的钻井技术，为什么没有用来开采石油和天然气？不仅是中国的技术，他对整个中国文明抱有崇敬之心。……他说，"我近年来对中国的问题感兴趣。对我来说，这是一个很大的谜，即中国有着很高的教育水平和知识水平，中国曾达到过很高的成就，但为什么近代经济革命没有首先在中国发生？阿拉伯国家也是如此。现在英文中的很多科学术语是从阿拉伯语中借用过来的。阿拉伯人在科学、艺术等方面都曾有过非常高的成就。在欧洲，最先发展起来的是西班牙，但工业革命主要是在英国开始的。人们觉得好像工业革命更应该在法国开始。因为法国有更好的知识阶层。区别是，法国一直是一个集中管理的国家，到现在也是如此。什么都由巴黎来决定。法国的总统一定是一个巴黎大学的教授。相对来说，英国更分散化一些。"①

科斯称中国的历史兴衰为"谜"，不理解四川盐井钻井技术如此领先世界的原因。科斯60多年前在酝酿"企业的性质"时，也是在探究一个"谜"的底：既然市场是最有效的，为什么还要有企业？现在科斯所欲探究的这一中国之谜的确是非常复杂的问题。现代中国经济学界、法学界都往往追求急功速效，集中于关注现实的一些策论性研究，然而一些深层问题却无人问津。科斯的关注焦点很令人反思。

鸦片战争之后，国人对于中国的文化、制度很没有自信。中国法律史学界的现状就颇能说明问题。几千年的传统法律文化被描绘得一片漆黑，被鞭挞得体无完肤。不懂中国法律史的外国人通过专门网站在全世界广泛传播中国古代各种血淋淋的凌迟图片，而以耸人听闻的书名对中国传统法律"千刀万剐"的著作被中国学者所追捧。中国历史如此悠久，自然有其举世罕匹的殊胜之处。中国辉煌文明的标志是名物制度；中国文明长久的原因也恰恰在于其名物制度。在中国历史上，制度决定成败。许多王朝能够享国一两百年，其实是与制度密切相关的，是长期打磨的制度在起作用。制度的形成和发展不是一朝一夕的，而是需要很长的时间。笔者在拙著《法律、资源与时空建构：1644—1945年的中国》导论卷中这样指出："现代国家已经成为经济国家，经济问题成为经

---

① 盛洪：《盛洪集》，黑龙江教育出版社，1996，第158~159页。

常性的政治问题，政治被压缩为经济，'经济至上'成为一种无奈的共识。但经济发展是绿叶和果实。冠盖荫翳、硕果压枝无疑给人赏心悦目的春华秋实图景，可是不应该忘记：制度才是其树干。树干的伟岸需要的是时间的沉淀，急蹙难就，圈复一圈的年轮记载着其生成的历史。政治制度改革踯躅不前，制度作为稀缺资源的内卷化现象，和传统社会中小农经济发展的内卷化是一个道理，这样的经济发展最终可能成为一枚美丽的苦果。"①

　　传统的观点认为中国经济是小农经济，一家一户犹同马铃薯一般是分散孤立的经济单位。这种观点大体上是可以成立的，但不能据此否认中国的传统经济生活中没有结社的偏好。这方面的现象应该引起足够的重视。在晚清，一些志士仁人为了倡导商战，为现代公司制度鸣锣开道，将中国与西方加以戏剧化、类型化，极而言之，声称中国人长期存在"宁可一人养一鸡，不愿数人牵一牛"的潜在意识，同业相倾，同道相忮，同利相贼，同力相陵，极大地抑制了社会资本的流动与集中。所谓"一个中国人是条龙，三个中国人变成虫"，中国人缺少一种平等、协商、合作的精神与经验等论点，充盈于耳。《论商务以公司为最善》这样写道："西方所设公司日增一日，商务一日大一日，中国虽亦有仿而行之，但仍然如晨星之可数，风气终未大开，所以商务终未能起色。欲振兴商务，须广设公司，尽管公司不能保证有盈而无绌，但合而计之，所失固巨，以数十人、数百人之力分而任之，则所失亦轻。苟能广设公司，俾一国之人不商而亦商，则商情自熟，商力自厚，自然堪与西人争胜焉。中国之为贸易者动曰，合偷一牛不如独偷

① 张世明：《法律、资源与时空建构：1644—1945年的中国》第1卷，广东省出版集团、广东人民出版社，2012，第74页。

一狗。泰西则不然，各股东莫不协力同心，是以恢恢乎多钱善贾。"[1] 晚清这种对中国传统的批判不足为信，具有明显的意旨偏向性。司马迁在《史记·货殖列传》中早就说过，天下熙熙，皆为利来；天下攘攘，皆为利往。在首创公司制的晚清，与人们所描述的视公司为畏途的说法相反，已出现了对公司发行股票如饮狂泉的追捧情景，更遑论长期以来中国形成的、具有悠久历史的以商业资本集合的各种名目"打会"。在中国传统社会中，虽然政府对于民间资本的集合并没有相关法律加以规范，但在长期的日常生活中通过相互博弈形塑的各种行为的边界、模式与程序，对于当事人具有制约性。这是通过经验的复制和相互感染而形成的法律秩序。

人们通常说瓦特（James Watt）改良蒸汽机揭开了工业革命的序幕、斯蒂芬森（George Stephenson）发明火车标志着近代交通革命的到来，但是，马克思精辟地指出："假如必须等待积累来使某些单个资本增长到能够修建铁路的程度，那么恐怕直到今天世界上还没有铁路。但是，集中通过股份公司转瞬之间就把这件事完成了。"[2] 正是这样，美国哥伦比亚大学前校长巴特勒（Nicholas Murray Butler）在 1911 年曾指出："有限责任公司是当代最伟大的发明；……如果没有它，连蒸汽机、电力技术发明的重要性也得大打折扣。"[3] 中国的商业文化历史悠久，著名的晋商、徽商等商帮之所以能在历史上纵横驰骋，其背后必然以与经营活动适足以

---

① 参详佚名《论商务以公司为最善》，见于何良栋编《皇朝经世文四编》卷 25《户政·公司》，载《近代中国史料丛刊续编》第 77 辑，文海出版社，1972，第 457~458 页。

② 〔德〕卡尔·马克思：《资本论》第 1 卷，人民出版社，1975，第 688 页。

③ Tony Orhnial, *Limited Liability and the Corporation* (London: Croom Helm, 1982), p. 42.

及匹配耦合的产权结构相维相制为支撑，否则不可能如此笑傲江湖，壮气浩然。学术界往往对中国商人的经营活动进行穷形尽相的描述，但对于其背后的法律结构不甚措意，以至于知其然而不知其所以然。在 20 世纪 90 年代初中国实行股份制改造时，国人将包括公司法在内的西方法律制度目为神奇，殊不知中国古人在这方面的制度设计早就表现出令人敬钦的睿智。早在 20 世纪 40 年代，日本著名的中国经济史专家根岸佶（ねぎしただし）就出版了《商事惯行调查报告书：合股的研究》一书，[①] 主要研究清末民国时期的合股，但也涉及了清代前期的合伙制。彭久松教授在 1994 年出版的《中国契约股份制》一书中，通过对自贡盐业档案中的合伙契约进行系统考释，认为自贡井盐业中体现出来的股份制是一种中国人自己创造的、富有民族特点的股份经济制度。曾小萍（Madeleine Zelin）教授曾任哥伦比亚大学东亚研究所主任，其论文《中国早期公司》其实就涉及我们下面力图探讨的问题。[②] 笔者认为，对于中国这些自创自生的法律制度设计应该认真反思，不要以西方在近代形成的一些固定的常识为标准自我贬损，而应该充分揭示这种作为地方性知识的法律的文化背景，并进而在接续传统的基础上为当代的制度创新赋予足够的空间。从"公司"一词的语源学演变分析，我们就可以清晰地看出公司与民族国家形成的复杂关系。一些学者囿于见闻，认为"公司"是对应英文 company 或荷兰文 compagnie 的外来仿译词，从构词学角度而言，"公司"中的"公"含有音译成分，意指共同；"司"指管理或机构。但据日本学者松浦章（まつうらあきら）等人的考证，在早

---

① 〔日〕根岸佶《商事惯行调查报告书：合股的研究》（『商事に関する慣行調査報告書：合股の研究』東亜研究所、昭和 18 年），龙溪书会，2002 年影印版。
② 张世明、步德茂、娜鹤雅主编《世界学者论中国传统法律文化（1644—1911）》，法律出版社，2009，第 263~298 页。

期，英文 company 或荷兰文 compagnie 其实都音译作"公班衙"，而不是"公司"。译作"公司"已经是 18 世纪末的事了。然而，"公司"这个名词或制度却早在 17 世纪就已出现在中文文献中了，是中国本土的产物。① 目前所能见到的最早记载"公司"的历史文献是中研院历史语言研究所出版的《明清史料》。其中有两件与台湾明郑结束时有关的史料，提到了"公司货物"。② 中文"公司"一词的出现原本与海事贸易活动有关，但后来就不限定在海事活动的范围内使用，系指东南沿海地区常见的经济组合形式，被视为"合伙"或"共同事业"的同义语，以致在现代马来文中"kongsi"作为商事法律主体的称谓至今仍在使用。由此看来，"公司"一词并非由外国输入的新名词。③ "公司"一词语源学上的本土性和历史久远性使其最终淘汰了"公班衙"这一闽南语译名，相比较而言，日语在法律中翻译过来的"会社"一词更具有比较优势。在笔者看来，中国明清时期在海上纵横驰骋的商人，虽然不一定能够与荷兰、英国等海上强国相颉颃，但的确也是不容忽视的力量。"公司"的概念和制度作为本土的产物在与西方殖民势力的接触中既敌对而立，又不可避免地吸收对方的元素。当时在东南亚有不少来自华南的中国商人，他们在与荷兰人进行贸易的过程中，或许较早地接触到英文 company 或荷兰文 compagnie 的语汇和制度。④ 马礼逊（Robert Morrison）在《华英词典》（*A Dictionary of the Chinese Language*：*Chinese and English Arranged*

---

① 〔日〕松浦章：《清代"公司"小考》，《清史研究》1993 年第 2 期。

② 《明清史料》丁编第 3 册第 298~299 页《部题福督王国安疏残本》及己编第 7 册第 626~827 页《兵部残题本》。

③ 陈国栋：《东亚海域一千年：历史上的海洋中国与对外贸易》，山东画报出版社，2006，第 111~119 页。

④ 此亦为来自荷兰的印度尼西亚语借词 Kompeni。参见周一良主编《中外文化交流史》，河南人民出版社，1987，第 204 页。

According to the Radicals）第 78 页 "公司"（kung sze）条目之下的解释是 "company of merchant"，同页又解释 "公班衙"（kung pan ya）为 "The English company is called"，继之复解释 "私客"（sze kǐh）为 "A private merchant is called, in contradistinction from a person belonging to a company"。[①] 18 世纪至 19 世纪初期，由于荷兰东印度公司和英国东印度公司在东南亚一带影响巨大，以至广州一口通商时期也以这样的特许公司为执牛耳者，"公班衙"往往被视为这两家公司的专称是不难想象的。从构词学而言，"公班衙"一词是音译兼意译词。这是因为，在鸦片战争以前，无论是荷兰公班衙还是英吉利公班衙，均具有政府特许性质，分别对本国政府承包税收，在一定范围内承担政府职能。正如黄时鉴所言，"公班衙"一词 "汉字音译用字似亦有义"[②]，实为对这种特许公司恰如其分的称谓。我们通常所谓的 "重商主义国家"一词的含义很值得推敲。民族主义与重商主义相结合、民族国家与公司相结合产生荷兰和英国东印度公司这样的特殊组织。诚然，这些特许公司是重商主义的产物，但是，如果没有这些特许公司的空间拓展和资源汲取，西方近代民族国家的建构道路恐怕会是另外一条。值得我们思考的是，中国近代民族国家的建构与明清易代、郑成功反清复明、华商海上贸易、清代秘密社会在海外的发展等之间存在千丝万缕的复杂联系。海外华人接触西方公司制度伊始，荷兰和英国东印度公司的范本对于中国式海外殖民实践是否具有潜移默化的影响？

学术界一般认为，公司制来源于合伙制，而合伙制肇端于业

---

① Robert Morrison, *A Dictionary of the Chinese Language: Chinese and English Arranged According to the Radicals*（the East India Company's Press, 1822）, p.78.
② 爱汉者等编《东西洋考每月统记传》，黄时鉴整理，中华书局，1997，导言第 19 页。

主制。业主制是世界上最古老、最简单的企业组织形式，鸦片战争之前还是中国传统社会中最基本的经济组织形式。根据实现形式，可将业主制分为自有资本和借贷资本两种基本方式。业主制虽是独资经营，但是在个别企业中仍出现了所有权与经营权分离的趋向，这种趋向在合伙制企业中得到了进一步的发展。根据史料记载，春秋时期就已有了合伙制的端倪。明清时期，随着资本主义萌芽的发展、商品经济的繁荣，合伙制的实现形式更加多样化，除了普遍流行的资资合伙、资东合伙外，还出现了多重合伙、附本或附股等形式。此外，在一般合伙基础上还萌生了股份合伙。股份合伙的出现，表明在合伙制企业中近代公司的萌芽又得到了进一步的发展，这为嫁接西方公司制准备了"砧木"。关于合伙制中近代公司制的萌芽，本书以四川自贡井盐业为例进行了论述。

　　中国古老的大地上最早出现的公司是鸦片战争之前的"洋行"或"商馆"；鸦片战争之后，随着西方列强的入侵，公司也大量地渐入中国。公司由于具有筹资快、竞争优势强、经济效益高等优点，很快为国人所效仿。此时，洋务派已认识到公司对经济发展的重要性，官督商办公司盛行一时，其不仅具有西方公司制的因子，而且更具中国传统企业制的色彩，在一定意义上堪称中西合璧的产物。甲午战争后，国人对官督商办公司制的弊端开始进行反思，与此同时，民营公司得到了迅速的发展。在对民营公司发展的探讨上，本书以张謇创办的"绅领商办"公司为例进行了剖析。"绅领商办"公司的创建克服了官督商办公司模式的弊端，大大促进了公司制的发展。但由于建厂过多、铺张过大，消耗了公司本应有的储备金，再加上帝国列强的挤压与排挤，大生纱厂于20世纪20年代开始亏损并最终走向失败。公司早期形态的业主制、合伙制自不待说，就是官督商办、"绅领商办"也深深打着本土资源的烙印：官督商办公司中官僚式管理司空见惯；"绅领商办"公司的代表人物、大生纱厂的创办人张謇在拥有巨大财力的情况下，不是扩大再生产，而是购买土地。

中国近代公司发展的制约因素众多，其中包括缺少公司法的保护和规制。在中国近代公司制发展的过程中，公司立法的呼声始终不断。中国近代第一部商事立法——《公司律》的颁布使公司的发展逐渐得以规范化及法律化。商部依据《公司律》对不符合条件的公司进行了规范与调整，从而将公司的注册、经营纳入法制化的轨道，促进了传统官商关系的改善。但由于颁布得仓促，《公司律》存在很大的缺陷与不足，如脱离国情、缺乏对中国商事习惯的吸收、内容简略、可操作性不强等，其中最重要的就是没有确定公司的法人地位。这一点直到《公司条例》颁布才得以补救。本书以制度变迁理论为指导、以本土资源为中心对近代公司制的发展变迁进行了粗略的勾画，同时就《公司律》对公司的规范作用进行了探究。

追随西方尤其欧美是近现代中国和日本学术界的普遍现象。日本学者手岛孝指出，就法学而言，甚至在年轻的一代"德国朝圣"还没有灭绝，"学术"论文做法以德国为首，欧美"蓝本"研究依然被作为正统。这种宿疾至今仍不少。① "即使是现在，日本的法学家，辛苦去到世界的另一端，将该树若干好的树枝剪下带回来，自家客厅壁龛插，着迷睇视，不可一世。枯萎后，又出去补充。在这过程中，灵机一动，啪的一声拍了下膝盖，原来是要全部连根拔起，先在自家花园里种植，松了一口气。但是，唉，土壤不匹配，也枯萎了！"② 法律和法学的继受中逾淮为枳的情形比比皆是，大多牵涉水土不服问题。当然，歌德所说的"大师最

---

① 〔日〕手岛孝「法学よ何処へ往く」『法政研究』第 66 卷第 4 号、2000 年。
② 〔日〕手岛孝「法学よ何処へ往く」『法政研究』第 66 卷第 4 号、2000 年。

初出现在限制之中"（In der Beschränkung zeigt sich erst der Meister），有真理的一面。但是，中国的学术一贯强调疏通致远与掘井汲泉。如果没有"现在"这架天平，我们无法确知"过去"的分量。在解读历史的意义时，我们事实上不仅以实在的"现在"为坐标，而且以非实在的"未来"为参照。由于文化上的不自信，学术界往往以中附西，西方的理论一出现，马上凑泊过去加以诠释发挥。主持清末修律的沈家本就强调，中西法道理自在天壤，说道真确处，古今中外归于一，不必左偏右祖。道高龙虎伏，德重鬼神钦。关键在于我们自己挖掘得够不够深。只有磨穿铁砚，西方人才称你为"世界的惧畏"，才能 agreed to disagree。火候不到肉不烂，挖地不深水不现。这需要钻燧取火的研磨功夫，对问题进行精细化的研究。

衡量一部学术著作价值的高低，关键是看其能否做到"三新"，即材料新、视角新、观点新。相对于材料新，视角新、观点新更为重要。"视角新"是指用新的视角（或方法）对材料进行分析和研究；"观点新"是指通过新视角的研究得出新的认识，提出新的观点。《砧木与嫁接：中国近代公司法律制度贯通论》虽未完全利用新材料，但因有新视角、新观点，故可以说其有相当的学术价值。所谓新视角，是指其从本土资源的立场来探究近代中国公司的发展历程。笔者认为，孙喆博士这部著作的最大贡献在于从本土资源的视角考察了近代中国公司制的发展、演变，不仅为学术界研究公司制提供了新的视角和方法，也为学术界重新认识和评价中国近代公司制提供了有益的启示。

孙喆博士的《砧木与嫁接：中国近代公司法律制度贯通论》即将付梓，索序于我。作为其博士学位论文的指导教师，笔者当初参与了这部著作的构思与讨论。如今呈现给读者的这部作品，是其在获得博士学位后经过六七年的深入研究与修订的成果，无论在内容上还是在思想上，较之前的文本都厚重、深刻了许多，也给予了读者更多的思考。不可否认，本书还有诸多不足之处，绠短汲深，力有不逮，无论是在史料的运用、观点的论证还是结构的设计、内容的安排等方面都存在可以商榷的地方，但考虑到孙喆博士还是一个学术上的新人，他的学术道路还很漫长，故可以说他的这些不足只是其学术成长道路上必须克服的困难。因此，我们应当以宽容之心待之。是为序。

张世明

2017 年 12 月于中国人民大学明法楼

目　录

绪　论

一　选题意义与相关概念界定

（一）问题的提出与选题意义

在人类社会经济发展进程中，公司制的出现可谓具有划时代的意义，这是因为，公司制的建立对社会生产力的发展、人类的进步，均产生了巨大的推动作用。社会生产力突飞猛进的历史事实已经证明：建立在市场经济基础上的公司制企业，作为一种制度基础和保证，能够最大限度地促进社会资源的优化配置，进而转化为现实的社会生产力，起到推动社会经济发展的强力"杠杆"作用。

公司制自诞生以来，已经为社会生产力的发展做出了巨大的贡献，而且这样的贡献还将继续。马克思曾对公司制促进社会生产力发展的这种作用进行了精彩的描述：公司制"对国民经济的迅速增长的影响恐怕估计再高也不为过"；"它们是发展社会生产力的强大杠杆"；"假如必须等待积累使单个资本增长到能够修建铁路的程度，那么恐怕直到今天世界上还没有铁路，但是集中通过股份公司转眼之间就把这件事完成了"。① 德国法律史学家茹瑟

---

① 〔德〕卡尔·马克思：《资本论》第 1 卷，人民出版社，1998，第 688 页。

夫·科勒对公司制的这种作用也给予了高度的评价："股份公司是一种使其他一切形式都黯然失色的组织。可以说，以其财政力量，能征服整个世界。"① 美国学者伯利和米恩斯就公司对社会生产力的巨大促进作用也给予了肯定："它（公司）已经发展到这样一种惊人的程度，可以说已经演进成了'公司制'——就像曾经存在的封建制度一样，它结合了若干制度和权力，已经有资格被视为一种主要的社会制度"，"这种制度对整个国家的生活和每一个人的生活，都肯定会有着巨大的冲击；它甚至会决定在这种制度下生活的大多数人的大部分行为"，"公司制通过其对财产权益的动员，已经成为经济组织的首要因素"了。② 由于公司在现代社会经济发展中有着这样举足轻重的作用，国外对它已进行了深入的研究，在长期实行市场经济的国家或地区尤其如此。在中国，十四届三中全会通过的《关于建立社会主义市场经济体制若干问题的决定》等文件，明确了建立以公有制为核心的现代企业制度是国有大中型企业改革的方向。1994年7月1日正式实施了1993年底通过的《中华人民共和国公司法》，此后又出台了一系列相关的法律法规。中共十五大指出，要按"产权清晰、权责明确、政企分开、管理科学"的十六字方针，对国有大中型企业进行规范性的公司制改革，使企业成为适应市场的法人实体和竞争主体。十六大报告又明确指出，"按照现代企业的要求，国有大中型企业继续实行规范的公司制改革，完善法人治理结构。推进垄断行业改革，积极引进竞争机制。通过市场和政策引导，发展具有国际竞争力的大公司大企业集团"。在大中型国有企业进行公司制改革的背景

---

① 〔美〕詹姆斯·W.汤普逊：《中世纪晚期欧洲经济社会史》，徐家玲等译，商务印书馆，1996，第601页。

② 〔美〕阿道夫·A.伯利、C.米恩斯：《现代公司与私有财产》，甘华鸣、罗锐韧、蔡如海译，商务印书馆，2005，第3~4页。

下，具有一定规模的民营企业、家族企业以及乡镇企业也进行了公司制的改革。

在企业进行公司制改革的同时，学术界也掀起了对公司研究的热潮。公司作为一种企业组织形式，在其起源和发展的漫长历史中，对各个历史时期的经济发展，尤其是对资本主义经济的发展起到了巨大的推动作用。然而，公司制这一在西方文化环境中行之有效的企业制度，在嫁接到中国后却百弊丛生，难以发挥应有的功效，难以与中国的经济、政治、文化相融合。针对这种现象，学人前辈除了从现实中寻找原因外，还更多地从历史中寻找解决的办法。方流芳先生认为："如果以欧洲东印度公司与中国近代的交往为起点的话，中国试图了解和学习西方公司已有300多年的历史了，但无论是在大清帝国、民国政府，还是现在中华人民共和国，到目前为止，公司的运用都未起到显著的效果。清末中国派往英国的第一位外交官提出，为什么公司这种制度在西方运用的很好，但到中国以后，却一筹莫展；为什么中国古代出现了晋商、徽商等很有成就的商人，但近代以后，中国刚引进公司，这就出现很多弊端。……要回答这些问题就需要我们回到历史中去。"① 张忠民先生也如是说："如果没有对近代中国历史上曾经出现和生成过的公司制度的了解，就会缺乏一种对当今中国建立现代企业制度必要性和可能性的历史认识。……如果只顾及西方发达国家公司制度的历史和理论，而忽略对近代中国曾经存在近百年之久的公司制度变迁、演进的历史考察，并且从中寻找出一些有益的历史启示，岂不是一种对民族历史的虚无。"② 历史研究不

① 方流芳：《温故知新——谈公司法修改》，载郭锋主编《公司法修改纵横谈》，法律出版社，2000，第35~36页。
② 张忠民：《艰难的变迁——近代中国公司制度研究》，上海社会科学院出版社，2002，"导论"第1~2页。

仅是展现史实的重要手段，更应当为当今及未来的发展提供借鉴与启迪，即所谓的"知古鉴今"。只有"知古鉴今"，才能对历史发展有更深刻的了解，才能对今后建设和发展的目标有更清晰的认识，尤其是公司这种从西方引进的经济组织形式。分析其移植中国后的种种弊端及发展演变特点，探讨其与中国文化、经济、政治融合的深层原因，对于我国当今公司体制的建立和发展，都具有相当的参考价值和启迪作用。

（二）相关概念的阐释与界定

"近代"一词是学术界研究近代问题不可逾越的一个概念，但学者由于研究问题视域的不同，对此概念的界定也不尽相同。根据本书研究的特点，笔者基本上把近代的时间范围界定为从19世纪40年代的鸦片战争开始至20世纪20年代的北洋政府统治时期。本书之所以这样界定，主要是以近代公司制度的发展变迁来酌定的。鸦片战争后，公司随着西方列强的侵略而渐入中国。中国的传统企业组织，无论是业主制还是合伙制，在拥有强大竞争力的公司面前都显得束手无策，于是中国人开始以传统企业组织为"砧木"来嫁接西方公司制这个接穗，这样就开启了近代中国公司制变迁的肇端，至20世纪20年代这一过程基本完成。所以，本书研究的时间也就截至20世纪20年代。南京国民政府建立之后，公司开始了企业化的过程，这已不是本书研究的范围。

"绅领商办"是19世纪末20世纪初由张謇利用官股发展起来的一种特殊的民营公司。具体来说，"绅领商办"就是由士绅（张謇）借助官股创建的民营公司。但为了避免官方对公司的无端干预，公司在创建之初，就确定了官、商双方的权利与义务。根据协议，官方只能到期获取官利，不能委派官员在公司内任职以干预企业的经营活动。张謇作为总理，"介官商之间，兼官商之任"，以官府代理人和商股代表的双重身份从事企业的经营。后文对民营公司进行论述时，就是以张謇创建的"绅领商办"模式来探讨的。需要说明的是，本书对"绅领商办"的研究虽然延伸至20世纪20年代，但对其进行的法律解读则是以《公司律》为主的。原因是1907年大生纱厂召开第一次股东大会时，根据《公司律》的精神基本确定了"绅领商办"式大生纱厂的大政方针，此后虽有1914年《公司条例》的颁布，但对"绅领商办"式的大生纱厂进行法律规范的还是以《公司律》为主，所以本书对"绅领商办"式大生纱厂的法律解读是以《公司律》为准的。

二 文献综述

要深入探讨公司制度及其发展的历程，首先要对学术界利用制度及其变迁原理对企业制度进行研究的相关论著做一梳理；其次，由于受社会环境的影响，公司制度已经成为众多学者研究讨论的一个焦点，与此相应的研究成果也颇多，所以只有在总结和梳理这两类研究成果的基础上，才能为公司制度及其变迁研究创造良好的基础。但有关公司制方面的论文及书籍，真可谓浩如烟海，在有限的时间内是无法穷尽的，所以笔者仅对与本书密切相关的论著加以论述，以期从中借鉴前辈学人的研究成果与经验，以完成本书的论证。

（一）制度变迁理论研究的相关成果

自20世纪90年代制度经济学引入我国以来，学人利用其制度、制度变迁原理对中国现实问题进行了大量的研究与探讨。

李敦祥的专著《企业发展与制度创新》，从制度创新的角度对企业的本质、企业制度、企业组织形式的发展演变进行了分析研究。① 同样，何立胜的《制度创新与产业变迁》，也是利用新经济制度学中的制度创新原理对产业发展变迁的制度、制度供给、制度需求、制度功能及制度变迁的路径进行了分析研究。② 刘建生等人编写的《明清晋商制度变迁研究》③ 及《晋商信用制度及其变迁研究》④，运用制度、制度变迁原理对明清时期晋商及晋商信用制度的变迁进行了论述。王玉茹的《制度变迁与中国近代化工业》主要阐明了，中国在由传统社会向近代社会转变过程中的制度变化及其对国家工业化的影响。⑤ 杜恂诚的《金融制度变迁史的中外比较》，尝试性地运用新制度经济学的制度变迁理论对近代中外金融业制度变迁的不同特征进行比较，认为诱致性变迁和强制性变迁是可以交替发生的，而且在不同的国家这种交替的规律是不同的。⑥ 古志辉在《制度、制度变迁与企业行为：理论与实证》一书中，以博弈论、一般均衡理论和社会选择理论为基础，运用以拓扑学与微分几何等基础数学为主的建模方法，对制度、制度变迁的内涵逻辑进行了理论探索，并结合中国经济转轨的历史进行了实证研究。⑦ 郭冠清在《文化、技术与企业制度变迁》一书中，利用制度分析的逻辑，将新制度经济学和马克思主义经济学结合起来，研究了企业制度变迁的规律，并在此基础上建立了企业变迁模型，还利用该模型对企业变迁规律进行了实证检验。⑧ 于干千在《唐代国家土地政策变迁与土地制度演进》一书中，运

① 李敦祥：《企业发展与制度创新》，广西人民出版社，2000。
② 何立胜：《制度创新与产业变迁》，中国财政经济出版社，2009。
③ 刘建生等编《明清晋商制度变迁研究》，山西人民出版社，2004。
④ 刘建生等编《晋商信用制度及其变迁研究》，山西经济出版社，2008。
⑤ 王玉茹：《制度变迁与中国近代化工业》，陕西人民出版社，2000。
⑥ 杜恂诚：《金融制度变迁史的中外比较》，上海社会科学院出版社，2004。
⑦ 古志辉：《制度、制度变迁与企业行为：理论与实证》，经济科学出版社，2007。
⑧ 郭冠清：《文化、技术与企业制度变迁》，中国经济出版社，2006。

用制度、制度变迁与制度创新的理论对唐代前期、后期土地政策的变迁进行了研究，并在此基础上揭示了唐代国家土地政策与土地制度的关系。① 张雪艳的《中国经济制度变迁理论与实践研究》分为上、下两篇，上篇论述了制度、制度变迁的各种理论；下篇运用这些理论分析研究了中国改革开放以来所遇到的实际问题，并试图为中国所面临的经济困境寻找解决的突破口。② 傅夏仙的博士学位论文《股份合作制：理论、实践及其适宜领域》以制度变迁理论为主要分析工具，以浙江省为主要研究对象，对产生于 20世纪 80 年代中期的农村股份合作制的制度变迁路径、制度特点、产权结构、治理结构进行了实证分析和理论探索，并进一步总结了股份合作制在农业、土地适度规模经营以及农业产业化经营中的具体发展状况，提出了促进股份合作制进一步发挥其制度优势的设想和政策建议。③ 陈育琴的博士学位论文《中国家族企业制度变迁研究》，采用制度分析法和成本收益法对家族制度所面临的问题、变迁的原因、变迁的条件、变迁的模式及目标进行了系统的分析研究。④ 何丰的博士学位论文《制度变迁中的企业创新研究》，以技术创新为主线贯穿企业内部创新、企业间创新、市场制度创新、政府职能创新、国家创新系统的多层次激励制度系统，在马克思主义经济理论的基础上，借鉴西方创新理论和制度经济学的科学成分，全面系统地研究了在中国经济转型过程中企业技术创新与制度创新的互动关系，以期更好地指导我国企业创新的路径

---

① 于干千：《唐代国家土地政策变迁与土地制度演进》，经济科学出版社，2007。
② 张雪艳：《中国经济制度变迁理论与实践研究》，白山出版社，2006。
③ 傅夏仙：《股份合作制：理论、实践及其适宜领域》，博士学位论文，浙江大学，2003。
④ 陈育琴：《中国家族企业制度变迁研究》，博士学位论文，中共中央党校，2004。

选择。① 宗兆昌的博士学位论文《强制性制度变迁背景下的中国资本市场经济效率》，利用制度变迁理论对中国证券市场制度变迁的历程进行了分析，分析了其由诱致性变迁到强制性变迁的演变过程，重点剖析了强制性制度变迁背景下中国证券市场的特征和缺陷。② 康继军的博士学位论文《中国转型期的制度变迁与经济增长》，对中国转型期（1978—2003 年）的制度变迁与经济增长进行了研究，在对现有新制度经济学制度变迁研究方法加以总结的基础上，使用经济增长理论分析与计量经济学实证研究相结合的方法，对实证研究结论进行了经济学分析并提出了相应的政策建议。③ 龚会莲的博士学位论文《变迁中的民国工业史（1912—1936）》，在厘清民国期间工业发展过程的基础上对近代中国工业发展的经济结构做了细致的分析；此外，作者分别对北京国民政府、南京国民政府时期的工业发展状况进行了考察，并对1912~1936 年的工业发展状况做了一个整体性的总结和思考。④ 曹雪松的博士学位论文《中国国有企业制度及目标模式探索》，利用制度变迁的原理对中华人民共和国成立后的国有企业制度的发展模式进行了探索总结。⑤ 从上述的分析可见，目前还没有利用制度、制度变迁的原理对近代公司制度进行研究的论著，所以从这个角度对近代中国公司制度进行研究还是有必要的。

---

① 何丰：《制度变迁中的企业创新研究》，博士学位论文，复旦大学，2004。
② 宗兆昌：《强制性制度变迁背景下的中国资本市场经济效率》，博士学位论文，河海大学，2005。
③ 康继军：《中国转型期的制度变迁与经济增长》，博士学位论文，重庆大学，2006。
④ 龚会莲：《变迁中的民国工业史（1912—1936）》，博士学位论文，西北大学，2007。
⑤ 曹雪松：《中国国有企业制度及目标模式探索》，博士学位论文，吉林大学，2009。

（二）公司制研究的现状

1. 国内研究现状

公司作为企业组织的最高形态，部分国人在鸦片战争之前对其就已有所认识。如魏源在其宏著《海国图志》中说："西洋互市广东者数十国，皆散商，无公司，惟英吉利有之。公司者，数十商辏资营运，出则通力合作，归则计本均分，其局大而联。"[1]

鸦片战争后，随着国门的洞开，外国商人得以在五口通商口岸创建公司，如英商怡和洋行（Jardine, Mathe, & Co., Ltd.）、宝顺洋行（Dent, Beal & Co.），美商琼记洋行（A. Heaid & Co.）、旗昌洋行（Rusesl & Co.），等等。由于公司具有快速募集资本、分摊风险、取得利润等优点，一些接触西学的有识之士，如王韬、马建忠、薛福成、郑观应、陈炽、康有为、梁启超、严复等便开始著书立说，介绍与宣传公司制。如薛福成在《庸庵海外文编》中设有专篇《论公司不举之病》来论述公司迅速集聚资本的优点。陈炽在《纠集公司说》中也述说实行公司制的好处："二百年来，英商之所以横行四海，独擅利权者也，西班牙、法兰西、德意志诸国亦尝出全力以与之争，然而不能胜者，公司一也。"[2] 所以他认为，"公司一事，乃富国强兵之实际，亦长驾远驭之宏规也"。[3] 郑观应在《盛世危言》中介绍了英国公司立法的状况，并建议晚清政府仿照英国颁布公司法规。另外，他还强调了公司立法的重要性，"中国只有刑律，无民律、商律、报律、航海诸律，故商民

---

① 魏源：《海国图志·筹海篇四》，陈华、常绍温等点校注释，岳麓书社，1998，第 38 页。

② 陈炽：《续富国策·纠集公司说》，载赵树贵、曾丽雅编《陈炽集》，中华书局，1997，第 234 页。

③ 陈炽：《庸书·公司》，载赵树贵、曾丽雅编《陈炽集》，中华书局，1997，第 98 页。

讼事律多未裁。国家非有商律……商务必不能旺"。① 这些论述虽有夸大不实之词，却深刻反映了国人对公司制度理解的广度与深度以及国人对实行公司制的殷切期盼。

晚清时期，国人对公司制度的认识还处于摸索阶段，所以还谈不上对公司制进行研究。民国时期虽有一些企业史的考察，如陈其田的《山西票庄考略》、严中平的《清代云南铜政考》、杨荫溥的《中国交易所论》等，但这也仅是考证而已，算不上真正的研究。中华人民共和国成立后，由于经济发展的需要，经济学家、历史学家等学界前辈对公司制进行了探讨。根据研究的程度大致可分为三个时期，即中华人民共和国成立初期至 20 世纪 60 年代初、改革开放至 20 世纪 90 年代初期（1978～1992 年）、20 世纪 90 年代至今（1993 年至今）。在这三个时期，对公司制研究的深浅度也是不一样的。中华人民共和国成立初期至 20 世纪 60 年代初，理论界一度把市场经济等同于资本主义，并把作为市场经济主体的公司制度当作批判的对象，所以学术界对近代公司制研究的成果寥寥可数，仅有《永安纺织印染公司》、《汉冶萍公司史略》、《大生系统企业史》等几部论著。成果虽少，但为后来的企业制度研究提供了许多珍贵的素材，奠定了良好的基础；遗憾的是，他们并没有对公司史与企业史进行区别，而且关注的也仅仅是这些公司的企业属性。

改革开放后，随着人们思想的解放、商品经济的发展，学术界对公司制进行了重新审视，至 20 世纪 80 年代初出现了一些研究中国近代公司的新成果。其中，较有代表性的有上海社会科学院

---

① 夏东元编《郑观应集》上册，上海人民出版社，1982，第 622 页。

经济研究所编著的《上海永安公司的产生、发展和改造》①，许维雍、黄汉民的《荣家企业发展史》②，张后铨的《招商局史（近代部分）》③，凌耀伦的《民生公司发展史》④ 和南开大学经济室编写的《旧中国开滦煤矿的工资制度和包工制度》⑤。这些成果对近代一些典型公司的制度发展史进行了总结，但学人对这些史料仅仅是加以整理及描述，尚缺乏纵深的理论诠释。

　　近代公司制研究的热潮肇端于 20 世纪 90 年代中期，这主要基于两个方面的原因。一是政策的导向。1992 年，中共十四大明确了社会主义市场经济体制的改革目标，尤其是 1993 年 11 月党的十四届三中全会通过的《关于建立社会主义市场经济体制若干问题的决定》提出，国有企业改革的基本方向是建立以公司制为核心的现代企业制度，并确立"产权清晰、权责明确、政企分开、管理科学"的十六字方针。次年，《中华人民共和国公司法》正式颁布实施。这些政策掀起了创建公司的高潮。为了寻找可资借鉴的经验和值得警惕的教训，学术界开始了对近代公司制度的研究。二是公司理论的引进。在主流经济学中，公司理论只是在 20 世纪 80 年代才得以迅速发展起来，并与博弈论、信息经济学、激励机制理论和新制度经济学相互交叉，这不仅大大丰富了微观经济学的内容，而且也改进了人们对市场机制和公司组织制度运行的认识。但这些理论引进中国是在 20 世纪 90 年代，所以公司制度的研究在 20 世纪 90 年代之后才兴盛起来。

---

①　上海社会科学院经济研究所编著《上海永安公司的产生、发展和改造》，上海人民出版社，1981。

②　许维雍、黄汉民：《荣家企业发展史》，人民出版社，1985。

③　张后铨：《招商局史（近代部分）》，人民交通出版社，1988。

④　凌耀伦：《民生公司发展史》，人民交通出版社，1990。

⑤　南开大学经济室编《旧中国开滦煤矿的工资制度和包工制度》，天津人民出版社，1983。

（1）公司制度的研究①

1996 年，档案出版社出版了上海市档案馆集体编写的《旧中国的股份制（1868—1949）》，将上海市档案馆保存的一些有关中国近代股份公司的历史资料展现在读者面前，为学术研究提供了方便。曹凤岐主编的《中国企业股份制的理论与实践》一书，以产权关系和产权理论为中心，介绍了西方典型公司制的产生、发展和组织管理，重点论述和分析了中国推进公司制中的经验与问题，并对中国实施公司制的途径做了一些设计与构想。② 沈祖炜主编的《近代中国企业：制度和发展》分别从商业、工业、金融、外资等几个方面论述了近代中国企业发展的历史轨迹，并探讨了市场竞争、企业家精神、科技进步、通货膨胀以及社会环境对近代中国企业发展的影响。其中，也涉及近代公司制度的演变问题。③ 李玉所著《晚清公司制度建设》一书，对晚清近代洋务民用公司制在西方公司制度"西风东渐"下的缘起，以及实践过程中出现的若干问题进行了研究；也对晚清制度建设中官督与商办的互动关系、公司制度从官督向商办的转化历程及政府作用进行了分析。④ 王处辉在其论著《中国近代企业组织形态的变迁》中，从企业组织形态变迁的角度，论证了中国近代化过程中制度环境的变迁历程，并通过对公司组织形态与制度环境之间的互动关系的分析，揭示了中国近代公司兴起、发展以及近代中国社会资本主义的一些特点。⑤ 张忠民在《艰难的变迁——近代中国公司制研

---

① 在公司制研究中，有些论著虽然是以企业制命名的，但文中也包含了公司制的内容，所以本书对它们进行了分析论述。

② 曹凤岐主编《中国企业股份制的理论与实践》，企业管理出版社，1989。

③ 沈祖炜主编《近代中国企业：制度和发展》，上海社会科学院出版社，1999。

④ 李玉：《晚清公司制度建设》，人民出版社，2002。

⑤ 王处辉：《中国近代企业组织形态的变迁》，天津人民出版社，2001。

究》一书中从研究我国的合伙制入手，利用丰富的历史资料，对我国近代公司的起源、近代公司法规、公司形态（经营角度）出现的逻辑顺序、近代公司的不同类型（资本组织形式）及其特点、数量变化、不同行业和产业分布、地域分布、公司资本筹集与官利制度，以及我国近代公司治理结构和管理的演进都做了不同程度的探讨。① 严正明的著作《晚清企业制度思想与实践的历史考察》，不仅考察了晚清企业制度演进的历史轨迹，而且也探讨了企业制发展的历史进程。② 朱荫贵在其著作《中国近代股份制企业研究》中，论述了中国近代公司制的类型、资金运行特点、管理情况以及企业发展中的"官商"与"政企"的关系。③ 刘巨钦的论著《现代企业制度与公司治理》，主要从公司设立、产权制度、破产制度、组织结构以及公司治理等几个方面对现代公司的制度与治理进行了研究。④ 另外，张兵的博士学位论文《近代中国公司制度的移植性制度变迁研究》虽在制度变迁理论的基础上提出了制度移植假说，并用制度移植假说构建了中国近代公司制移植的原因、过程和内在的逻辑演进，但他所利用的制度移植假说，只是运用了制度变迁中的正式规则部分，而对非正式规则及实施情况未加探讨，其对制度变迁理论的运用还有待完善。⑤

（2）公司制思想的研究

豆建民在其专著《中国公司制思想研究》中集中论述了近代

---

① 张忠民：《艰难的变迁——近代中国公司制研究》，上海社会科学院出版社，2002。
② 严正明：《晚清企业制度思想与实践的历史考察》，人民出版社，2007。
③ 朱荫贵：《中国近代股份制企业研究》，上海财经大学出版社，2008。
④ 刘巨钦：《现代企业制度与公司治理》，湘潭大学出版社，2009。
⑤ 张兵：《近代中国公司制度的移植性制度变迁研究》，博士学位论文，辽宁大学，2008。

中国公司制思想的产生和发展，厘清了中国公司制思想的演变过程，认为"西学东渐"中产生的公司制思想对国内的具体实践起了开风气之先的倡导作用；具体实践及产生的问题迫使人们掌握更多的有关公司制的知识，加深对公司制的认识；公司制思想伴随着对国内实践的不断反思和论争而得以深化、丰富和发展。① 叶世昌、施正康在《中国近代市场经济思想》一书中，从创立和发展公司制思想、产权关系思想、公司制和证券市场思想、管理思想四个方面比较系统地阐述了中国近代公司思想。② 杨勇所著《近代中国公司治理：思想演变与制度变迁》一书，按时间的先后顺序对晚清、民初、北洋政府、南京国民政府（前十年）、抗日战争五个时期的近代中国公司治理思想和治理制度进行了总结评价，揭示了近代中国各个时期公司治理思想之间的继承、创新与发展的逻辑关系。③ 杨洁在其博士学位论文《中国 20 世纪 20—40 年代的企业制度思想》中对社会各界对于不同公司类型的认识进行了研究，其中涉及公司治理结构思想。④ 邹晋文的《清末公司制思想研究》一文，对清末学者有关公司的思想进行了介绍，其中包括公司结构治理的介绍，认为洋务运动时期设立的官督商办公司的内部治理结构呈现二元权利结构的特点：一是政府权力延伸到企业；二是出资者有权参与经营决策。与此同时，官府又决定董事与经理的任命与审查，官府还直接向企业派人作为企业的总办、会办。政府对公司治理结构的干预必然扭曲企业的运行机制，因而遭到了当时学者的质疑。⑤

---

① 豆建民：《中国公司制思想研究》，上海财经大学出版社，1999。
② 叶世昌、施正康：《中国近代市场经济思想》，复旦大学出版社，1998。
③ 杨勇：《近代中国公司治理：思想演变与制度变迁》，上海人民出版社，2007。
④ 杨洁：《中国 20 世纪 20—40 年代的企业制度思想》，博士学位论文，复旦大学，2003。
⑤ 邹晋文：《清末公司制思想研究》，《清史研究》2003 年第 4 期。

（3）公司治理的研究

近年来，从治理的角度对公司进行研究的学人日益增多。如前文提到的张忠民先生在透彻分析《公司律》颁行以前的企业治理结构后，依次对法人治理结构的演进、委托代理下的职业经理人阶层、公司治理结构下的管理层级安排、公司管理制度的变迁等问题进行了颇具深度的探讨。杨在军的论著《晚清公司与公司治理》以晚清公司为依托，就晚清公司的基本特点、官督商办治理模式、招商局的具体治理结构等内容分别做了介绍。① 崔如波在《公司治理：制度与绩效》一书中，从制度与绩效的角度对现代公司治理进行了研究。② 张晓峰的博士学位论文《基于权力视角下的公司治理研究》以界定和研究公司权力入手，通过对公司治理理论的梳理和反思，构建了公司权力的 O-SEA 模型，并以此为工具从权力的视角实现了公司治理理论的整合和实践的优化，调和了"股东利益至上"与"利益相关者"之间的争论，从而拓宽了公司治理的研究视野。③ 杨蓉在其博士学位论文《股份公司治理模式研究》中，对世界上的几种公司治理模式进行了比较研究，认为世界上没有统一的、有效的公司治理模式，而有效的公司治理模式应与本国的文化、市场经济发育的程度及法律健全的程度相一致。④

（4）公司法的研究

自 1994 年公司法颁布实施后，从这个角度对公司进行研究的也不乏其人。前文提到的豆建民、沈祖炜和张忠民等人都在各自

---

① 杨在军：《晚清公司与公司治理》，商务印书馆，2006。
② 崔如波：《公司治理：制度与绩效》，中国社会科学出版社，2004。
③ 张晓峰：《基于权力视角下的公司治理研究》，博士学位论文，山东大学，2008。
④ 杨蓉：《股份公司治理模式研究》，博士学位论文，华东师范大学，2003。

的论著中以专题形式论述了近代中国公司法的历史沿革及其作用。魏淑君的专著《近代中国公司法史论》主要论述了《公司律》、《公司条例》以及《公司法》（1929 年、1946 年）出台的背景、过程、内容、不足及其在历史上的地位。① 郭瑞卿的博士学位论文《略论近代中国公司法律制度》，从法律史的角度分析了近代中国公司法的产生和发展脉络，以及公司法与公司治理结构之间的关系。② 江眺所著的《公司法：政府权力与商人利益的博弈——以〈公司律〉和〈公司条例〉为中心》，集中论述了清末民初两大公司法建立过程中政府权力与商人利益的博弈关系。③ 李艳鸿的硕士学位论文《论清末公司立法》从法律史学的角度，对清末公司立法的时代背景、立法实践、立法特点和历史影响等进行了较为全面的回顾和考察，旨在厘清公司立法的前后线索，把握当时的时代脉络，以期对公司立法能有一个较为全面的考察。④ 前文提到的李玉所著《晚清公司制度建设》一书，除了对近代洋务民用公司制在西方公司制度"西风东渐"下的缘起，以及实践过程中出现的若干问题进行研究外，还对《公司律》在公司制度建设中的实际作用，以及晚清政府的各种劝业手段对公司制建设的积极作用进行了描述。⑤

除了上述研究视角外，有些学者还对个别典型案例进行了研究。1992 年，胡显中和周晓晶以轮船招商局为例，对其招商集股、股息分配、总董产生方式以及每年向社会各股东公布财务状况等

① 魏淑君：《近代中国公司法史论》，上海社会科学院出版社，2009。
② 郭瑞卿：《略论近代中国公司法律制度》，博士学位论文，中国政法大学，2002。
③ 江眺：《公司法：政府权力与商人利益的博弈——以〈公司律〉和〈公司条例〉为中心》，中国政法大学出版社，2006。
④ 李艳鸿：《论清末公司立法》，硕士学位论文，安徽大学，2005。
⑤ 李玉：《晚清公司制度建设》，人民出版社，2002。

现代股份公司的特征，与官督商办公司治理机制在创建之初的积极作用进行了专题研究。1994 年，彭久松、陈然在《中国契约股份制》一书中对自贡井盐业进行了研究，他认为 18 世纪前期到 1949 年自贡井盐业中存在一种类似现代股份公司且具有中国特色的"契约股份制"。① 虽然有的学者对其观点不加认同，但他将"契约股份制"与现代股份公司制进行比较研究的做法确是有新意的。江满情的博士学位论文《中国近代股份有限公司形态的演变》以刘鸿生企业组织为例，对中国近代股份有限公司的发展演变进行了研究。② 陈强的硕士学位论文《晚清近代企业经营研究》以汉阳铁厂为例，考察了近代公司经营和制度演化的典型意义。③

2. 国外研究综述

除了国内的学者外，国外的学者也从不同的视域对中国近代公司制度进行了有益的探索。美国学者陈锦江在其著作《清末现代企业与官商关系》中，从不同的视角对清末现代企业中的官商关系进行了考察。首先，商人的作用、阶级成分、地位及群体组织的变化是国家推行工业化的结果；其次，地方官员所创立的各种企业组织形式是为了保证国家或官僚体制对企业的控制；最后，中央政府提出了一系列政策以削弱地方政府对企业的控制。④ 陈锦江通过研究认为，商人由于太软弱且不统一，所以不能把国家引向工业化，官督商办可以说是一种必然的选择。费惟凯在其著作《中国早期工业化——盛宣怀（1844—1916）和官督商办企业》中，以盛宣怀所参与经营的官督商办企业为例，对清末企业中的

---

① 彭久松、陈然：《中国契约股份制》，成都科技大学出版社，1994。
② 江满情：《中国近代股份有限公司形态的演变》，博士学位论文，华中师范大学，2003。
③ 陈强：《晚清近代企业经营研究》，硕士学位论文，中国人民大学，2004。
④ 陈锦江：《清末现代企业与官商关系》，中国社会科学出版社，1997。

官商关系进行了考察。① 由以上分析可以看出，陈锦江、费惟凯等学者是从官商关系的角度探讨中国近代公司制的。与陈锦江、费惟凯二位学者探讨视角不同的是，梅爱莲对近代公司的个案进行了研究。她在《中国上海、美国和英国股票交易与股份公司——刘鸿声集团个案研究》一文中，比较了刘鸿声集团与美国安然公司的共性，认为刘鸿声集团从合伙企业转向公司制企业，并不是为了集资，而是为了利用股份有限公司的有限责任来降低风险，因而其企业监督机制并不是西方式的，还是传统的监督机制。② 曾小平所著的《近代中国早期的公司》探讨了在西方公司组织进入中国以前，中国企业的发展历程。③

（三）本书的研究思路

从上述分析来看，制度变迁理论的研究多集中在企业、金融、土地政策等方面，而很少涉及近代公司制的研究，即使个别著作有所涉及但研究的程度远不够深入。就近代公司制的研究来说，学人前辈大多停留在对公司组织形态、公司思想、公司治理、公司法等一般文化层面上，还未上升到理论高度且未从制度层面进行深刻剖析，这显示出目前公司制研究还不成系统的缺陷。因此，借鉴国内外先进理论发展与完善公司制度就显得尤为必要。本书拟从制度变迁的视角对公司制进行研究，以期开阔公司制研究的视野，为我国公司制研究开拓一个新思路。再者，学人前辈对公

---

① 费惟凯：《中国早期工业化——盛宣怀（1844—1916）和官督商办企业》，中国社会科学出版社，1990。

② 梅爱莲：《中国上海、美国和英国股票交易与股份公司——刘鸿声集团个案研究》，载张忠民、陆兴龙《企业发展中的制度变迁》，上海社会科学院出版社，2003。

③ 曾小平：《近代中国早期的公司》，冯永明译，《清史研究》2008年第4期。

司的研究往往浓墨重彩于西方公司制度以及近代中国对西方公司制度的移植，而对本土资源的挖掘则不够。其实，在中国传统企业制度中，个别独资企业中就已经萌生了现代公司的因子，如所有权与经营权的分离；合伙制中，这些现代公司制的因子更是得到了进一步的发展，不仅具有独资企业中所有权与经营权分离的特征，而且还实行了股份制、有限责任制，甚至个别合伙企业还实行了法人制度。然而由于西方列强的入侵，中国的传统企业未能发展为类似于近代西方式的公司。鸦片战争后，公司制随着西方列强的侵略而传入国内，从而使中国传统企业得以吸收其中有利于经济发展的因素。这样，中国传统企业在吸收西方公司制因子的同时，也逐渐向公司制方向发展、演变，至《公司律》的颁布，中国近代公司制变迁的过程也基本完成。

三　研究的方法及本书结构

（一）本书采用的主要研究方法

1. 历史考察法与案例分析法

本书的研究对象是近代公司制度的变迁，而有关近代公司的典籍章程俱已成为历史，所以要想对近代公司制度的变迁进行透彻研究，唯一可靠而且可行的方法就是从浩瀚的历史文献中筛选可资利用的资料。因此，历史考察法无疑是本书研究最合适的一个方法。通过对历史文献中公司制度资料的考察，可以探索公司发展、变迁的规律。为了透过公司变迁的宏观表象，准确地把握公司变迁的步伐和节奏，案例分析方法又是必不可少的。具体来说，公司作为一种企业形态，有自身产生和发展的历史，它深深地扎根于它所赖以产生、发展的经济社会历史中。所以研究它赖以产生、发展的社会历史，就可探讨出它产生和发展的规律；研究它赖以产生和发展的经济条件，就可以认识到它存在的必然性和必要性，从而使我们对公司有一个全面的认识。而对公司历史最好的研究方法，就是历史考察法。但仅就公司发展的历史进行宏观的考察，不进行个案分析，对公司的研究就很难深入，所以本书在对公司进行宏观研究的同时，还列举了大量的典型个案来进行微观的剖析，以期对公司的研究更加透彻、深入。

2. 制度分析法

制度分析法源于新制度经济学分析法。美国经济学家 J. R. 康芒斯运用制度-结构分析方法，首先把法律问题引入经济学中进行分析。他认为对经济学的研究应该把法律、政治、社会等非经济因素包括进来，尤其是法律更被他视为"先于经济"的特殊因素。经济活动之所以可调节，就在于法律促使了经济制度的产生和发展并使国家可以对经济活动进行干预。

在具体问题探讨时，他主张结合政治的、社会的和经济的结构来分析，这种方法非常适合于对近代中国公司制度变迁的研究。同时，目前对近代中国公司制的研究虽然众多，但基本上都基于文化的层面，而将其上升到制度层面进行研究的学人还不多，所以本书拟借助于制度变迁的理论对近代中国公司制的发展做一探究。需要强调的一点是，制度分析的方法所指范畴甚广，本书仅对涉及公司发展的制度做一分析，并不对所有的制度都加以探讨。

3. "冲击-反应"研究法

"冲击-反应"理论是以西方的价值观来认识近代中国的一种研究理论。这种观点认为，中国社会是一个长期处于停滞状态的传统社会，只有经过西方的冲击，才有可能摆脱困境，获得发展。这种观点产生后，在美国现代中国史学界一直居于统治地位，直到 20 世纪 60 年代后期，才有人公开提出质疑。费正清根据质疑，部分地纠正了自己的观点，承认中国的近代化主要基于中国自身的内在生命力和动力，西方的影响是有限的。根据费正清纠正后的观点，我们可以认为近代公司的变迁主要基于中国内部的动力，而西方的影响仅是近代公司变迁的一个外因。据此，我们研究中国公司制变迁时也应以中国传统企业制为主线，同时也不应否认西方公司制对近代公司制变迁的影响。

4. 类型学方法

关于类型学的研究方法，恩师张世明先生在其宏著《中国西部开发与近代化》一书中讲得甚为明了。此方法也适用于本书的研究，故略加诠释。学术界往往将类型学与分类学混为一谈，其实不然。"类型学主张分类的多样性和可选择性，排斥单一的分类方式。'类型学的总体分类一般是多层次逐级完成的。他每次只摘取对象一两个特征因素，考察这些因素在不同对象中的分量，而不管它们与其他因素的整体联系。最后形成的是一个有这些分类组成的多维分类系统。相比之下，分类法是一种尽可能照顾对象各种自然特征整体联系的直观分类框架。'从本质上而言，类型学与分类学的区别在于前者未归类，后者为分类。分类法是一种静态方式，而类型学是一种动态方式，适合研究大量过渡形态和中间形态。……类型学方法是一种聚类研究方法。研究者将某些特性归为一类，而将另一些特性归为一类，通过两类特性的比较来说明自己的命题。"① 本书在研究近代早期公司制度的变迁时，把中国传统企业分为业主制、合伙制，而把近代早期公司分为官督商办公司、"绅领商办"公司，然后对它们的逻辑变迁的研究就是这种方法的具体应用。

---

① 戴逸、张世明主编《中国西部开发与近代化》，广东教育出版社，2006，第56~57页。

（二）本书的结构

本书立足于理论的高度，从中国传统企业组织发展的视角来研究近代公司制的变迁历程。基于这样的思路，全书在结构和内容上做了以下的安排。

绪论。主要阐述了选题的缘起及意义，在对国内外研究现状综述的基础上提出本书的结构与研究方法，并对本书的创新与不足加以阐说。第一章，中国传统企业形态：业主制、合伙制。主要围绕业主制、合伙制进行论述，认为中国传统企业中已经具有了现代公司的因子，如所有权与经营权的分离，股份制、有限责任制、法人制度的出现，并以四川自贡井盐业为例对此观点进行了剖析。第二章，中西合璧：官督商办公司。首先分析了官督商办公司的内涵及形成的动因；其次分析了官督商办公司产生的内外因素，在对中外因素分析的基础上得出官督商办公司实质上是中国传统企业在近代的新发展的结论。第三章，"绅领商办"：官督商办公司的创新与突破。《公司律》的颁布，使中国公司的发展进入了准则主义阶段，同时也为民营公司的发展提供了法律上的保障。在有法可依的情况下，中国民营公司获得了快速的发展。以大生公司为例，具体分析了民营公司在清末民初的发展情况。第四章，商事立法及早期公司建设。主要分析了《公司律》出台的动因及颁布后对公司建设的促进作用。《公司律》的颁布，使公司的发展有了法律的保障及规范，极大地促进了公司的发展。商部依据《公司律》的条文对不符合条件的企业进行规范与调整，从而使公司的注册更加规范化。同时《公司律》的颁布，使传统的官商关系也得到了较大的改善，而官商关系的改善则更好地促进了工商业的发展。但是，由于《公司律》颁布得过于仓促，其本身难免存在这样或那样的不足，如脱离国情、缺乏对中国商事习惯的适应、内容简略、可操作性不强，其中最主要的一点就是没有确定公司的法人地位。这一点，在《公司条例》颁布时才得以补救。结论。对全书进行了总结，主要对中国近代公司制的历史走向进行了梳理，并就近代公司对当今公司发展的启示进行了诠释。

四　本书的创新与不足

（一）本书的创新

1. 从理论的高度对近代公司制进行研究

学人前辈对公司的研究，大多停留在公司组织形态、公司思想、公司治理、公司法等一般文化层面上，而未从理论高度对其进行探讨，这显示出目前公司制的研究还不成系统的缺陷。因此，借鉴国内外公司变迁的理论进一步发展与完善公司制度的研究尤为必要。本书拟从制度变迁的视域对公司制进行研究，以期开阔公司制研究的视野，为我国公司制研究开拓一个新的思路。

2. 本土资源的挖掘

"本土资源"，是苏力先生在《法治及其本土资源》一书中使用的一个概念。在此书中，苏力先生并未给"本土资源"下一个确切的定义，就像苏力先生自己所说的那样，"本土资源"一词没有精确的内涵，它更多地代表一种对现实经验的态度和学术研究的方法及思维进路。根据苏力先生的表达并结合书中的意涵，"本土资源"可以理解为一个国家或民族的传统习惯、惯例、习俗、世俗等，是民间习惯法规则，是长期的社会生活实践日积月累的结果。它与社会生活之间具有较强的关联，它是在社会中衍生的、为社会所接受的潜规则，是道德规范和社会习惯，是经过长期历史沉淀而形成的、为人们自觉遵守的行为模式。也可以理解为"土政策"或是"民间法"。"本土资源"着眼的是社会实际生活中秩序的形成。

寻找本土资源，往往被理解为从历史中去寻找，特别是从历史典籍规章中去寻找，这是一种错误的认识。从历史中寻找资源固然重要，但更重要的是要从社会生活中的各种非正式法律制度中去寻找。借助本土资源只是研究历史的一种方式。但本土资源并非只存在于历史中，当代人的社会实践中已经形成或正在萌生的各种非正式制度是更重要的本土资源。本土资源不仅指形成文字的历史文献，更重要的是活生生流动着的、在亿万中国人的生活中实际影响他们行为的观念。尽管当代中国正式法律制度在其他方面已经被部分西化，但本土资源仍对中国的社会起着很大的作用。经济学家樊纲的研究表明，中国传统的宗法关系深深影响了当代华人企业（包括中国和其他国家和地区的华人企业）的组织结构和运作，实际上成为华人企业组织结构的一个重要因素。[①]而这种传统的宗法关系就是本土资源。

通过对本土资源的认识，本书在研究近代公司制度变迁时，不仅可以从中国传统企业组织、公司制度本身的变迁去寻找线索，而且还可以从《公司律》的颁布对公司建设的影响以及国人对《公司律》的态度来分析。因为中国近代公司制不仅是西方的舶来品，而且还是中国传统企业制度惯性发展的产物，如官督商办公司不仅是西方公司制的产物，更是中国官营手工业及盐业在近代的延续。近代中国公司制是东西合璧的产物，所以研究近代公司制的变迁就应从这两个方面来着手。

另外，学人前辈对公司的研究往往浓墨重彩于西方公司制度

① 苏力：《法治及其本土资源》，中国政法大学出版社，1996，第 14 页。

以及近代中国对西方公司制度的移植，而对传统企业组织内部公司制的萌芽挖掘得很少。其实，在中国传统企业制中，个别独资制就已经具有了现代公司的某些因子，如所有权与经营权的分离；在合伙制中，这种因子更是得到了进一步发展，不仅具有业主制中所有权与经营权分离的特征，而且还具有了股份制、有限责任制，甚至个别合伙企业中还孕育了法人制度。鸦片战争后西方公司制传入，中国传统企业制得以汲取其有利于经济发展的因素，这样中国传统企业制逐渐向公司制发展演变，至《公司律》的颁布，中国近代公司制变迁的过程基本完成。《公司律》虽然存在许多缺陷或不足，但它毕竟是由官方颁布的第一部有关商事的法律，对促进工商业的发展起到了一定的促进作用；而且一些开明人士利用《公司律》的规定与官方违背《公司律》的不法行为进行了抗衡。这些在以往公司制度的研究中都未涉及，可以说是本书的独到之处。

（二）本书的局限与不足

将制度变迁理论应用于近代公司制的研究，需要在经济制度、公司制度这两个方面都具有非常深厚的功底，二者兼顾，互为支撑。但笔者才疏学浅，更何况无论是制度变迁理论还是近代中国公司制度，笔者均是初次接触，处于刚刚入门阶段，在论证过程中难免存在理论与材料不能有机融合的弊端，这些不足还需在将来的学习中进一步改进。

此外，由于近代中国公司制度史资料浩如烟海，所涉及的学科范围也非常广泛，再加上近代是中国经济社会发生剧烈变化的阶段，情况极其复杂，影响公司变迁的因素也很多。因此，笔者仅根据本书的实际需要，在自己的视野范围内对材料进行取舍，难免有些材料不能为己所用。这些不足，敬请方家指正。

第一章　中国传统企业形态：
业主制、合伙制

　　企业资本组织在时间上先后经历了业主制、合伙制和公司制三种形态，这已成为学术界共识。而这三种形态又有继起性，一般认为公司制是由合伙制演变而来，合伙制又是由业主制发展起来的，因此要探究公司制的起源，首先应对业主制、合伙制这两种企业形态进行考察。虽然学术界普遍认为中国近代公司制是制度移植的结果，但是任何"嫁接"都必须有相应的"砧木"才能成功。实际上，在外国公司制移植中国之前，中国原有的企业组织形态——业主制、合伙制中就已萌生了现代公司制的因子，正是这些因子才使中国传统企业具有吸收、借鉴、融合外国公司的基础而发展出独具中国特色的公司制度。

　　不同时期，中国传统企业对西方公司制度特点借鉴的程度是不同的，这个借鉴过程实际上就是中国近代公司制度的变迁过程。由此看来，中国公司制的发展既有内部的原因，也有外部的影响。内部原因就是中国传统经济社会中已有商品经济的萌芽，货币资本也得以发展，所有权、经营权亦开始发生分离，有限责任的因子亦出现，甚至某些企业还具有了现代法人的端倪，因此说传统企业中已有公司制的萌芽一点也不为过。但是，在鸦片战争前后中国社会还不具有西方公司成立的历史条件，中国的公司制度还仅处于萌芽状态。此时，近代中国遭受了西方列强的侵略。随着西方列强的入侵，西方的公司制也开始对中国的经济产生影响：

一方面，促进了中国企业制的发展，这主要是指为中国公司制的发展提供了可资借鉴的模式；另一方面，外国资本主义的入侵又阻碍了中国公司制的发展，使它不能独立正常地按照自己的模式发展。所以，我们可以说中国近代公司制是中国传统企业组织在吸收、借鉴西方公司制基础上发展起来的。要探究中国早期公司制度的起源与演进，逻辑起点不应停留在西方公司制度传入中国之时，而应该追溯到鸦片战争之前中国社会的资本组织和企业组织形式上。从历史的观点看，任何一种社会组织形式都是历史发展的产物，若想对中国早期公司制进行透彻的研究，有必要对中国传统的企业制度进行先期的考察。

第一节　业主制

业主制是世界上最古老、最简单的企业制度形式，鸦片战争之前是中国传统社会最基本的资本组织形式，即使在民国期间，这种状况仍没有大的改观。据宋美云统计，1930 年天津织布业共有 178 家，独资经营的企业竟达 153 家，占企业总数的 86%。[1] 业主制企业不仅存在于中小工商业中，而且一些规模较大的企业也采用这种经济组织形式。如明清时期苏州城内著名的孙春阳南货铺，由浙江宁波商人孙春阳在明朝万历年间创立，到清代已拥有万两以上的资金，而且铺面极其宽敞。但它从明代创立到清代中叶两百多年的时间里，始终是"子孙尚食其利，无他姓顶代者"，[2] 这显然是标准的独资制企业。

业主制虽然都是独资经营，但其实现形式却不尽相同，大体

---

①　宋美云：《中国近代企业制度与公司治理结构》，《文史哲》2004 年第 3 期。

②　钱咏：《履园丛话》卷 24，中华书局，1979，第 640 页。

有自有资本独资经营和借贷资本独资经营两种方式。

自有资本经营者，又有坐商和行商之别。坐商依靠自有资本独自经营，是纯粹的业主制企业，出资者和经营者同为一体，他们的资本一般由日常积蓄和经营利润转化而来。这是传统企业中最基本的、最普遍的业主制企业。行商，或称客帮。如徐珂在《清稗类钞》中所说，"客商之携货远行者，咸以同乡或同业之关系，结成团体，俗称客帮"。[①] 明清时期的江西商人中也有类似情况，"各有本金，只是结伴而行"，是"同'帮'却不同'本'"的独资商人。[②] 这些业主虽然结伴而行、结伴贩运，并形成生意上的同路人，但他们经营的还是业主制企业而不是合伙制企业。因为他们结伴而行、结伴贩运，只是为了规避途中风险，以求安全。他们的资本以及经营却是各自独立、互不相干的，彼此之间并没有形成财产上的联系，仍是各自独立的商人。

借贷资本经营者，通常指的是业主自己并不拥有资本，而是通过借贷形式借入资本后独立经营企业。在借贷经营情况下，资本的经营者不论其经营状况如何，都必须按照事先约定的利息率向债权人支付一定的利息（年息多在20%左右），并且按照事先约定的期限归还本金。在此情况下，出资者只关心利息收入，不干预经营业务，也不承担经营风险，收入虽然微薄，但比较安全；对于资本的借贷者来说，如果经营得当可以获取丰厚的利润，否则，就会血本无归。例如，康熙《徽州府志》记载：郡邑处万山之间，土地贫瘠。百姓为了生存，不得不四处"贩而求利"，他们使用的本钱就不是他们原有的资金，而是以十分之二三的利息向

① 徐珂：《清稗类钞·农商类·客商》第5册，中华书局，1984，第2286页。
② 方志远：《江右商的社会构成及经营方式——明清江西商人研究之一》，《中国经济史研究》1992年第1期。

别人借贷的，而一旦借来之后，就以此为其资也。① 这种通过借贷资本而形成的独立商人资本，从产权关系看，并不是一种"委托经营"，而是类似于后来的"官利"筹资形式。其实，"官利"式筹资实肇端于此。这种通过借贷形式而从事经营的业主制已包含了委托经营的萌芽。那些拥有资金的业主与其把资金借给别人，仅收取一定的利息，还不如自己开办店铺委托自己信任并有经营才能的人经营或者让自己的"家奴"经营。这样获得的利润比仅收取一定的利息要多得多，这种情况在当时的手工业、商业中都有不同程度的存在。② 利用"家奴"从商的事例在现存资料中也可以找到很多，如《清稗类钞》就记载有徽州的汪氏、吴氏，桐城的姚氏、马氏、张氏等大姓买卖奴仆并使用奴仆营运、耕凿等情况；《乾坤正气集》亦有徽州商人程氏使用"僮奴数十人，行贾四方，指画意授，各尽其才"的记载。商人经商使用的奴仆，有的可达十余人、数十人之多。其中，有些奴仆在取得主人的信任后，还可以如同商人所延请的经理人员那样，拥有独立的经营权。③

业主制中所有权与经营权的分离，在合伙制中得到了进一步发展，因为某些合伙制企业就是业主制进一步发展的产物。业主制企业刚刚开创之时，都是由一人创立，但业主死后，就面临着分家析产的局面。本来为一个业主所独有的企业，由于分家析产的缘故就会转变为有数个或数十个具有亲属关系的业主所拥有，而这些业主由于各方面的原因又不具独自经营的能力，只能把资金联合起来，共同使用原来的商号共同经营，这样原来的业主制

---

① 南炳文、汤纲：《明史》上册，上海人民出版社，2003，第609页。
② 张忠民：《艰难的变迁——中国近代公司制度研究》，上海社会科学院出版社，2002，第6页。
③ 张忠民：《前近代中国社会的商人资本与社会再生产》，上海社会科学院出版社，1996，第223~224页。

企业就逐渐演变为合伙制企业了。

第二节　合伙制

在合伙制企业中，不仅经营权与所有权进一步分离，而且现代公司的其他特征（如有限责任、股份制等）在合伙制中也得到了进一步发展。要探讨合伙制企业中现代公司的特征，首先要弄清楚什么是合伙制。从学术界研究的现状看，要想给合伙制下一个确切的定义是非常困难的，因为不同的国家或地区对合伙制的认识不同，所以给出的定义亦不相同。根据《中华人民共和国合伙企业法》，合伙企业是指"自然人、法人和其他组织依照本法在中国境内设立的普通合伙企业和有限合伙企业。普通合伙企业由普通合伙人组成，合伙人对合伙企业债务承担无限连带责任。有限合伙由普通合伙人和有限合伙人组成，普通合伙人对合伙企业债务承担无限连带责任，有限合伙人以其认缴的出资额为限对合伙企业债务承担责任"。[①] 我们不妨借助《中华人民共和国合伙企业法》给出的这一概念，来探讨传统合伙制的概念、特点及其所蕴含的现代公司因子。

合伙，在史料中又称"合本"、"合股"、"合资"、"连财"。目前学术界对合伙的认识大致有两种。第一种便是汪士信所言的，"其特点是资本的所有权与经营权相分离。资本的所有者称店东、东家，资本的经营者称伙或伙计，也叫掌柜"。[②] 姜守鹏对此说也非常认同，认为合伙即"店东出资，伙计经营，盈余按钱股、力

---

① 《中华人民共和国合伙企业法》第2条，吉林人民出版社，2006，第3页。
② 汪士信：《明清时期商业经营方式的变化》，《中国经济史研究》1988年第2期。

股一定比例分成"。① 对商人经营方式或资本组织方式的大多研究者，均在这个意义上使用这一概念。合伙的这一概念源于明代沈思孝的《晋录》，"其合伙而商者，名曰'伙计'。一人出本，众伙共而商之"，即"合伙计"之意。第二种如今堀诚二所言，即"两个以上的出资者，组成团体，共同经营的事业"。② 综合这两种认识，笔者认为合伙制是由两个或两个以上的人共同提供资金、土地、房屋、劳动力等生产要素，共同经营，共负盈亏，共同对债务承担连带无限清偿责任的经济组织。

　　根据史料记载，春秋时期已有了合伙制的萌芽，如《史记·管晏列传》司马贞"索隐"引《吕氏春秋》："管仲与鲍叔同贾南阳，及分钱利，而管仲尝欺鲍叔，多自取。鲍叔知其有母而贫，不以为贪也。"③ 这种合伙经营发展到汉代已相当完备，合伙之间开始有专门契约来规范各方的行为。中华人民共和国成立后，在湖北凤凰山十号汉墓出土的简牍中，有"中贩共侍约"牍，这是迄今所见的最早的合伙契约。唐宋时期，合伙制更为流行。唐代张建《算经》中有"合本治生"的记载；《文苑英华》中也有"得丙与丁同贾，丙多受其利，人刺其贪，辞云：知我贫也。对：仁无贪货，义有通财……丙丁奇赢同业，气类相求，景以锥刀，始闻小人喻利，推其货贿……今则有无相悬，固合损多益寡，是为徇义"④ 的记载。意思是说，丙、丁二人合伙做生意，丙多取其利是不对的，应该将其多取部分退还给丁。《唐会要》记载，唐贞元八年（792）三月，嗣曹王皋为荆南节度使，由于"楚俗佻薄，

① 姜守鹏：《〈金瓶梅〉所反映的明代商业》，《东北师大学报》1989 年第 3 期。
② 〔日〕今堀诚二：《中国封建社会的构成》第 3 部，劲草书房，1991，第 648 页。
③ 司马迁：《史记》，中华书局，1959，第 2131 页。
④ 李昉等编《文苑英华》卷 531《商贾庸赁门·同贾分利判》，中华书局，1966。

旧不凿井，悉饮陂泽，乃令合钱凿井，人以为便"。① 此记载说的是嗣曹王皋令楚民共同出钱、合伙凿井、共谋福利的事，也是唐代合伙的一个典型事例。唐代，不仅工商业中有合伙的存在，就是在工业中也存在合伙制。如在粮食加工中，有些碾硙是几户共有的，这种共有关系随着其牟利性质的加强，便转化成了合伙制。唐代有判词云："吴丙、李丁共有硙，纳课分利，丙云有剩，丁云：木郑日知分，所得无剩。"吴丙、李丁共同占有碾硙，并给别人有偿加工，故而能"纳课分利"，即加工利润所得在课税之外，二人分配。这种经营很可能形成一种长期的合伙经营，或委托一人经营或二人轮流经营、管理。② 据《夷坚三志》卷八记载："枣阳申师孟，以善商贩著干声于江湖间。富室裴氏访求得之，相与欢甚，付以本钱十万缗，听其所为，居三年，获息一倍，往输之主家，又益三十万缗。凡数岁，老裴死，归临安吊哭，仍还其资。裴子以十分之三与之，得银二万两，买舟西上。"③ 这则事例说的是富者裴氏委托善商者申师孟经营致富之事，也足以说明，在宋代委托经营已出现。再者，宋高宗绍兴十二年（1142）八月有一道禁令说："禁客旅私贩茶货，私渡淮河，与北客私相博易。若纠合火伴、连财合本……"④ 禁令中讲到"纠合火伴、连财合本"，说明在走私茶商中已存在"共出资本、共同经营"的合伙生意了。像这样资资合伙、劳资合伙的事例在唐宋时期还有不少，由于篇幅所限不再一一赘举，这说明唐宋时期的合伙制发展得已相当成熟了。

　　明清时期，随着资本主义萌芽的产生、商品经济的繁荣，合

---

① 王溥：《唐会要》卷89《疏凿利人》，中华书局，1987，第1620页。
② 刘根秋：《中国古代合伙制初探》，人民出版社，2007，第70页。
③ 洪迈：《夷坚志》，中华书局，2006，第1446页。
④ 徐松：《宋会要辑稿·刑法二之一〇七》，中华书局，1957，第6549页。

伙制企业也得到了前所未有的发展，不仅在地域及行业分布上更为普遍（南北皆然，各业均有），而且其制度也日趋稳定化和形式化，形成了许多为某一地方人们所认可和遵守的习惯规范。合伙的形式更加多样化，除了前代普遍流行的资资合伙、劳资合伙外，还出现了多重合伙、附本或附股等形式。多重合伙指的是一个参与合伙协议的合伙者，他所加入的合伙资本往往不是他个人的资本或者是以他个人的名义借贷而得的资本，而是由其发起并有数个人凑集的资本。发起人将这些实际上由若干人凑集的资本以其个人（或者某一堂记）的名义作为合伙资本的拥有者，并在资本的凑集者之间，再另行订立合伙契约。由此，在合伙的第一层合伙关系之外，某一方合伙资本内部还有一重合伙关系。[①] 这样的事例在现存的契约文书中已有颇多记载，如在四川自贡井盐业中，由于资金有限，几户共同出资共占一个"日"份，然后这些出资者根据事先确定的契约再分这一"日"份。

　　附本是指投资者将一定数量的合伙资本交与合伙发起人或是主要投资人，附于主要投资人的资本中，故称"附本"或"附股"。投入附本的出资人通常不参与、过问经营者任何的经营方针和具体的经营业务，只是按期分享经营利润。如明代徽商程神保在经商中，"宗人杨与从兄贵通各以百金附神保行股"；清乾隆年间，身为河东、江南河工总办的白钟山，"其宦资皆寄顿于淮扬盐商之家，代为营运。……有淮北商人程致中，收存白钟山银二万两。又程致中女婿汪绍衣，在清江开当铺，收存白钟山银四万两……又商人程迁益，收存白钟山银二万两，代为生运"；[②] 等等。乍一看来，这种附本形式有些像经营者的对外借款，但实际上它

① 张忠民：《艰难的变迁——近代中国公司制度研究》，上海社会科学院出版社，2002，第 13 页。
② 《清实录·高宗纯皇帝实录》卷 270，中华书局，1986，第 526 页。

与资本借贷有着本质的区别：出资者的投入不是以借贷的形式，而是以资本入伙的形式存在；所分享的也不是固定的借贷利息，而是资本经营的红利。通常情况下，它有着较借贷利息更高的投资回报。[①] 这种将合伙资本称为"附股"的经营习惯一直延续到近代。在近代公司制兴起之时，人们对公司的投资往往也称为"附股"，而不是"入股"。这种投资获利的形式也是近代"官利"形成的前提之一。

明清时期，合伙制除了在实现形式上出现了多重合伙、附股之外，还得到了进一步的发展，即在一般合伙制基础上出现了股份合伙制。

在一般合伙中，无论是资资合伙还是劳资合伙都是两个或者两个以上的人对他们所贡献的资本或其他物资的数量以及盈利进行分配。而股份合伙与一般合伙又不相同，其中最重要的差别就是股份合伙的合伙资本或其他物资被划分为等额的股份，而一般合伙则没有此划分。股份合伙一般是在合伙人数量过多，合伙人对其入伙资本不能有效地管理，又唯恐对其盈利分配不公的情况下采取的一种经济组织形式。在这种情况下，合伙者就会将合伙资本以及盈利额，以一定的等分"股"的形式固定下来，这样传统合伙制中的"一般合伙"便转化成了股份形式的"股份合伙"。股份合伙制与一般合伙制类似，一般情况下也分为资资合伙与劳资合伙两种形式。如在自贡井盐业中，如果承首人不直接投资，只是出面向地主租佃地基，然后再组织投资者合伙凿井，这种情况便是劳资合伙。这样的事例在自贡井盐契约中不胜枚举，如嘉庆元年（1796）天元井约记载，李万盛等四个承首人出面，在向

---

① 张忠民：《艰难的变迁——近代中国公司制度研究》，上海社会科学院出版社，2002，第 14 页。

谢姓地主佃得地基之后，邀约罗天碧投资。在此约中，李万盛等四人先是租来地主谢晋昭的土地，然后又招来罗天碧等投资人共同凿井，而他们四人仅是组织者而并未出资，但仍得 1/24 的股份，所以这样的合伙为劳资合伙。如果承首人既是组织者又是投资者，便可称之为资资合伙。如光绪元年（1875）三生井约，承首人颜璜溪，一方面占有"出资承办"，即作为承首人经营劳动股份的"浮锅份二口"；另一方面，他还直接参与投资，占有"派逗工本锉办"的"开锅份九口"。① 在此约中，承首人颜璜溪虽然依靠自己的管理才能得"浮锅份二口"，但与他出资所得的"开锅份九口"仍有一定的差距，所以我们可以把此约称为资资合伙。

与一般合伙制比起来，股份合伙制在传统社会（尤其是明清时期）中，不仅是合伙制中内容最为丰富、形式最为完备的资本组织实现形式，而且其资本的组织形式也对中国早期公司制产生了一定的影响。其公司化的程度在业主制的基础上得到了进一步的发展，表现形式主要有委托经营、有限责任、法人制度。

第三节　自贡井盐业——传统企业中公司制萌芽的典型案例

传统股份合伙制与现代公司制到底有着怎样的内在联系呢？我们不妨以四川自贡井盐业为例，对此问题加以探究。在传统社会中，股份合伙制不仅普遍存在于晋商、徽商等的商业经营中，而且也普遍存在于云南铜矿、四川井盐等采矿业中，甚至福建农村的宗族（或家族）组织、台湾的土地垦殖中也广泛存在，为什

---

① 自贡市档案馆等编《自贡盐业契约档案选辑》，中国社会科学出版社，1985，第 348 页。

么不选择这些行业来探讨传统合伙制企业中近代公司制的萌芽，仅仅以四川自贡井盐业为例来研究呢？这是因为，四川自贡井盐业在所有行业中不仅具有普遍性，而且还具典型性，更重要的是，它较其他股份合伙制企业与早期公司制有更多的相似性，所以本书以四川自贡井盐业为例来探讨传统企业中现代公司制的萌芽。

一　自贡井盐业股份合伙制的建立及融资方式

清代以前，四川自贡井盐业虽然经过了长时间的发展，但其规模一直有限。清初，由于盐业政策的松弛、凿井技术的改进，四川自贡井盐业获得了突飞猛进的发展。据李榕《自流井记》记载，处于极盛阶段的富荣盐场有"担水之夫约有万……盐船之夫，其数倍于担水之夫。担盐之夫又倍之。……盐匠、山匠、灶头，操此三艺者约有万……以巨金业盐者数百家"。[1] 担水夫万人，盐船夫又数倍于担水夫，显然近十余万人；具有各种专门技艺的工匠数万人。据此推算，其劳动者总数有二三十万之多。当时盐业数百家，每家至少也有一二百人。对于一个地区的手工业来说，劳动者的数量达到如此之多，实在不得不承认它的规模之大。

四川井盐业发展到如此庞大的规模，不仅需要高超的技术，而且还需要雄厚的资金。因为凿井往往需要长达数年或数十年时间才能完成，所费资本"浅井以千计，深井以万计，有费三、四万而不见功者"。[2] 另外，输送卤水至煎盐灶边的枧道建设、工人工资等的流动资金，亦常需数千、数万乃至数十万金。总计开一井至少需一万金。这些雄厚的资金仅靠一家一户或单个资本根

---

① 李榕：《十三峰书屋文稿》卷 1《自流井记》，龙安书院，光绪十六年。
② 李榕：《十三峰书屋文稿》卷 1《自流井记》，龙安书院，光绪十六年。

本是不可能的，所以在资金的筹集上，四川自贡井盐业实行了股份的联合。四川井盐业的股份联合主要有年限井和子孙井两种方式。

（一）股份合伙制的建立

年限井、子孙井既是股份合伙制建立的基本方式，也是合伙制建立时的筹资方式，所以研究合伙制的建立也是探讨其基本的融资方式。

1. 年限井的情况

所谓"年限井"，亦称"客井"，是指凿井成功后，投资者只享有一定年限的股份及收益；期满后，将井及相关设施全部无偿地交还地主。如：

> 立凿井合约人蔡灿若等，今凭中佃到王静庵名下已填如海井大路坎上地基一埠，平地搗凿同盛井一眼。比日言定：王姓出地基，蔡姓出工本，井出之日，地主每月煎烧七天半昼夜，蔡姓等每月煎烧二十二天半昼夜。倘井出腰脉水一、二口，以帮搗井人用费；如出一、二口外，地主愿分班，同出工本，以搗下脉。俟井出大水之日为始，蔡姓等煎烧十一年为率；倘若出火，亦照股均分。其有天地二车、廊厂，报开呈课，照股摊认。蔡姓煎满年份，天地二车、廊厂尽归地主；至于家具物用，验物作价。恐口无凭，立合约二纸为据。[①]

---

① 自贡市档案馆等编《自贡盐业契约档案选辑》，中国社会科学出版社，1985，第309～310页。

　　根据这个契约，我们可以看出年限井有以下几个特点。第一，确定主、客双方在契约中的权利和义务，地主出"一井三基"及井上相应设施用地，每月煎烧七天半昼夜；客人（投资者）负责凿捣盐井或天然气井的全部费用，每月煎烧二十二天半昼夜。年限期满，主、客双方签订的合约便告终止，主方将全井无条件收回，即自贡盐场俗话所说的"客来起高楼，客去主人收"。一般来说，"地主出井眼、天地二车、柜灶牛棚盐仓，一切基址，每月得地脉日分或四、五、六、七天不等，客出凿井一切费用，每月得客日分二十二、三、四天不等"。① 主、客双方签约时，他们在整个合资股份企业中所占的股份及享有的权利就确定下来了。第二，确定客方（投资者）的经营年限。年限内，股东各方均按契约确定的条款履行自己的责任。在经营过程中，由于情况的变化，股东各方还可商议，更改早已确定的经营年限，通常为延长限期。第三，确定进班的条件。所谓"进班"，又俗称"分班"、"起班"，就是井凿办见大功后，地主得以分享井产收益，同时也必须承担对井的维修、保养，或继续深凿等各项费用，与投资者处于一致的地位。签约之时，年限井的进班条件就确定下来，通常为"水足四口（大约八十担），火足二十口"，这一条件是考虑到自贡井盐场的地质、资源、费用等诸方面情况而约定俗成的。

2. 子孙井的情况

　　所谓"子孙井"，是和"年限井"并列的自贡井盐业的另一种契约股份制的合资模式，它是指井开凿成功后无一定期限，由投资者与地主共同长期占有，"子孙永远管业"。如：

　　　　立合约人刘坤伦、张仕焕，情二人合伙承首同办，写得

---

① 彭久松、陈然：《中国契约股份制》，成都科技大学出版社，1994，第46页。

谢晋昭名下天井坝，平地开凿新井一眼，取名天元井。照厂规：二十四口开锅水份，谢姓出井基、车基、过江等地，得去地脉水份六口；余有开锅水份一十八口，交与承首二人管放。今凭中邀伙罗廷彪名下，认做开锅半口，子孙永远管业。议定：每半口当出底钱六千文整；吊锉之日，每半口每月出使费钱八百文，一月一齐。如有一月不齐，将合约退还承首人，另行邀伙承办，不得言及先前工本；其使用来齐，或停工住凿，承首人得一还二。家伙滚子全水归承首人管受，二十四口人等不得争占。修立天地二车，以及车房、车基等费，十八口均出，不与地脉六口相干。井出微水微火以帮做井使用，地主不得分班，至大水、大火，停工住凿起推，二十四口各出使费，并各立名承课注册，子孙永远管业。恐口无凭，立合约为据。①

与年限井相比，子孙井有如下特点。第一，确立主、客双方在合资股份经营的子孙基业中的股份，以及永远拥有的股权和债权。第二，无年限要求，均系股东各方子孙永远管业，这是子孙井区别于其他合资股份体制的一个显著特点。正因为凿办盐井费资耗时，又系"子孙永远管业"，故股东的变化比年限井频仍。第三，确定进班条件。按照井规，只要本井所出之息，除缴井有余，不必"水足四口、火足二十余口"，地主就可进班分红。地主一旦进班分红，此后，井凿捣下脉及修造廊厂，地主均要出钱。第四，井场财产属于主、客（即企业的全体股东）所有，一旦签订子孙井"出山约"，就表明主、客双方长期合作；地主进班后，企业财

① 自贡市档案馆等编《自贡盐业契约档案选辑》，中国社会科学出版社，1985，第332~333页。

产即表现为合资的各股东共同直接支配的财产，并由其子孙永远管业。如果中途转让日份，退出合资，也不能带走属于自己的那一份财产，只能留给新的日份继承人。

综合年限井、子孙井这两种社会合资方式来看，可以发现自贡井盐业的融资方式与近代公司制的融资方式已经有所暗合。

第一，年限井和子孙井迅速集聚社会资本的融资方式，使自贡井盐能够迅速得以开采。这与近代公司制集聚社会资本的方式有着惊人的一致性，说明中国传统企业中已经具有了近代公司融资的萌芽。

第二，年限井和子孙井两种合资方式以股东的资本集合为基础，因此，其可以同时允许多种所有者并存，并且这些不同的所有者之间就生产资料的实物形态来说并不具有独立性、排他性，而是具有融合性。这样其具有的强化主体内聚意识、发挥各方面积极性的内在机制，可以促进不同的所有者在经济利益上走向结合，从而使各方利益更具社会性，这种情形在子孙井中表现得更加明显。这说明其资本已具有了广泛的社会性，这与近代公司制利用股票进行募资有很大的类似性。

第三，年限井和子孙井两种合资方式实现了法人所有权与法人经营权的统一，实行风险共担、利益共享的利益分配机制，命运取决于以承首人为代表的管理人员，其存在自我调节的内在约束。当然，这里所说的法人经营权，绝不意味着股东可以以股份持有者的名义干预合资井之经营业务；"承首"虽然具有股东身份，但他并不是以股东的名义，而是受股东会议推举或授权从事具体经营管理的。

第四，实行年限井或子孙井合资股份经营体制的企业，以股东的一定资金之集合为基础，实行资本无定、资本敷缴、资本流水、资本接力和资本风险等一系列环环相扣的原则，使企业的集资机制充满活力，从而保证了企业处于不败之地并久而弥坚。承首人的出现，说明在自贡井盐业中已有了委托经营与公司经理的萌芽，在一定程度上更有力地说明了中国近代公司制并不尽是西方公司移植的产物，而是在中国传统企业中已经具有了初步的发展。

（二）凿井资本困乏的弥补方式

四川井盐业通过年限井、子孙井这两种资本的融合方式，迅速地集聚了大量的社会资本，使盐井得以顺利开凿。但盐井在开凿过程中，由于历时长、耗资巨，需要有后续资本的及时补给；为了使后续资本能够得到及时的补充，善于发明创造的四川劳动人民使用了资本敷缴制度以及资本接力的上中下节制度。

1. 资本敷缴制度

资本敷缴制度是指在凿井正式开始后，为了保证凿井的顺利进行，对每月凿井所需资本进行追加的制度。如嘉庆元年凿办天元井时，契约要求"当每乙口出底钱乙十二千文整，后吊凿之日，每一口每一月出使费钱乙千六百文"。① 道光年间的双福井约也规定："其井仍复任客再行下凿，所有做井用费银钱，按月清算。"② 在自贡盐场，一旦合资井开工，对股东出资的要求是非常严格的，因为工程要顺利进展，资金供应必须要源源不断地供给才行。如果某位股东资金匮乏，投资困难，不能按期敷缴资本，便会受到惩罚，前引天元井约："如有一月不齐，将合约退还承首人，另行邀伙承办，不得言及先前工本。"道光十四年（1834）天顺井约亦

---

① 自贡市档案馆等编《自贡盐业契约档案选辑》，中国社会科学出版社，1985，第 333~334 页。
② 自贡市档案馆等编《自贡盐业契约档案选辑》，中国社会科学出版社，1985，第 413 页。

载："钧（吊）凿之后，凭众伙清算，交与承首人经管，每月清算；如有一月使费不清，即将原合约退回承首，另邀开户，不得言及已（以）前用过工本。"①

2. 上中下节制度

开凿盐井是一项异常艰巨的工程，需要经历漫长的时间，据载"凿井日可尺余，或七、八寸，或数日不及寸……常程可四五年或十余年，有数十年更数姓而见功者"。② 为了保证凿井工程得以顺利进行，直至见功，就需要源源不断地追加后续资本。因为客人一旦资金困乏停工住凿，根据厂规，地主就有权将井收回，"客人不得言及工本使费并日分等语"，这样就给客人造成了巨大的经济损失。为了避免造成经济损失，收回垫支工本或保留若干股份，客人在资金困乏之时，就积极地招揽续凿者，而续凿者就成了下节，这就是所谓的上下节制度。自贡盐井正是以这种上下节的办法，及时保证资金来源，从而保证了凿井工程的顺利进行。对此，同治时的文献已有相当完备的概述，同治《富顺县志》载：

> 或井久不见功，抑或仅见微功，尚须往下捣锉，有力不能逗钱者，即将所占日份、锅份出顶与人，即名为上节，承顶人即名为下节，以后作井工本归下节派出。或将钱绝顶，日后此井成功，上节不得分息；如未绝顶，上节工本未经收回，日后井成功时，上节有仅归工本若干者，有与下节人各分一半鸿息者，有上节仅二、三成，下节多至七、八成者……如井久不成功，下节力又不支，转顶与人接办，则此

---

① 自贡市档案馆等编《自贡盐业契约档案选辑》，中国社会科学出版社，1985，第366页。
② 李榕：《十三峰书屋文稿》卷1《自流井记》，龙安书院，光绪十六年。

前之下节作为中节，现在出钱锉井人为下节；井成时，中节亦有归本若干者，或共分鸿息者。①

第二次投资后，井仍未见功，下节财力耗尽，便招来第三次投资者。原下节改成中节，第三次投资者称下节。中节让渡自己的股权如前节让渡法。如继续让渡，则依次类推。兹举一例：

嘉庆十四年契约②

立合约人李天赐、蒋吉人于嘉庆丙寅年二人平出工本，顶得王三元兄弟叔侄名下邱埫双福井，除地脉外，每月昼夜水、火日分五天净；又王三元兄弟等双福井地脉水、火日分每月一天二分半，共成六天二分半。李天赐名下并地脉昼夜水、火日分三天一分二里半，蒋吉人名下并地脉昼夜水、火日分三天一分二里半。俟出大水、火之日，煎烧十二年为率。其井上使用工本，工人平出，不得推诿。恐口无凭，立合约存据。

在　见　　　李家桂　张同亮
　　　　　　肖玉华　万士谕笔
立约人　　　蒋吉人　李天赐
嘉庆己巳四年正月十八日

这个契约说明，邱埫双福井原井伙为王三元兄弟叔侄，做下节者为李天赐、蒋吉人。他们商定，由王三元叔侄让渡双福井开锅水、

① 罗廷权修、吕上珍纂同治《富顺县志》卷30《盐政新增·上中下节井规》，全国图书馆文献缩微复制中心，1991。
② 自贡市档案馆等编《自贡盐业契约档案选辑》，中国社会科学出版社，1985，第347页。

火日份五天和王三元兄弟地脉日份一天二分半，共计六天二分半。下节井伙李天赐、蒋吉人各得三天一分二厘半。其锉井使用工本，由李、蒋二人平出。下节煎烧的年限以十二年为率。而让渡以后的上节，所占水、火日份，按邱垱每月昼夜水、火日份二十四口锅计算，除去让渡的六天二分半，应是十七天七分半。这个余下的日份，当由上节内部按投资比例分占。在一般情况下，下节还需给上节一笔押山银钱，这应该算是对上节利益损失的一种补偿。

经营盐业所需资本庞大，原来的投资者出现资金困难时，就采取这种上中下节方式吸收资金加以解决。这种做节方式解决了长期凿井过程中资本不足的问题，确保了开凿盐井工程的顺利进行；同时，做节制度又不断地给自贡井盐业注入活力，加速了资金的流转和企业的竞争。自贡井盐业广泛吸收社会资金的融资方式，与现代公司制的融资方式已具有很大的类似性，这说明中国传统企业中已经有了近代公司制的萌芽，也为后来嫁接西方公司制的接穗准备了"砧木"。

二　股份合伙制的股份及股东

自贡盐场合伙股份制合资井有三种不同性质的资本，分别为三类不同性质的业主所投资。他们分别是：地脉日份持有者——地主、工本日份持有者——客人和承首日份持有者——承首人。

（一）地脉日份持有者——地主

四川盐卤资源丰富，是我国主要的井盐产地。长期以来，在盐井开凿过程中都存在这样的现象：货币所有者欲凿井而无土地，土地所有者有土地而无资金。于是便出现了土地所有者与货币所有者合作的现象，二者签订凿井契约，确定双方的权利与义务、经营体制及进班条件。土地所有者便成了地主，即地脉日份持有者。

如同盛井约为：

乾隆四十四年契约①

　　立凿井合约人蔡灿若等，今凭中佃到王静庵名下已填如海井大路坎上地基一埠，平地捣凿同盛井一眼。比日言定：王姓出地基，蔡姓出工本，井出之日，地主每月煎烧七天半昼夜，蔡姓等每月煎烧二十二天半昼夜。倘井出腰脉水一、二口，以帮捣井人用费；如出一、二口外，地主愿分班，同出工本，以捣下脉。俟井出大水之日为始，蔡姓等煎烧十一年为率；倘若出火，亦照股均分。其有天地二车、廊厂，报开呈课，照股摊认。蔡姓煎满年份，天地二车、廊厂尽归地主；至于家具物用，验物作价。恐口无凭，立合约二纸为据。

　　这是地主王静庵与客人蔡灿若签订的契约。从契约中可以看出，双方确定实行年限井制，限期为十一年。双方商定："王姓出地基，蔡姓出工本，井出之日，地主每月煎烧七天半昼夜，蔡姓等每月煎烧二十二天半昼夜。"地主王姓因出地基，在总日份中占了"七天半"，这就是地脉日份。因为提供井基土地而获得。

　　再考察一个实行子孙井制的实例：

嘉庆元年契约②

　　立合约人刘坤伦、张仕焕，情二人合伙承首同办，写得

①　自贡市档案馆等编《自贡盐业契约档案选辑》，中国社会科学出版社，1985，第 309~310 页。
②　自贡市档案馆等编《自贡盐业契约档案选辑》，中国社会科学出版社，1985，第 332~333 页。

> 谢晋昭名下天井坝，平地开凿新井一眼，取名天元井。照厂
> 规：二十四口开锅水份，谢姓出井基、车基、过江等地，得
> 去地脉水份六口；余有开锅水份一十八口，交与承首二人管
> 放。今凭中邀伙罗廷彪名下，认做开锅半口，子孙永远管业。
> 议定：每半口当出底钱六千文整；吊锉之日，每半口每月出
> 使费钱八百文，一月一齐。如有一月不齐，将合约退还承首
> 人，另行邀伙承办，不得言及先使工本；其使用来齐，或停
> 工住凿，承首人得一还二。家伙滚子全水归承首人管受，二
> 十四口人等不得争占。修立天地二车，以及车房、车基等费，
> 十八口均出，不与地脉六口相干。井出微水微火以帮做井使
> 用，地主不得分班，至大水、大火，停工住凿起推，二十四
> 口各出使费，并各立名承课注册，子孙永远管业。恐口无凭，
> 立合约为据。

此约规定：双方实行子孙井制，子孙永远管业。地主出井基、车基、过江等土地，得到地脉水份六口。

从这两个契约中，可以看出地脉股是自贡盐场契约股份制合资井中的一种"特别股"。它的持有者井基地主除了提供面积不大的用地外，在见功前的整个开凿期间，均不交付股金，不管开凿期如何旷日持久，累积投资如何巨额，甚至因终不见功而全部垫支资本化为乌有，都与他无关；他的权利是坐享其成，即在其井见功正式生产后进班分红，按照所占股份额领取经济收益。

关于四川井盐业中的地脉日份的性质问题，不同学者持有不同的观点。吴天颖、冉光荣先生认为："从出山约签订之日起，土地业已作为整个井灶企业不变资本的一部分，改由居股权大部分的投资者或其代理人所支配。作为原来土地所有者的地主，开始

与土地支配权相分离。"① 当发展到自贡盐场那种年限井、子孙井阶段后，其更是发生了质的变化。"现在，土地所有者是'以地权资格参加股份'，即以土地作为固定资本进行投资，加上投资者以锉井费用为主的各项支出，共同构成盐业企业的全部垫支资本，当凿井成功、地主进班这一决定性步骤完成之后，他已正式跻身于盐业资产者的行列。……土地所有者根据地脉日分取得的'红息'，已经不是平均利润以上的超额利润，而是包括二者在内的总额；它的性质已经不是地租，而是由剩余价值决定的利润。"② 但彭久松先生不同意这一观点，他认为，"土地在资本主义条件下绝不是资本，也不可能转化为资本。所谓资本，按照马克思的说法，是带来剩余价值的价值。他首先是一个劳动创造物……而土地呢？它是一个自然物，自然物怎么能是资本"；"土地不是资本也不可能转化资本，其性质正如石头不是鸡蛋，也不可能转化鸡蛋一样"。井基地主依凭土地所有权，"向合资井投资者索取了高额地租。虽然以股份为支付手段，但这只是形式问题"。③ 而吴、冉两位教授认为，虽然地脉日份持有者在凿井初期不出工本，也不承担风险，但见水、火以后，他是既得到了相应的收益，又承担了相应的风险。如果土地只是一种地租，即便是矿山地租也是不可想象的。虽然土地是一种自然物，但正像人也是自然物，而其潜能的发挥，其劳动、知识、能力等均有可能带来剩余价值，因而转化为人力资本一样，土地作为自然物，当它与其他形式的资本如货币资本、实物资本进入资本运营过程中，无疑也转化为创造

① 自贡市档案馆等编《自贡盐业契约档案选辑》，中国社会科学出版社，1985，第 61 页。
② 自贡市档案馆等编《自贡盐业契约档案选辑》，中国社会科学出版社，1985，第 109~110 页。
③ 彭久松、陈然：《中国契约股份制》，成都科技大学出版社，1994，第 94~97 页。

剩余价值资本的一个组成部分。虽然它与工本股份相比有自己的
独立性和特点，但是恐怕谁也不可能把土地股份从总的股份资金
中分离出来。也正因为如此，在此将地脉日份作为股份构成的部
分之一是正确的。根据以上分析，笔者基本倾向于吴、冉两位教
授的观点。

（二）工本日份持有者——客人

如上所述，土地所有者与资金所有者签订凿井契约，确定了
双方的权利与义务、经营体制及进班条件。土地所有者便成了地
主，即地脉日份的持有者；货币投资者便成了客人，即工本日份
的持有者。这类日份的持有者共同在地主提供的土地上投资谋
利，习惯上被称为客人，故称其所占股份为客日份。客日份是合
资井中最大的一部分，一般占全井总股份的 60%～80%，约为
13～25 天。这些股份往往为投资者所享有，若投资者为数十人，
则为数十人所有；若为一人，则为一人所有。如上述嘉庆元年
契约：

> 立合约人刘坤伦、张仕焕，情二人合伙承首同办，写得
> 谢晋昭名下天井坝，平地开凿新井一眼，取名天元井。……
> 余有开锅水份一十八口，交与承首二人管放。……恐口无凭，
> 立合约为据。
>
> 嘉庆元年契约
> 凭中同伙人
> 罗天碧一口　　罗开礼一口
> 林振仑一口　　罗振斌一口
> 林成斌一口　　林振先半口
> 林文英半口　　林常德半口

沈成浩半口　　沈成彪半口

黄玉顺一口　　周光祥半口

刘荣易一口　　罗廷榜半口

唐德良半口　　黄金林二分五

钟仁旺二分五　邓汉卿一口

代笔　颜仕昌

嘉庆元年岁次丙辰十二月十六日

立合约人　刘坤伦二口

张仕焕三口①

　　从契约中可以看出，客人共十八位，共分得股份十二口半，其中有日份一口者八人，半口者八人，四分之一口者两人。再如乾隆四十四年契约，客人仅为蔡灿若一人，客日份二十二天半昼夜也仅为他一人所有。

　　凿井见功之前，工本日份持有者用现金的形式提供凿井的全部费用，保证凿井持续进行。凿井见功后，工本日份持有者也只能按其所领股额在 30 天中摊占的比例分享收益；若终不见功，则工本日份持有者的部分垫支资本便化为乌有。不言而喻，工本日份持有者在合资井中承担了主要的投资责任和投资风险。为了减少客人的损失，契约一般规定井已出水、火但未见大功前的收入为客人所有，如"倘井出腰脉水一、二口，以帮捣井人用费"；②"井出微水微火以帮做井使用，地主不得分班"。③ 若地主想进班参

---

① 自贡市档案馆等编《自贡盐业契约档案选辑》，中国社会科学出版社，1985，第 332~333 页。

② 自贡市档案馆等编《自贡盐业契约档案选辑》，中国社会科学出版社，1985，第 309~310 页。

③ 自贡市档案馆等编《自贡盐业契约档案选辑》，中国社会科学出版社，1985，第 341 页。

与分红，则要付出一定的代价，"如出一、二口外，地主愿分班，同出工本，以搞下脉"。①

（三）承首日份持有者——承首人

在四川井盐业的发展史上，有一种特别重要的人，习惯称之为承首人，又称团首或首主人，实际上相当于现代公司制中的经理人。对地主而言，他是承租井基客人即投资者的带头人物；对客人而言，他又是集资负责人、凿井指挥者和见功生产的经营主持者，形同主人，处在合资井企业中十分关键的位置上。为了酬报承首人的组织劳动和经营指挥劳动，合资井设置了一个"特别股"——"费心之资"，归承首人所有，叫作"承首日份"。和地脉日份一样，承首日份也是一种不出工本的日份，只在井见功后进班分红。在凿井过程中，承首人的作用非常大，所以在自贡井盐契约中有关他们作用的记载也很多，如嘉庆元年（1796）天元井约载明：

> 立合约人刘坤伦、焦忠秀、李万盛、李文元四人，写得谢晋昭名下地基乙符（埠），平地开凿新井一眼，取名天元井。做水份开锅二十四口，谢姓出井基、车基、过江，得去地脉水份六口；其有乙十八口水份，交与承首四人管业。今凭中四人邀约罗天碧名下合伙做水份锅一口，子孙永远管业，当每乙口出底钱乙十二千文整；后吊凿之日，每一口每一月出使费钱乙千六百文。如有一月不齐，承首人将合约缴回，另邀伙承办，开户不得言及先使工本；偿工本来（未）齐，

---

① 自贡市档案馆等编《自贡盐业契约档案选辑》，中国社会科学出版社，1985，第 309~310 页。

停工住凿，承受之人得过钱乙吊退还两吊。家伙滚子全水归
与李万盛，二十四口不得争占。[①]

　　此约记载的是李万盛等四个承首人出面，向谢姓地主佃得地
基之后，再邀约罗天碧投资。签约时，地主、承首人、投资者均
在场，以表明彼此的权利和义务，所以有的契约上强调"此系三
家情愿，恐口无凭，立佃约为据"。[②]

　　据吴天颖、冉光荣研究，承首人至少包括两种：一种是承首
人并不直接投资，他出面向地主租来地基后，再去组织投资者合
伙凿井；另一种是承首人既是组织者又是投资者，凿井发起时，
他先向地主佃得地基，然后继续征集其余投资者。如光绪元年
（1875）三生井约，承首人颜璜溪，一方面占有"出资承办"，即
作为承首人经营劳动股份的"浮锅份二口"；另一方面，他还直接
参与投资，占有"派逗工本锉办"的"开锅份九口"。[③] 无论哪种
情况，根据吴天颖、冉光荣及彭久松、陈然等学者的研究，承首
人的权利、义务大体包括以下三个方面。

　　第一，筹集资金，"邀伙开凿"，以保证取得购买劳动力和生
产资料的垫支资本。契约中常有"承首邀伙锉办"之语，承首人
的工作通常包括以下两项。首先，筹措凿井准备阶段的各项费用，
即"底钱"，如嘉庆元年天元井约"当每乙口出底钱乙十二千文

---

①　自贡市档案馆等编《自贡盐业契约档案选辑》，中国社会科学出版社，1985，
　　第333~334页。
②　自贡市档案馆等编《自贡盐业契约档案选辑》，中国社会科学出版社，1985，
　　第336页。
③　自贡市档案馆等编《自贡盐业契约档案选辑》，中国社会科学出版社，1985，
　　第348页。

整"，① 以及道光八年合海井约"开锅一口，每口派出底钱十三千五百文整"。② 其次，在凿井开始后，因为股金不是一次逗足，所以还需承首人陆续逗本以便续凿工程，这便是按井筹集的"月费"，或亦称其为"使费钱"。有的是估算为一个固定的数额，逐月缴纳，如天元井约规定"后吊凿之日，每一口每一月出使费钱乙千六百文"；③ 有的根据每月的实际支出，按股均摊，如河海井约载明"其有每月凿井使费，照十八口均派"。④

"使费钱"一般都是以银钱缴纳，但个别情况下，也可用工具或劳力来顶替。如嘉庆十二年咸泉井约，"其有月费，礼梁愿出煊凿大小铁火，以作办井月费——井上用铁每斤照四十文算，每年不得问及礼梁取月费"。⑤ 这种以铁器及其维修来折纳股金的办法，有助于吸收从事其他行业的手艺人参与凿井，从而扩大了资本来源，有利于解决凿井所需的器材及技术问题，无疑促进了井盐业的发展。

第二，开凿后为保证工程的顺利进展，对未按时缴纳"月费"者进行处理。如果中途有投资者不能按期缴纳，承首人则负责收回合约，另邀合伙人承做。如"（使费钱）如有一月不齐，将合约

---

① 自贡市档案馆等编《自贡盐业契约档案选辑》，中国社会科学出版社，1985，第 334 页。

② 自贡市档案馆等编《自贡盐业契约档案选辑》，中国社会科学出版社，1985，第 1063 页。

③ 自贡市档案馆等编《自贡盐业契约档案选辑》，中国社会科学出版社，1985，第 334 页。

④ 自贡市档案馆等编《自贡盐业契约档案选辑》，中国社会科学出版社，1985，第 1063 页。

⑤ 自贡市档案馆等编《自贡盐业契约档案选辑》，中国社会科学出版社，1985，第 348 页。

退还承首人，另行邀伙承办，不得言及先使工本"。① 这种做法虽然干净利索，但不免有点草率，亦不符合经济发展规律，所以在社会活动的实践中必然对此做法进行修正。先是在"停工住锉"的时间上有了松动，如嘉庆时期的契约还是规定"自佃之后，倘有停工住凿，将原合约退回，开户人不得称说工本"；② 但到了咸丰九年，顺海井约就已改为"若客人停工住凿二三个月，承首人将合伙退还地主，开户人不得称说工本"。③

为了避免出资人损失过多，光绪元年（1875），邱垱武家坡的大兴一三生井创造性地发明了"抬做制"。其具体做法是：

> 即或派逗工本不按月如数逗足者，任凭众伙"抬做"：一经见功，计众伙所垫工本数目，摊占锅份若干，归入众伙；至欠工本者，扣除（众伙所垫工本应摊）锅份外，所余锅份方与本人，不得按照合约所占锅份执字索取。④

这种见功后按照实际投资数额重新调整股权的措施，既有利于消除由于个别股东欠资对整个工程进度的影响，又有利于协调各股东的协合关系。所以，这种"抬做"方法迅速在其他井盐业中推广开来，并成为约定俗成的井规之一。

第三，在盐井达到赢利阶段后，负责经营管理及在凿井过程

① 自贡市档案馆等编《自贡盐业契约档案选辑》，中国社会科学出版社，1985，第334页。
② 自贡市档案馆等编《自贡盐业契约档案选辑》，中国社会科学出版社，1985，第335页。
③ 自贡市档案馆等编《自贡盐业契约档案选辑》，中国社会科学出版社，1985，第338页。
④ 自贡市档案馆等编《自贡盐业契约档案选辑》，中国社会科学出版社，1985，第349页。

中进行技术处理。如契约说："钓（吊）凿之后，凭众伙清算，交与承首人经营。"[1] 故而，四川井盐业中，承首人作为经营管理者得到一定数量的股份，与他具有的高超的修井技术是分不开的。也就是说，他必须能将一种无形资产投入股份制井盐业中，方可获得收益。

权利和义务是相应的。承首人在凿井过程中不仅费神劳力，而且还承担了太多的义务。其费神劳力及义务的回报则是他占有的"浮锅份"，或称"干日份"。据考证，承首人占有的浮锅份一般在整个锅份中占 4%～13%，具体情况如表 1-1 所示。

表 1-1　清代四川富荣盐场承首锅份情况

单位：口，%

编号	1	2	3	4	5
年代	嘉庆九年	嘉庆二十年			
总日份	24	24	24	24	24
经营者日份	1	3	2	2.5	2
占比	4	13	8	10	8

承首人是一个历史范畴，他是在股伙众多而又缺乏经营管理者的条件下产生和发展起来的。随着日益增多的有管理经验的经理直接参与经营，承首人逐渐退出了历史舞台。随着盐业股份经济的发展，经营管理的重要性也与日俱增，一批有管理经验的专门人才在实践中逐渐成长起来。他们在井盐业中承担起了经营管理的任务，不再分享"锅份"，而是领取工薪，这种有经验的管理

---

① 　自贡市档案馆等编《自贡盐业契约档案选辑》，中国社会科学出版社，1985，第 336 页。

者逐渐替代了传统的承首人。

股东类别的形成，实源于不同性质股份的存在。质言之，地脉股份是靠"出地"取得的，工本股份是靠"出本"即出钱取得的，承首股份是靠"出力"换来的。但若落实到单个合资者身上，他可以同时持有不同性质的股份，如井基地主又可认领客日份，甚至兼作承首人；承首人若对客日份进行投资，就会在合资井中形成一身肩两任的情况，或集三种股份于一身的情形。例如，凿办泅海井时，地主除因提供土地占有一定份额的地脉股份外，在凿井过程中，他还分领客日份，陆续投入"工本"，因而分占了一部分工本日份。这样，地主在整个泅海井合资企业股份中占了13.5 天，占有 45%。光绪元年复淘三生井时，颜璜溪作为承首人，因"出力承办"，占承首日份两口，又"逗本凿办"，占客日份九口，他占了全井股份的 45.83%。可见，不能把股东分类问题与单个合资人实际身份问题混淆起来。

三　所有权与经营权的分离

无论是业主制还是合伙制，他们日常的经营管理都可以由出资人自己经营，或者由出资人延请专人经营。如果是自己经营，则出资人与经营者合二为一，资本所有权与经营权是一致的；在出资人延请专人经营中，由于企业的经营活动已经委托给了专门的经营者，因此资本的所有权与经营权也就发生了实质性的分离，从而形成了委托代理制。一般情况下，出资人自己经营的企业规模较小，不需特别延请专门人员，自己就可以完全经营。而在一些规模庞大的企业中，即使出资者再有才能，全部的生意都由其自己直接经营也是非常难的。在这种情况下，遴选经理人代为经营就成为唯一可行的办法。四川自贡井盐业，如前面所述，"担水之夫约有万……盐船之夫，其数倍于担水之夫。担盐之夫又倍之。……盐匠、山匠、灶头，操此三艺者约有万……以巨金业盐者数百家"，说明井盐业已有庞大的规模。在这种情况下，单靠个人经营就显得非常困难，于是就出现了专门经营管理的人员——承首人。

据吴天颖、冉光荣研究，承首人的身份具有两种：一是承首人仅是组织者，即他出面向地主租来地基，再去招集其余投资者合伙凿井；二是承首人既是发起人又是投资者，凿井发起时，承首人先向地主佃得地基，然后继续征集其余投资者。无论属于哪种，他们均负有三种责任：其一，筹集资金，"邀伙开凿"；其二，开凿后保证工程的顺利进行及后续资金的筹集；其三，在盐井达到赢利阶段后，负责经营管理并对凿井过程中出现的问题进行技术处理。从上面的分析可以看出，承首人无论既是组织者又是出资者还是仅仅作为一名组织者，凿井的资金全归他支配，而那些出资者对自己的资金已无权支配，这说明在自贡井盐业中已实行了委托经营式管理。

四 债务的有限清偿

中国古代合伙制的研究者一般认为合伙制是无限责任制，即股东所负清偿责任不仅及于其所投资本，而且还及于其家产。也就是说，一旦亏本、资不抵债，多是竭产赔补。但事实上，明清时期中国合伙制中只是以股东占有资本股份的多少来担负清偿责任，并不是负担所有合伙人的责任，也就是说没有连带责任。这一点已成为明清社会的惯例，亦得到官府的支持。官府在处理有关合伙的债务纠纷时，往往也依此惯例进行定案。彭久松等认为，在四川井盐业中实行的井债井还、不波及合伙人其他家庭财产的制度，其实就是有限责任制的一个很好的例证。在凿井过程中，井未见大功、未正式经营之前，是资本的主要投放期，但往往因

"时势维艰"、"伙等不齐"、"厂市疲滞"等多种原因，致使负债。如黔川井"锉办十年，共用本银贰万余金，现有微火数担、火圈五口；但锉办十年中间，虽出水火，旋出旋去修竖廊厂并缴锉费，伙众有逗足、未逗足者，以致负债贰仟数百两"。① 黔川井由于已欠两千数百两债，"众伙无力再办"，又因"停凿收井"的厂规约束，黔川井为了收回垫支资本并在井见大功后收获一定的利益，"约伙筹商，甘愿丢下节"，上节保留十八天日份，出丢十二天日份，收下节押头钱 2400 两，再借 200 两以偿外债。这是用丢节的办法清偿债务，摆脱困境。再如乾隆四十四年（1779），开始由蔡灿若开凿的同盛井曾三次出顶，最后一次顶与喻义和，后因无力开凿，停费多年，至咸丰四年（1854），地主王晓亭收回此井，并且"愿与蔡姓提留工本每月昼夜净日份三天半……其余转顶后客万、谢、寇、喻等姓，所有工本字约，一力有蔡姓承认。蔡姓应还后客工本银钱，在提留日份内偿还，均不得问及地主"。② 这就等于说地主与蔡姓合作收回停费之井，但地主与蔡姓只保留三天半日份；而蔡姓给后客（下节）补偿的工本银钱，仍留在以后井见功有利润时，在提留的日份内偿还。可见，井上之债未波及蔡姓合伙井资金以外的家产。因此，可以说"井债井还"应该是债务的有限责任的清偿。

总之，所谓的"井债井还"就是合资井的债务一律由井业负责偿还，不致牵连股东个人财产；债权人不能向股东个人求偿，股东个人也有权拒绝这种求偿。其偿还方式有三种。

第一，以佃偿债。合资井负债后，经股东商议，将合资井出佃，用租金偿还债务。天龙井在凿办过程中曾先后三次丢节，终

---

① 彭久松、陈然：《中国契约股份制》，成都科技大学出版社，1994，第 164 页。
② 自贡市档案馆等编《自贡盐业契约档案选辑》，中国社会科学出版社，1985，第 311 页。

于凿办成功，产天然气 162 口。股伙商定，"各按日分煎佃管业一百五十口，外提十二口作缴井之用"。但后因修费不够，出现债务，遂决定"以债偿还"，用出佃火圈偿补因"修费不敷"而出现的债务。这种以佃偿债是"井债井还"的主要方式之一。合资井负债后，用出佃合资井股份的方式，收取佃价以偿付债务，它不涉及股东个人的其他财产。

第二，进班还债。合资井做节后，上节股东为清偿债务，向下节新投资者借款，这笔债务的偿还，俟井见功上节进班后，以上节股份应分红息偿还，这也是"井债井还"的一种方式。黔川井负债两千数百两，丢节后，上节取下节押头钱 2400 两，以偿外债，日后无还；因此银尚不敷偿，再向下节借银二百两，上节进班后付还。由于上节股东收取了下节股东的押头钱，为偿付债务，另借的 200 两，就理所当然地由上节股东进班分红息后偿还下节股东。

第三，抬做结账。所谓"抬做"，就是对不能按月如数逗足凿井工费的股东，由其余股东分担其股本，并履行相应的义务和享受相应的股权。见功进班后，多垫支股金的股东收回这部分资金，然后按股分红。这是预防合资井倒闭的有力措施。如恒义-桑原井，恒义井开凿不久后，承首人沈璧卿远游谋事，将合资井的凿办事务交出，众股东公推吴惺泉办理。后因水枯下凿，各股东未能如数逗足股金，由吴惺泉代垫，继续凿办。吴惺泉死后所垫资金久悬无着，只好将井出丢下节，更名为桑原井。……井成功后……将吴姓年垫上节各伙锉费，及下节见功进缴各帐，一并结楚，划清界限，照厂规上下节各占子孙业锅份一十二口分班自办，各管各业，均无异议。①

---

① 彭久松、陈然：《中国契约股份制》，成都科技大学出版社，1994，第 166～170 页。

这三种"井债井还"的有限清偿方式与近代有限公司和股份有限公司的债务有限原则基本相同，这说明四川自贡井盐业的债务清偿已具有了近代公司的因子。

五　股份的自由交易

合资井的股份契约可以看作一种无面额的有价证券。严格地说，股份契约是和产权紧密相连的，契约虽只表明股份的分占情况，未标明整个契约的具体面额是多少，但它总代表着一定的资本量，因此从这个意义上讲，可以把股份契约看作一种无面值的、代表一定产权量的有价证券。也正是有了这个"价"，契约股份可以自由地转让、交易。契约股份转让的途径有很多，主要有买卖、租佃、抵押、典当、馈赠与继承等。

（一）股份的买卖与租佃

如道光十九年，地主王余烈立杜卖地脉井约："今因负债无偿，情愿请凭中证……摘出昼夜水火地脉日份五天，出卖与李四友子孙永远管业。"[1] 再如道光十二年，王明信"因无力世守"，"将祖遗桐梓垱石塔上天宝井，每年每月水火昼夜净日份二十九天四时有零"，不留"寸土、寸石、寸竹、片瓦"，一并扫卖"与堂侄王三盛伙等名下管业"，"卖价银八百两整，九七平兑"。[2] 这是通过买卖转让股份的实例。出卖日份的原因有很多，但多数是"负债无偿"造成的，但也有"家无出产"、"无钱用度"的原因，还有一些是"另图好事，无从设法"的。不论因何种原因出卖，

---

[1] 自贡市档案馆等编《自贡盐业契约档案选辑》，中国社会科学出版社，1985，第470页。

[2] 自贡市档案馆等编《自贡盐业契约档案选辑》，中国社会科学出版社，1985，第471页。

一旦出卖，卖主就失去了股权，以后井见大功，"不得言及挂红、不得言及赎取、不得借井生端"。① 出卖日份多发生在盐井凿办过程中。盐井凿办成功后，也有股权持有者将自己所占的股份租佃与他人，自己坐享其利的。同治四年，罗开发兄弟三人将已占天顺井日份六天出佃与余德全名下推煎，一佃十二年，外敷一年零两个月；光绪三十四年，王植槐堂伙等将所占同发井日份十天，出佃与王达生笕伙等名下淘办推煎管理，一佃六年，外敷一年，共佃价九七平银 8800 两整。这是通过租佃转让股份的实例。出卖日份，就等于失去了股权。租佃日份则不同，股东将自己所占的日份租佃出去，自己仍享有该股份的最终所有权。

（二）股份的抵押与典当

如果说出卖与租佃是股份自由转让的话，那么抵押与典当也是不容忽视的股份自由流转的方式。日份是盐业股权的体现，股权所有者也常常把日份作为抵押、典当的凭证，进行经济活动。光绪二十八年，王德信、王政信所立的押借约就是一例：

> 立出押山约人王德信、王政信，今凭证□□借王子良名下九七平漂银壹佰两整。比日面议：每月每百两行利息二分二厘，照算此数，原将先人留业新垱地名高峒锉办井盐一眼，更名海流井，与尹姓合推，为王德信、王政信名下应占日份十五天正。今出押与王子良，以作信借凭证，随要随还。……并无少欠分文。巩后无凭，立出年借约一纸存据。②

① 彭久松、陈然：《中国契约股份制》，成都科技大学出版社，1994，第 147 页。
② 自贡市档案馆等编《自贡盐业契约档案选辑》，中国社会科学出版社，1985，第 651 页。

　　王氏兄弟向王子良借银 100 两，除每月利息 2.2 分外，又以日份 15 天作为借款的凭证，随要随还。这是通过押借转让股份的例证。除把日份作为抵押品、抵偿品外，还有把日份定期典当以取得一定数量款项的情况。

（三）　股份的馈赠与继承

　　既然股份可以作为财产，那么日份的馈赠与继承就是理所当然的事了。如廖树卿为鼓励胞侄"经理商务"，愿从己占的全灶股份四口中，"提出三口二分，连同三口二分应占之一切设备，赠与泽渊"，[①] 这是通过馈赠转让股份的实例。股东故世，他所占有的股份理所当然地为其亲属所继承，如胡李氏率子国荣出卖故夫在顺发井、河风井和大顺井分占的股份。罗荣树轩行年七十，请族亲到场，立下遗嘱，将己创基业分给其子并嘱咐："自经余此次分授后，尔诸子应各自努力，光大门户，以垂永远。所有既分股权能分断者，须各自保管；至须合资经营者，应于诸子中公推一人，总持业务营业各事。"[②] 这是通过继承转让股份的实例。除了上述股份的自由转让外，其实丢节也是股份的一种转让形式。只不过其是在提留一定数量股份的基础上的分割式转让，是一种带有一定附加条件的买卖。

六　习惯法——厂规

　　自《公司律》颁布后，中国企业组织主要靠公司法来调整。但在《公司律》颁布之前，中国企业的组织活动主要是靠习惯法、契约、厂规等来规范的，四川自贡井盐业也是如此。四川自贡井

---

① 彭久松、陈然：《中国契约股份制》，成都科技大学出版社，1994，第 152~153 页。
② 彭久松、陈然：《中国契约股份制》，成都科技大学出版社，1994，第 153 页。

盐业的生产经营活动，如开凿盐井、建设厂房锅灶、置笕管运输井卤等，无一不是靠契约来约束的。这些契约经过漫长的历史演变逐渐转化为"厂规"，这些厂规通常被称作习惯法，是盐业生产经营过程中必须遵守和执行的，同时也是处理盐场纠纷的依据。这种依据习惯法——厂规解决盐业契约纠纷的行为获得了当时政府及国家法律的认可，具有与国家成文法规同样的效力，俗语所说的"民有私约，约行二主"，"官有政法，人（民）从私约"就是这个道理。

综观盐业契约文献资料，盐业契约在订立、履行过程中所出现的纠纷，均需严格遵照规范、约束盐业生产经营的习惯法——厂规来解决。厂规多为约定俗成，文字记载甚少。其中，同治年间吴鼎立所著《自流井风物名实说》附录的三则井规，即《桐、龙、新、长四挡主与客所做客井、子孙井三十班井规》《邱挡小溪与客二十四口子孙井规》及《上中下节规》，是目前发现的自贡盐场有关厂规最早的文字记录。后来，随着盐业生产经营的发展、井灶规模的不断扩大，这些约定俗成的厂规得到了补充、修改和发展。下面就盐业股东出资及股份分配、盐业做节、进班分红等习惯法规范具体研讨之。

（一）盐业股东出资及股份分配的习惯法规范

根据四川自贡盐业的习惯，自贡盐场合伙股份制通常有三种不同性质的股份，即地脉日份、承首日份和客（工本）日份；这三种股份分别为三种不同的投资者所持有，即井基地主、承首人、股伙（客人）。但是按照井规，股份在年限井和子孙井中的分配是不一样的。在年限井中，地主出井眼、天地二车、柜灶牛棚盐仓一切基址，每月得地脉日份，或四、五、六、七天不等；客出锉井的一切费用，每月得客日份，或二、三、四天不等；承首人可以得到一两天，或从客日份和地脉日份内获得，或者二者共拨一天，由于承首人不出工本锉捣，所以谓之"干日份"。在子孙井内，每昼夜净日份三十天：主人占日份四天半，地脉内拨出两天半与佃井人，以作费心之资；客人出资捣井，占日份二十五天半。共三十天，此系子孙基业。

1. 地主及所占股份的习惯法规范

地主无论是在年限井中还是在子孙井中，所占的股份只有在进班之后才能真正地分红享息。地主分享利益后，必须承担相应的义务，与投资者处于同一地位。与分享利益一样，地主进班的条件在年限井和子孙井中也是不一样的。按照厂规：在年限井中，井见微功时，俱不起班，俟井见功，水足四口（大约八十担）、火足二十余口，始行分班期限推煎；在子孙井中，井不必水足四口、火二十余口，只要本井所出之息，除缴井有余，地主即照地脉日份或锅口分派利息。

地主除了进班分享红息外，还可以将井收回。根据四川盐业契约，地主收井主要包括两种情况。一是针对年限井而言，一般经营年限为七年、十二年、二十年、三十年不等，最长的可达三十年，在经营期满后，地主将井收回。这种情况又可分为四类情形：第一，年限期满，股伙将全井交回地主，股伙便失去股权，全井为地主一人所有；第二，年限期满，与井有关的一切家具进行作价，由地主补偿给股伙；第三，年限期满，地主与股伙按日份均分家用物具；第四，年限期满，地主收井，家用物具归股伙所有，由股伙自行拆去。

二是股伙在凿井过程中若停工住凿，地主将井收回。如万丰井约规定：自出佃之后，客人不得停工住凿，如有停工住凿，任主人将井收回，客人不得称说用出凿。后来，对停工住凿的期限有所放宽。相比之下，长流井约就比万丰井约有所宽松，停工住凿两三个月后，承首人将合约退还地主，地主才能将井收回。豫丰井约的规定更是宽松，停工住凿半年，主人才能将井收回。

2. 承首人及所占股份的习惯法规范

根据厂规，承首人在盐业经营活动中既不出土地也不出凿井之资，而是靠自己的组织、经营及管理的能力获得"劳心之资"——承首日份。据考证，承首人占有浮锅份一般为 1~3 口，约占整个锅份的 4%~13%。承首人之所以能获得"劳心之资"，与他在盐业生产经营活动中所起的重要作用是分不开的。在凿井之初，他是发起人，如"立合约人刘坤伦、张仕焕，情二人合伙承首同办，写得谢晋昭名下天井坝，平地开凿新井一眼，取名天元井。……其有乙十八口水份，交与承首四人管业"。① 此约中，刘坤伦等四人是承首人，负有邀集股伙、收取月费、筹集资金的责任。若因股伙不能按时缴纳月费而"无力承办"，承首人可将合约收回，或在股伙内抬做，或邀新股伙承做。如果因为承首人而迟迟不能开工凿井或中途停顿，承首人则负有"得过钱乙吊退还两吊"的责任，或"将承首地脉水火锅份贰口，交与众开户承办，承首人不得异说"。②

承首人在凿井过程中是指挥者，凭其技术、管理经验指挥股伙凿办盐井。如，邹朝璋开凿的天顺井"自动土安圈，报开淘一切费用，钓（吊）凿之后，凭众伙清算，交与承首人经营，每月清算；如有一月使费不清，即将原合约退还承首，另邀开户，不得言及以前用过工本，亦不得私顶外人。承首不得停工住凿，如有停工住凿，将承首地脉水火锅份贰口，交与众开户承办，承首

① 自贡市档案馆等编《自贡盐业契约档案选辑》，中国社会科学出版社，1985，第 334 页。
② 自贡市档案馆等编《自贡盐业契约档案选辑》，中国社会科学出版社，1985，第 336 页。

人不得异说"。① 承首人在盐井见功之后，负责盐业活动的经营管理。如契约说："钓（吊）凿之后，凭众伙清算，交与承首人经营。"② 再如"家伙滚子全水归承首人管受，二十四口人不得争占"。③

3. 客人及所占股份的习惯法规范

客人是指在盐业经营活动中，由于出钱而获得客日份的投资者。盐业经营耗资巨大，凿一井往往要长达数年或数十年。所费资本"浅井以千计，深井以万计，有费三、四万而不见功者"，再如清人宋治性作《盐井歌》所言："高山凿井百丈深，井深一丈千黄金。井水不知在何许，年来已是三易主。"为了克服资金上的困难和分担风险，人们往往采取合伙经营的方式进行。合伙人数不等，多者数十人，少者仅两三人；资金数额亦相差很大，或四百万元或三十万元。但不论合伙人多少、投资多少，（凿井）所费之资全部由他们承担。凿井所费之资是合资井中最大的一项开支，所占股份也最高，一般占全井总股份的 60% ~ 80%，约为 13 ~ 25 天。根据习惯法——厂规，股伙出资包括两种情况。一是支付"底钱"，即为开凿盐井做准备而支出的各项费用。如，"开锅一口，每口派出底钱十三千五百文正"，④ "当每乙口出底钱乙十二千文正"。⑤ 二是按月筹集"月费"，逐月缴纳。"后吊凿之日，每一

① 自贡市档案馆等编《自贡盐业契约档案选辑》，中国社会科学出版社，1985，第 336 页。
② 自贡市档案馆等编《自贡盐业契约档案选辑》，中国社会科学出版社，1985，第 336 页。
③ 自贡市档案馆等编《自贡盐业契约档案选辑》，中国社会科学出版社，1985，第 333 页。
④ 自贡市档案馆等编《自贡盐业契约档案选辑》，中国社会科学出版社，1985，第 1063 页。
⑤ 自贡市档案馆等编《自贡盐业契约档案选辑》，中国社会科学出版社，1985，第 334 页。

口每一月出使费钱乙千六百文",[①] "其有每月凿井使费，照十八口均派"。[②] 对于拖延不逗费用者给予必要的处罚，"（使费钱）如有一月不齐，将合约退还承首人，另行邀伙承办，不得言及先使工本"。[③] 合约中还时常强调："各人按月照数逗出，不得推诿……如有不能逗工本者，或出顶，或分上、中、下节锉办；或派逗工本不按月如数逗足者，任凭众伙抬做；一经见功，计众伙所垫工本数日摊占锅份若干，归入众伙；至欠工本者，扣除锅份外，所余锅份方与本人，不得按照合约所占锅份执字索取。"[④] 因此，按照各股实际投资数额重新调整股权成为厂规的一条铁则，以保证凿办盐井有足够的费用。

（二）盐业做节的习惯法规范

开凿盐井是一项异常艰巨的工程，"凿井日可尺余，或七、八寸，或数日不及寸……常程可四五年或十余年，有数十年更数姓而见功者"。[⑤] 为了保证凿井工程顺利进行，直至见功，需要源源不断地追加后续资本。因为一旦资金困乏停工住凿，根据厂规，地主就有权将井收回，"客人不得言及工本使费并日分等语"，这样就给客人造成了巨大的经济损失。为了避免这样的经济损失，或收回垫支工本或保留若干股份，客人在资金困乏之时，往往要

---

① 自贡市档案馆等编《自贡盐业契约档案选辑》，中国社会科学出版社，1985，第 334 页。
② 自贡市档案馆等编《自贡盐业契约档案选辑》，中国社会科学出版社，1985，第 1063 页。
③ 自贡市档案馆等编《自贡盐业契约档案选辑》，中国社会科学出版社，1985，第 334 页。
④ 自贡市档案馆等编《自贡盐业契约档案选辑》，中国社会科学出版社，1985，第 349 页。
⑤ 自贡市档案馆等编《自贡盐业契约档案选辑》，中国社会科学出版社，1985，第 70 页。

出丢下节，以吸收资金继续下锉。下节因为进行了投资就要获得收益，因而要对原股份进行重新分配。在重新分割股份时，要着重考虑以下两点：一是以新投资者出资续凿获取大宗股权为理所当然的结果；二是以原投资者一定数量股权的提留并不再负担凿井费用为毫不动摇的前提。因此，按照厂规，"上节捣井浅、费本无多，即少分鸿息；下节捣井深、费本甚巨，即多分鸿息"。① 其实，在上下节股权的分配上，通常（或者说多数情况）实行"丢半留半"，即上下节各占 1/2 股权。海生井锉至 120 余丈，丢为上下节子孙业，上下节各占日份一半；下节严积厚做至 180 余丈时，无力承办，又丢成上、中、下三节，其从前上节火内所占锅份又丢一半。② 每次丢节，股权的分配都按"丢半留半"的厂规进行。但也有在控股上留多丢少或留少丢多的情况。例如黔川井，锉办 10 年，共用本银 2 万金，见微水数担、火圈 5 口；后伙众有逗足、未逗足者，以致负债两千数百两，无力再办，甘愿出丢下节，议定，上节从地脉中出丢子孙业日份 12 天，上节取下节押头钱 2400 两整，四关均交，以偿外债，后日无还。下节除负债续锉的全部使费外，还要偿付上节的债务，付出的代价不少，然而仅获得全井 12 天的日份。这是"留多丢少"的一例。③

　　总之，做节最基本的原则是将所占日份出顶与人，即出顶人为上节，承顶人为下节，以后做井工本归下节派出。或将钱绝顶，日后此井见功，上节不得分息；如未绝顶，上节工本未经收回，日后井成功时，上节不仅有归工本若干，还有与下节各分一半红

①　自贡市档案馆等编《自贡盐业契约档案选辑》，中国社会科学出版社，1985，第 70 页。
②　自贡市档案馆等编《自贡盐业契约档案选辑》，中国社会科学出版社，1985，第 363 页。
③　自贡市档案馆等编《自贡盐业契约档案选辑》，中国社会科学出版社，1985，第 373 页。

息者，也有上节仅分二三成，下节多分至七八成者。盖上节捣井浅、费本无多，即少分红息；下节捣井深、费本甚巨，即多分红息。如井久不见成功，下节力又不支，转顶与接办，则前此之下节作为中节，现在出钱锉井人为下节。井凿成功时，中节亦有归工本若干者，或共分红息，或无力前锉，二十四天十八口概出顶与人做下节，提留上节工本日份，或一半，或数天或数口，上节人等所得提回日份，仍与前伙照二十四天十八口分派红息。若合伙人多，则力每不齐，辗转出顶，上中下节，不一而足，兼之年久则人愈多而难清理，其已经出顶井份之合同，则为故纸。……总以主、客原佃承出二约为凭，佃约如何议定，即照佃约办理。①

（三） 进班分红的习惯法规范

进班分红包括地主进班分红和上中节进班分红两种情况。地主进班分红是指盐井锉办成功后，地主得以分享收益，同时也要承担相应费用，与投资者处于同一地位。在年限井和子孙井两种不同的经营体制中，进班分红的条件是不相同的。根据厂规，在年限井中，井"见微功时，俱不起班，俟井见功，水足四口（大约八十担），火足二十余口，始行分班起限推煎"；在子孙井中，井"不必水足四口，火二十余口"，只要本井所出之息，除缴井有余，地主即照地脉日份或锅口分派利息。② 民国时期对地主进班分红的条件又做了调整，这是后话，将另有研究。在井锉办成功后，地主并不是立即进班分红，而是有一个试办期，试办期内地主不得进班分红；试办期的长短不同，有两个月的，也有一年以上的。

既然有做节制度，就应该有上节或上中节进班分红的习惯法

① 自贡市档案馆等编《自贡盐业契约档案选辑》，中国社会科学出版社，1985，第70~71页。

② 吴斌等：《中国盐业契约论》，西南交通大学出版社，2007，第185页。

规范。根据厂规，上节进班分红亦有条件和规定："俟井成功，以水推足八十担、煎足火七十口，始行立约起班，上下节伙等筹商办理。……倘井见功之日……所有修造廊厂、柜房、灶房、牛棚、车房、榥桶、阴笕、牛只、家具、酬神演戏、挂红报课一切用度外，余有红息，均照三十天日份分派。如分鸿息后，水减火微，复行下锉用度，照三十天派逗。"①

　　除了这些基本的厂规外，还有许多习惯性规范。这些厂规、习惯法不可能像成文法那样做出条款式的明文规定，仅仅为自贡井盐业的正常经营勾勒出了大致的范围。虽然如此，这些习惯法、厂规的基本条款也是不能改变的，一直通行于契约股份经营的活动中。习惯法、厂规为什么会有如此强大的生命力呢？不外乎以下几个方面的原因。第一，厂规是股份经营者为维护各自在股份企业中的利益、保证契约股份经营活动正常进行而制定的，是共同遵守的原则，因而带有普遍性。第二，厂规是在总结契约股份经营活动经验的基础上，由众伙提出，并在经营实践中约定俗成的，因而带有实践性。第三，尽管厂规为约定俗成的习惯法，没有经过立法机关备案，但厂规条款的解释权属于股份经营者的群众组织（例如商会等）及其领导人，同样有着某种民间法的意义，因而带有权威性。第四，既然厂规是按习惯法形成的，那么在契约股份经营活动中，为满足情况多变的需要，需要不断地进行补充和修改，因而带有灵活性、突破性和不断完善性。② 但是，由于厂规为约定俗成之习惯法或不成文法，内容上不可避免地具有粗疏性，以之作为仲裁井事股权纠纷之依据，解释上难免出现某种随意性的弊端。

① 自贡市档案馆等编《自贡盐业契约档案选辑》，中国社会科学出版社，1985，第366～367页。
② 彭久松、陈然：《中国契约股份制》，成都科技大学出版社，1994，第178页。

　　这些不成文的厂规自出现之后，始终规范着整个自贡井盐业的正常运转。尽管其间自贡地方议事会提出把这些习惯性的厂规制定成正式的法律条文，但终未实现。因此，研究习惯法、厂规，包括它的典籍文献著录内容及其在经营实践中的补充、修正与发展，对考察股份合伙制的法律规范有着特别的意义。

　　从自贡井盐业股份合伙制的分析中可以看出，中国传统的企业制中已经孕育了早期公司制的一些萌芽，并且这种萌芽已开始向公司制发展，甚至在一定程度上表现出向股份有限公司制度转化的潜在可能性，但它并未走到终点便因西方公司制的冲击而走上了只能模仿、学习的道路。毛泽东曾说过："中国封建社会内的商品经济的发展，已经孕育着资本主义的萌芽，如果没有外国资本主义的影响，中国也将缓慢地发展到资本主义社会。"① 我们因此也可以说，中国传统社会中的企业组织已经孕育出公司制萌芽，如果没有外国公司制的侵入，中国传统的企业制也会逐步演变为公司制。

---

① 《毛泽东选集》第 2 卷，人民出版社，1991，第 626 页。

第二章 中西合璧：官督商办公司[*]

第一节 官督商办的由来及内涵

关于官督商办，学人已有不少研究与探讨，并根据其研究目的分别从不同的视域对它做了阐释。但学人的阐释多限于"官督"方面，而对于"商办"则多为忽视。笔者认为，如果想要透彻了解官督商办公司在中国近代化中的重要意义以及它在中国公司史发展中的地位，不仅要把握"官督"这一层面，而且还要理解另一层面——"商办"。只有对这两个方面都透彻理解了，才能准确把握"官督商办"公司的基本内涵。

其实，官督商办这种企业管理模式并不是近代洋务派发明的产物，早在明代的盐业贸易中就已存在。① 近代之前，清政府继承

---

* 官督商办公司，并不是本书的臆造，在《晚清公司制度建设研究》（人民出版社，2002）一书中，李玉已使用此名称。根据李玉的研究，晚清时已有人使用，如海关贸易报告称漠河金矿为"一个官督商办的公司"；大冶铁矿、汉阳铁厂、萍乡煤矿于1907年合并成一股份公司拟赴农工商部注册时，在一份报告中直言"本公司系前官督商办之公司"；邮传部官员亦称轮船招商局为"官督商办之股份公司"。

① 盐的期货市场在明代就已存在。明初政府需要把粮食运到北方边境，于是拿食盐做抵押，以换取商人的服务，让商人替政府把粮食运送到北部边境。运粮后，商人可以获得盐引。凭借盐引，商人可以到两淮盐场换取盐。但后来商人囤积盐引，致使盐引价格逐渐下降，政府几经干涉无效后，就把盐引全部废除，同时把盐的专售权授予当时已经操控市场的大盐商，实行所谓"纲法"。食盐专卖权是政府对大盐商的庇护，商人对政府的回报则是无定额地大笔捐献。而"纲法"就是清代官督商办的原型。

并发扬了明代使用的"官督"式的盐业贸易。《清史稿·食货志》记载："清之盐法，大率因明制而损益之。……其行盐法有七：曰官督商销，曰商运商销，曰商运民销……惟官督商销行之为广且久。"① 到了近代，面临西方列强的侵略，为了生存，清政府遂开始了以"自强"、"求富"为目的的洋务运动。由于财政拮据，在创办以"求富"为目的的民用企业时，清政府竟拿不出巨款进行直接投资，于是不得不使用"盐引"的老办法，向私人募集资本。由商人出资认股，政府委派官员管理的方法称为"官督商办"。从学人前辈对官督商办的研究可以看出，官督商办具有三个主要因素：官府的扶持、商人的经营及对西方公司制度的借鉴。鉴于此，笔者认为官督商办应是在政府资金及政策的扶持下，由政府委派督办或总办以西方公司的经营管理模式对洋务民用企业进行经营管理的一种制度。由当时社会的情况可以看出，三者缺一不可。郑观应在《盛世危言·开矿》中则明确提出："官督商办，全恃官力，则巨款难筹；兼集商资，则众擎易举。然全归商办，则土棍或至阻挠，兼倚官威，则吏役又多需索。必官督商办，各有责成。"② 确实，在守旧势力盈廷的情况下，官督商办的每一举措都非常艰难。如1880年刘铭传奏请修筑铁路，但立即受到顽固派的群起攻击。侍读学者张家骧首先上奏反对，指斥铁路有"三大弊"：一曰洋人可乘火车到处往来；二曰修铁路会毁坏田亩、房屋和坟墓；三曰铁路兴而使轮船水运倒闭。通政司参议刘锡鸿奏言铁路有"不可行者八、无利者八、有害者九"。③

另外，受重农抑商传统文化的影响，早期新式企业缺乏生存的文化土壤。如"激励工艺，反为行规压制；制造新颖，指为谗

---

① 吴慧主编《中国商业通史》第4卷，中国财政经济出版社，2004，第393页。
② 郑观应：《盛世危言》第8卷，华夏出版社，2002，第558页。
③ 中国史学会主编《洋务运动》（六），上海人民出版社，1961，第154页。

夺；烟通机器，伐木开矿，毁为妨碍风水；工厂女工，诬为藏垢纳污；土货仿造样式，捏为妨碍厘规"。① 此种背景下，早期兴办新式企业的难度就可想而知了。近代中国第一家民族企业继昌隆缫丝厂在创办之时就困难重重，"先是乡间藐视，循用旧法，闻启沅提议创用汽机，咸（都）非笑之，及工厂已成，果著成效，机房中人又联群挟制，鼓动风潮，谓此风一开则工人失业，生计立穷，无知之民相率附和，凡欲将丝厂毁拆……当风潮最剧时，亲友危之，宗族议之，（启沅）亦绝不为动，其魄力之雄毅有如此者。然以事招众忌，乃改创设缫丝小机……"② 即使继昌隆缫丝厂对机器进行改造，也是枉然，最后厂址还是不得不迁往澳门。

除了土棍和保守官员对官督商办公司进行阻挠外，来自地方保守士绅的阻力更大。因为保守士绅有财有势，居处天高皇帝远的地方，大多数因接受不了近代新式企业，便以为民请命的姿态设置障碍。他们之中，有的能够直通中央，像湖北兴办矿务时，武昌之属西山、樊山等地的士绅以破坏风水为借口予以干涉，并通过海军衙门曾纪泽进行"说项"；再如湖北开采煤铁总局开办后，有的士绅见有利可图，交刺荐托，遭拒绝后，则散布流言蜚语，煽动地方百姓扰乱施工。在法度不及、无专类律例可依的情况下，企业活动要想正常开展只能依靠官来化导调停，因为这样，即使绅民、大府"有异议"也不敢加以阻挠。③

第二节　官督商办公司创建的时代动因

官督商办公司的兴起与发展，是鸦片战争后中国的特殊国情

---

① 《广东总商会简明章程》，《东方杂志》1904年第12期。
② 郑荣等修《南海县志》卷21，宣统二年，成文出版社，1974。
③ 武曦：《官督商办余论》，《上海社会科学院学术季刊》1992年第3期。

造成的。鸦片战争后，受利润的驱使，一些华商附股于通商口岸的洋行。在附股的过程中，这些华商不仅获得了可观的货币资金、积累了丰富的管理经验，而且还萌发了投资新式企业的强烈愿望。由于受传统经济政策惯性思维的影响，清政府不愿民间自由发展资本主义工商业，但为了"自富"、"求强"，政府中一些较为开明的洋务官员则力主新式企业的创办。这样，在洋务大员的推动下，民间资本、西方技术、官方政策就结合在一起了，也酝酿了官督商办公司的产生。

一　通商口岸外国公司的示范效应

（一）通商口岸公司制度的建立

在中国这块古老的土地上，最早出现的公司组织形式是鸦片战争之前由英国人创办的公司，时人称其为"洋行"或"商馆"。如 1715 年，英国东印度公司在广东设"行"；1825 年，又在广州创建"商馆"，设主任 1 人，委员会 3 人，职员 20 人，验茶员 1 人，牧师 1 人，外科大夫 2 人，翻译 1 人。[①] 当时，英国在广州开设的洋行主要从事鸦片贩入及棉布、茶叶输出等活动。1834 年东印度公司贸易独占权废止前后，来华的英商日渐增多，创设的洋行也日益增加。如 1832 年、1835 年，英商分别创建了怡和洋行与仁记洋行。[②] 不过，列强在中国大规模地创建公司还是在鸦片战争之后。

鸦片战争后，西方列强强迫清政府签订了《南京条约》（1842）、《虎门条约》（1843）、《望厦条约》（1844）、《黄埔条

[①] 陈真、姚洛、逄先知编《中国近代工业史资料》第 2 辑，三联书店，1958，第 37 页。

[②] 吴承明：《中国资本主义与国内市场》，中国社会科学出版社，1985，第 13 页。

约》（1844），并开放上海、广州、福州、厦门、宁波等处为通商口岸。西方列强凭借不平等条约给予的特权庇护，在通商口岸纷纷创建贸易、轮船、保险、银行等洋行。这些洋行大多以公司的形式进行筹资、经营与管理。创建之时，它们就以股票的形式在上海筹集资本，发行股份证券（俗称"股票"），国人亦有应募入股者，此后，公司这种新型的企业组织就逐步在中国发展起来。①从鸦片战争结束到中日甲午战争之前，外国资本在华非法设立的公司有 100 多家，总投资约为 2800 万元。这些公司主要从事船舶修造、原材料和土特产的加工、公用事业及轻工业。这些公司有的已颇具规模，如成立于 1863 年的香港黄埔船坞公司，仰仗其雄厚的资本及政治特权，陆续吞并了各船厂、船坞，垄断了香港、九龙、黄埔的船坞业。由于其垄断地位，香港黄埔船坞公司获得了非常丰厚的利润。1886 年所获纯利大致相当于其资本的 24%，1893 年为 20.6%；而它成立之初，资本只有 24 万元，到 1886 年已增至 156 万元之多；19 世纪末，它已拥有 8 个大船坞，附有设备完整的工厂，雇佣着 2500～4500 名中国工人。除香港黄埔船坞公司外，影响较大的还有上海祥生船厂、耶松船厂、上海自来水公司等企业。

这些公司为了获得合法地位，大多在本国注册或在香港领取营业执照。②因为这一时期中国还没有公司法，所以针对公司这类新型的经济组织也没有明确的法律规定。有些企业利用清政府没有对公司制定相应法律条文的漏洞，既不在本国注册，也不去香港领取营业执照，我们所熟知的旗昌轮船公司就是如此。对此，公司的创办人金能亨直言不讳地将旗昌轮船公司称为"私人合

① 陈真编《中国近代工业史资料》第 4 辑，三联书店，1961，第 57 页。
② 大约在 19 世纪下半叶，港英政府颁行了公司组织法，为英商公司在香港注册提供了方便。

伙"，而旗昌洋行的负责人 R. B. 福士在回忆这段历史时也说："他们组成了一个公司，但不具股份公司形式，由各股东自行负责，资金总额为 100 万两，外国股东和中国股东均有，公司名称为旗昌轮船公司。"① 类似旗昌轮船公司这种既具公司形式，又未真正注册的股份公司还有很多。无论是注册的公司还是不注册的公司，都是完全按照西方的企业模式创建并运作的，处处体现着近代公司制的基本特征，如新式的筹资方式、会计制度、核算制度、经营管理办法以及法人制度等。这些公司在创建、发展过程中对中国产生了很大的影响，一些旧式企业在它的冲击下纷纷破产倒闭。先进的中国人认识到，若想生存发展就必须改变传统企业原有的经营方式，借鉴利用西方公司的模式来发展经济，于是就开始了以传统企业为砧木嫁接西方公司制的过程，也即近代中国公司制变迁的过程。

（二）通商口岸公司制度的特征

与中国传统企业组织形式相比，西方公司制在经济发展方面具有许多新的特征，下面仅就筹资、经营两个方面略加阐述。

在筹资方面，西方公司制不仅采用股份制，而且还使用了一种中国人从来没有听说过的"股票"制。如旗昌轮船公司在集资时就是以股票形式进行的，集资 100 万两，每 1000 两为一股，每半年结账一次，并上报盈利。② 投资人所有权的体现即是国人完全陌生而又十分新鲜的可转让的证券凭证——"股票"。对此，刘广京评价说："旗昌轮船公司不仅是航运业草创时期中的佼佼者，它

① 张忠民：《艰难的变迁——近代中国公司制度研究》，上海社会科学院出版社，2002，第 105 页。
② 曾志：《简论旗昌轮船公司对中国的影响》，《中山大学研究生学刊》1994 年第 1 期。

还在资本组织和经营管理技术方面为中国树立了榜样。"① 利用股票在很短的时间内就可以募集到创办公司所需的资金，这一点无论是业主制还是合伙制都是不可能做到的，所以就筹资来说，中国传统企业组织与西方公司制是不可相提并论的。对公司的这种集资方式，马克思也给予了高度的评价，"假如必须等待积累使单个资本增长到能够修建铁路的程度，那么恐怕直到今天世界上还没有铁路，但是集中通过股份公司转眼之间就把这件事完成了"②。利用这种集资方式，旗昌轮船公司在短短的 7 个月（1861 年 8 月~1862 年 3 月）内就完成了 100 万两的集资计划。③

在经营管理方面，旗昌轮船公司也采用了与中国传统经济组织形式完全不同的制度。旗昌轮船公司是按照股份公司的形式组成的，所有权的体现是可以转让的股票，并设有董事会、经理、股东会。如在企业开办之时，股东们就认为应由企业发起人旗昌洋行负责管理整个业务；旗昌轮船公司的倡议书也指定旗昌洋行为"经理人"，"经营"并"负责"整个公司的日常事务。旗昌洋行的地位在公司建立时就经股东通过的章程与结账契约（第 10 款）确定了：

　　　　旗昌洋行是该公司（按：指旗昌轮船公司）的永久代理人和司库。他们的职责是……根据董事会的要求订购新的船只和机器，支付费用，收受各项收入；它们将对公司负责搞好经营管理，做出进出账目清楚正确，每半年结账一次，即

---

① 〔美〕刘广京：《英美航运势力在华的竞争（1862—1874 年）》，邱锡镽、曹铁珊译，上海社会科学院出版社，1988，第 4 页。

② 〔德〕卡尔·马克思：《资本论》第 1 卷，人民出版社，1998，第 688 页。

③ 〔美〕刘广京：《英美航运势力在华的竞争（1862—1874 年）》，邱锡镽、曹铁珊译，上海社会科学院出版社，1988，第 21 页。

12 月 31 日和 6 月 30 日，并上报盈利。①

由此可见，旗昌轮船公司不仅设立了董事会、经理、股东会，而且也完全实行了新的财会制度。其筹资、经营管理完全是现代意义上的公司模式，这种模式为中国传统企业的进一步发展提供了可资借鉴的样本。其后，中国的轮船招商局在创办时就完全吸收了它筹资、经营管理的优点。

（三）外国公司的示范效应

首先，外国轮船公司，尤其是旗昌轮船公司为中国早期公司——轮船招商局的创办准备了可能的条件。由于旗昌、北清、怡和等外国轮船公司的竞争，中国旧式船业迅速衰败下去。为了解决清政府的财政问题，洋务派官员在外国轮船业巨大利润的诱导下逐渐有了开办新式轮船业的设想。其次，外国轮船公司为中国新式轮船业培养了一批技术人员。轮船初来时，华人对于轮船的驾驭技术均未谙熟。随着轮船经常出入、停泊，上海逐渐有了熟悉"驾驭之法"的人，而且其中不乏佼佼者，"未尝读彼中书籍，习彼中技艺，自能坐船主，西人亦称许之"。② 最后，外国轮船公司（特别是旗昌轮船公司）的集资方式、经营理念也为国人所效仿。如早在 1867 年，容闳就仿照旗昌轮船公司的创办模式，率先提出"联设新轮船公司"的建议，具体办法是设一新轮船公司，"俱用中国人合股而成"。③ 轮船招商局在开办之初，也是仿照

---

① 〔美〕刘广京：《英美航运势力在华的竞争（1862—1874 年）》，邱锡铼、曹铁珊译，上海社会科学院出版社，1988，第 29 页。
② 中国史学会主编《洋务运动》（一），上海人民出版社，1957，第 16~19 页。
③ 中研院近代史研究所编《海防档·购买船炮（三）》，文海出版社，1957，第 873 页。

了旗昌轮船公司的集资办法，采取和吸收其经营策略和管理经验。因而，从中国早期公司最初产生的角度来说，通商口岸外国公司的示范效应促进了中国近代公司的产生。

二　华商附股①为中国近代公司的创办积累了经验

（一）　华商附股的概况

旗昌轮船公司等外国公司之所以在中国发展这么迅速，除了治外法权、新式制度外，还在于对中国资金的利用上。因为19世纪中叶西方资本主义国家内部还有很大的投资空间，公司制度虽然传入了中国，但其资本并没有随着公司模式而输入中国，所以这些外国公司在创建发展时就遇到了资金困难。他们若想在中国有效地开拓自己的业务，就必须吸收华商资本，而对华商资金吸收的主要途径就是华商附股。关于华商附股，学人前辈虽有大量的研究，但大多学者对其持否定态度，认为它扩大了帝国主义侵华的资本和能量，"是不折不扣的助纣为虐"，② 其"加深了中国经济半殖民地化"③ 的程度。任何事情都有两面性，华商附股也不例外。它在加深中国经济半殖民地化的同时，也为官督商办公司及民营公司的创办积累了资金、技术及管理经验，造就了一批颇

---

① 　附股，也叫附本。那些自身拥有一定资金，但无意从事工商业经营的投资者，往往以存款的形式将自己的资金存放于工商业行号中，按期领取预定的利息；或者将自己的资金供工商业者使用，作为使用的报酬，行号必须按期向投资者支付预先讲定的额定利息，如果年终有盈余，还可按比例得到一定的红利。这种额定的利息，在中国近代公司创办筹资的过程中又逐渐演变为"官利"。华商附股，就是华商将自己的资金投资于外国在华企业，按期获得一定的额定利息。

② 　聂宝璋：《中国买办资产阶级的发生》，中国社会科学出版社，1979，第38页。

③ 　汪敬虞：《十九世纪外国侵华企业中的华商附股活动》，《历史研究》1965年第4期。

有作为的企业家，直接推动了中国民族资本主义的产生和社会的进步。①

1840 年前后，外国股份公司进入中国或外商在中国境内设立公司之后，华商或华人把资金投资于这些外国公司，这种由华人向外商公司投资、持有外商公司股票，并成为外商公司股东的情况就是"华商附股"。华商附股于外国企业的活动，最早可见于 19 世纪 30 年代英商宝顺洋行在澳门设立的于仁洋面保安行。该行创办时就渗进了中国商人的股份。有人甚至说，这个公司是"广东省城商人联合西商纠合本银"共同创建的。② 嗣后，华商附股活动一度沉寂，然而到 19 世纪 60 年代这种活动又突然活跃起来，70年代达到了几近猖獗的程度，几乎各个洋行都有华商的投资。甚至可以这么说，在 19 世纪中国各个对外通商的口岸，只要有外商的活动，就有华商的附股。

据统计，在整个 19 世纪，华商附股于外国创办的航运业、保险业、银行业、棉纺织业、出口加工业、船舶修造业等 62 个行业。这正如汪敬虞先生在研究了大量的华商附股事例后所指出的那样：在整个 19 世纪，外商企业中的华商附股活动是一个普遍存在的现象。从轮船、保险、银行、堆栈以至纺纱、缫丝、煤气、电灯，从资本在数百万两以上的大型企业到资本只有几万两的小型企业，从贸易中心的上海到其他通商口岸，只要有外商企业的活动，就有中国商人的附股。整个 19 世纪，所有华商附股的外商企业累计资本约为白银 4000 万两，其中华商附股占了很大的一部分。在不少的外商企业中，华商附股的比例约为公司资本总额的 40%。如，

---

① 王中茂、梁凤荣：《清季华商附股外商企业之得失再认识》，《郑州大学学报》2009 年第 5 期。

② 王中茂、梁凤荣：《清季华商附股外商企业之得失再认识》，《郑州大学学报》2009 年第 5 期。

琼记洋行、旗昌、东海等轮船公司以及金利源仓栈和上海自来水公司，华商附股比例占一半以上；烟台、怡和等丝厂和华兴玻璃厂中的华商附股比例竟达 60% 以上；而大东汇通银行和中国玻璃公司中的华商附股的比例竟然高达 80%。平均按 50% 的比例计算，附股外商企业的华商资本共有 2000 万两之多，其中买办的附股估计有 1200 万两。① 由于华人的附股，外商公司在中国得到了迅速发展，同时在一定意义上也为中国近代公司的创办创造了条件。

华商附股活动对于外国在华公司的发展具有举足轻重的作用，能否取得华商资金的支持，几乎成了外国在华企业成败的决定因素。谁能从华商手中募到一定的资金，谁就能创办出一家企业；谁募集的资金多，谁就能压倒别人。反之，就会受制于人。旗昌轮船公司迅速成为外商在华的第一大公司，很大一部分原因就是华人的附股。美国旗昌轮船公司在中国草创之时，资金仅为 100 多万两，但它利用公司这种新型的企业组织形式，吸引了大量的华人附股，使其资本大增。如 1861 年四五月份，在公司最初 32 万银元的招股计划中，17 万元由上海方面认购，7.5 万元由香港方面认购，另外 7.5 万元则保留给中国境外的两位旗昌洋行合伙人认购。而所谓上海方面的认购，旗昌洋行经理金能亨只投资了 2 万元，其余的大部分都由在上海的旗昌洋行的"中国老朋友"认购。再如，1861 年 8 月至 1862 年 3 月，旗昌轮船公司的创办资本进一步扩大到 100 万两，其中旗昌洋行美籍成员出资不足 1/3；美籍以外的其他籍人员认购 30 万~40 万两；大小华商股东以附股形式投资的公司股本则要超过旗昌洋行外籍人士认购的股份额，其附股资本为 60 万~70 万两。早在 1862 年，旗昌轮船公司成立时，就有

① 张忠民：《艰难的变迁——近代中国公司制度研究》，上海社会科学院出版社，2002，第 111 页。

九位华商认股，他们分别是阿润、昌发、顾丰新、陈舆昌、阿开、胡记、隆昌、王永益、阿游。其中，阿润、昌发、顾丰新，即名单上的前三名都担任过旗昌洋行的买办。[①]

曾任旗昌轮船公司早期主要职员与船长的伯尔声称：华人是这个企业的最大业主，旗昌洋行只拥有该公司不到 1/3 的股权。[②] 美国旗昌轮船公司之所以从初建时的 100 多万两，在 10 年间迅速增长到 300 多万两，成为中国境内最大的外商公司，关键就在于以金能亨为首的美商在公司创办过程中以及开业后实行的"美商主持"、"华资为主"的方针政策。[③] 就在旗昌轮船公司开创之时，上海的一些外商洋行如琼记洋行、天祥洋行也有意开办同样的轮船公司，并且也把筹集资本的眼光落在中国的商人身上，但由于未能在中国商人之间筹集到足够的资本，计划未能成功；再如，1882 年 4 月，美商杜亥儿准备在上海创办造纸公司，也是因未能筹集到足够的华人附股，而不得不宣告停办。[④]

（二）华商附股的原因

1. 缺乏对公司组织的了解

近代之初，公司组织刚刚从西方传入，国人对它的组织结构以及实际运作还不够了解，同时清政府对其也没有明确的法律规定。因此，在通商口岸一些拥有资金且已初具投资意识的中国人，虽然已尝试创办一些小型企业或新式企业，但很少投资或募资设

---

① 〔美〕刘广京：《英美航运势力在华的竞争（1862—1874 年）》，邱锡镕、曹铁珊译，上海社会科学院出版社，1988，第 23 页。
② 〔美〕刘广京：《英美航运势力在华的竞争（1862—1874 年）》，邱锡镕、曹铁珊译，上海社会科学院出版社，1988，第 13、26 页。
③ 于醒民、陈兼：《十九世纪七十年代的上海美国轮船招商局》，《中国经济史研究》1985 年第 2 期。
④ 《申报》1884 年 3 月 20 日。

立公司。因为对公司不了解，惧怕投资公司会血本无归，所以他们采取了比较稳妥的、传统的方式——附股，将自己的资金投入那些由外国商人开设和注册的公司中。

2. 经济利益的驱使

谋取利润是商人的本性，而附股外商公司可以获取高昂的利润，所以在整个 19 世纪，拥有资金的华商热衷于附股外商公司。附股外商公司，在经济上可以获取以下两个方面的好处。其一，可以避免高昂的税收。西方列强在鸦片战争后，强迫清政府签订了一系列不平等条约，取得了 5% 的进口税率和 2.5% 的子口税率的低税率优待以及协定关税的特权；而中国商人在国内各地运销商品逢关过卡都得缴纳税费，负担很重。为了避税，有的华商以高价购买外国旗号，假借外商名义进行活动。这样，华商就可以取得外国势力的特权庇护，可以享受外商在税课方面的各种优惠，免受地方官府的苛索。一些想投资企业而又想避税的华商，其理性的投资选择自然是附股于在华的外国公司而非自办公司。[1] 其二，可以获得丰厚的利润。外国在华企业，除个别因经营不善破产外，一般都能获得丰厚的利润。如，香港火烛保险公司是在中国领土上创建最早的一家火险公司，每年的盈利相当于股本的50%，股票升水曾经达到 400%。[2] 保家行是负责长江货运的保险企业，该行在 19 世纪 60 年代获得了巨额的利润，它的股东除了每年获得 10% 的固定股息以外，还可以得到 60%~80% 的额外红利。[3] 再如，旗昌轮船公司在 1868~1872 年获得了巨大的利润（见表

① 孙建华：《近代"华商附股"外商企业：原因、影响及启示》，《黑龙江史志》2009 年第 24 期。
② 汪敬虞：《19 世纪外国侵华企业中的华商附股活动》，《历史研究》1965 年第 4 期。
③ 汪敬虞：《19 世纪外国侵华企业中的华商附股活动》，《历史研究》1965 年第 4 期。

2-1），据闻，除每股本银每百两支利 12 两之外，存保险银 247320
两，尚余利银 410402 两之多。此中外商人合本公司也。生意如此
之大，获利如此之厚，无怪殷实华商都向该公司入本。此则利之
所在，人尽趋之。①

表 2-1　1868~1872 年旗昌轮船公司的吨位及利润统计

年份	船吨位总计（吨）	总收益（吨/两）	净利（吨/两）
1868	19625	95.99	25.17
1869	21562	83.27	20.88
1870	25827	71.28	19.74
1871	24991	81.49	28.18
1872	27796	68.12	17.26

资料来源：聂宝璋编《中国近代航运史资料（1840—1895）》第 1 辑，上海人民
出版社，1983，第 478 页。

3. 财产权利的保护

19 世纪，中国还没有制定保护商人私有财产的商法，更没有公
司法以保护商人开办的公司，所以其财产始终得不到有效的保护。
而在华的外国公司由于受治外法权的庇护，清政府对其公司财产
始终不敢有略微的侵犯。而华商所办企业就不同了，各级官吏可
以随意地拒绝华商兴办实业的要求或取缔已经创办的企业。如
1896 年，盛宣怀筹办中国首家商办银行——通商银行时，总理衙
门中的顽固派官僚就多方刁难，阻挠该银行的成立。② 清末实业家
张謇曾深有感触地说，清政府"但有征商之政，而少护商之法"③；

① 《上海新报》1872 年 2 月 24 日。
② 朱镇华：《中国金融旧事》，中国国际广播出版社，1991，第 64 页。
③ 张謇：《代鄂督条陈立国自强疏》，载张謇研究中心、南通市图书馆编《张謇
全集》第 1 卷，江苏古籍出版社，1994，第 30 页。

郑观应也发出了"名为保商实剥商，官督商办势如虎"① 的感慨。华商在自身经营地位和产权无保障的情况下自然会趋向于附股外商企业，即使是华资企业也要聘请洋人出面主持并在境外注册为外商企业，以便寻求外国势力对其财产权和经营权的保护，并分享外商"超国民待遇"带来的获利机会。这就是郑观应所谓的"往往有华商集资附入西人公司股份，不愿居华商之名者"② 的真实原因。郑观应认为"华商久以资附洋贾"的原因是，"华商创始，不得其人，官亦不为提倡，再则归官创办，不能昭大信而服商人"，③ 这些话应该是可信的。在中日甲午战争之前，商办企业始终没有获得清政府的承认，自然也就谈不上官府的保护；相反，却常常处于听任地方官吏随意摆布的状态。如陈启沅创办的继昌隆缫丝厂由南海被迫迁往澳门，北京李福明机器磨坊随意被取缔，都是时人所熟悉的典型事例。至于官办和官督商办企业"不能昭大信而服商人"，更是众所周知了。在这种背景下，华商把资金以附股的形式投入外资企业，甚至纯由华商筹集资金兴办的企业挂上外商的招牌，也就不难理解了。

（三）华商附股活动对中国近代早期公司创办的促进作用

1. 附股活动为中国近代公司的创办培养了人才

对于华商附股的作用，早期学术界多持否定的态度。但近年来，学术界对华商附股活动的态度发生了改变。如张忠民先生认为，"华商附股的出现毕竟反映了当时社会风气未开，社会投资环境尚不完善的历史条件下，一部分较早接受西方经营思想和经营

---

① 夏东元编《郑观应集》下册，上海人民出版社，1998，第1370页。
② 孙建华：《近代"华商附股"外商企业：原因、影响及启示》，《黑龙江史志》2009年第24期。
③ 郑观应：《盛世危言》，北方妇女儿童出版社，2001，第8页。

方式的中国商人对于新兴公司组织的一种积极反应，这种反应也为日后中国人'仿照西方公司之例'，以'收众擎易举之功'，自己投资创办公司作了理念上和实践上的铺垫和准备，为日后中国人自身创办类似的公司企业提供了历史前提。近代西方公司制度进入中国之后，通过怎样的途径影响中国人自身创办'公司'企业，这中间有一个过渡环节，这一过渡环节就是外商公司和外商公司中的华人附股"。"外商公司以及外商公司中的华人附股直接、间接的影响和示范效应，对于国人以公司组织形式创办近代企业有着直接的影响和刺激。早期外商公司的成功经营以及华人附股不仅让国人看到而且亲身感受到了西方公司制度的组织形式和经营方式，一定程度上训练和准备了日后由国人自身创办、经营公司的人员。"[1]

通过附股活动，个别华商得以参与企业的创办和管理，从而了解和掌握了先进的生产方式和管理方式，为官督商办公司和民营公司的开办培养了一批企业管理人才。如唐廷枢在致朋友的信中如此说，"只要我能腾出几分钟时间，我总是帮助我的本地朋友工作，他们全都要我代表他们和外国洋行做生意。为了照顾他们的利益，我已经被他们推举为公正和北清两轮船公司的董事"。[2]由于个人的能力，唐廷枢被推举为董事。这样，他就有参与外商企业管理甚至决策的机会，为其日后成为官督商办公司的管理人奠定了基础。事实上，附股活动也确实造就了一批像唐廷枢这样熟谙近代管理的企业家，除他之外，还有人们所熟知的徐润、经元善、郑观应、吴炽昌等。他们先后被李鸿章委任为轮船招商局、开平矿务局、电报总局、上海机器织布局等重要企业的会办或总

---

① 张忠民：《艰难的变迁——近代中国公司制度研究》，上海社会科学院出版社，2002，第 125~126 页。

② 汪敬虞：《唐廷枢研究》，中国社会科学出版社，1983，第 164 页。

办，为中国早期公司的开创和发展做出了重大的贡献。李鸿章对这些在早期公司创办时做出重大贡献的人，也给予了高度的评价。如赞誉唐廷枢"熟精洋学，于开采机宜、商情市价详稽博考，胸有成竹"，① 称赞徐润为"熟悉生意，殷实明干"② 之人，夸奖吴炽昌"通晓西国语言文字，于矿务、商务尤为熟悉"。③ 对于郑观应、经元善在创建洋务公司时所做的贡献，学界也给予了高度的评价，郑观应"对他的企业多有建树"，④ 经元善"在经营近代企业方面可说是一个能手"。⑤

2. 附股活动为官督商办公司或民营公司的创办做了资金上的准备

据张国辉先生考察，从 1840 年后，20 年中国进出口贸易活动总额在 10 亿左右。而当时一切进出口贸易活动都无一例外需要买办商人参与，买办的经纪费用即使从低计算，一般也为贸易额的 2%～3%，那么，20 年中积累在买办阶层的资金累计当达 2000 万～3000 万。在这里，即使不计算买办阶层从非法的鸦片走私中所获得的巨额资金，也足以说明他们已经积累了大量的资金。⑥ 拥有巨额资金的买办除了将资金用于个人及家庭成员消费外，大都将其附股于外商企业。由于商人趋利的本性，再加上爱国的情怀，一旦清政府允许，这些拥有巨额资金的买办华商就会投资近代企业。从这个意义上说，早期华商获得的巨大利润，确实为后来的官督商办公司或民营公司的创办做了资金上的准备。

---

① 李鸿章：《李鸿章全集·奏稿》卷 40，时代文艺出版社，1998，第 42 页。
② 李鸿章：《李文忠公全书·朋僚函稿》卷 13，文海出版社，1980，第 23 页。
③ 李鸿章：《李文忠公全书·奏稿》卷 42，文海出版社，1980，第 27 页。
④ 夏东元：《郑观应传》，华东师范大学出版社，1985，第 12 页。
⑤ 张国辉：《论中国资本主义发生时期资产阶级的构成》，载《近代中国资产阶级研究续辑》，复旦大学出版社，1986，第 211 页。
⑥ 张国辉：《洋务运动与中国近代企业》，中国社会科学出版社，1979，第 123 页。

　　另据汪敬虞先生统计，在 19 世纪，华商附股于外资企业的资本在 4000 万两以上。[①] 按当时偏低的比较保守的股票利率 10% 计算，每年可获利息 400 多万两。如果平均获得五年利息的话，那么，仅利息就达 2000 多万两。按时价每元等于七钱银换算，约合 2857 万元。这个数字远远超过了甲午战争之前中国商办企业 722.5 万元的投资总额，基本上与这一时期洋务派创办民用企业 2796.6 万元的资本总额持平，占这一时期外资在华投资总额 5433.5 万元的 50% 强。[②] 这一笔巨额资金的走向，除部分转向土地与房产或继续以附股的形式投资于外商企业外，相当一部分投入民族资本主义企业是毋庸置疑的。[③] 如在轮船招商局、开平煤矿创办时，唐廷枢、徐润就投入了大量的资金。轮船招商局第一期筹措的 100 万两资本中，徐润就投了 24 万两，几乎占了 1/4；后来他在兼任开平煤矿会办时，又购得该矿股份 15 万两。[④] 在开平煤矿开办资本的 80 万两中，唐廷枢独购 30 万两，占 1/3 强。此外，他们还"因友及友，辗转邀集"，募足了这两家局厂需用的资金。

　　外商公司以及外商公司中的华人附股直接、间接的影响和示范效应，对于国人以公司形式创办近代企业有着直接的影响。早期外商公司的成功经营以及华人附股，不仅让国人看到而且亲身感受到了西方公司制度的组织形式和经营方式，并在一定程度上为中国人自身创办、经营公司准备了人才。附股华商在市场经济条件下，出于自身利益的考虑，非常关心公司的经营状况，那些

① 汪敬虞：《十九世纪外国侵华企业中的华商附股活动》，《历史研究》1965 年第 4 期。
② 吴承明：《中国资本主义与国内市场》，中国社会科学出版社，1985，第 113 页。
③ 王中茂、梁凤荣：《清季华商附股外商企业之得失再认识》，《郑州大学学报》2009 年第 5 期。
④ 徐润：《徐愚斋自叙年谱》，香山徐氏，1927，第 82 页。

出任外国公司董事以上职务的华商还亲自参与公司的经营和管理活动。他们在这些实践中不仅熟悉了西方公司的组织原则、运作机制、经营管理等，而且开始仿照公司模式在国内创建企业。在他们的宣传与倡导下，国人对西方公司的认识亦逐步加深，国内开办公司的风气也逐渐兴起。在这种情况下，19 世纪 70 年代初期，国内出现了第一个效仿西方公司制度的形态——官督商办公司，其后此类公司纷纷创建。80 年代后，民营公司也开始出现，至 90 年代中期，随着清政府经济政策的调整，国内民营公司大量兴起，其发展之迅速远远超过官办公司，从此公司制度成为中国近代企业重要的组织形式。[①]

三 公司制文化的宣传与传播，增强了国人对公司的认识

公司作为企业组织的最高形态，在鸦片战争之前国人就对其进行了介绍。如魏源在其著作《海国图志》中说："西洋互市广东者数十国，皆散商，无公司，惟英吉利有之。公司者，数十商辏资营运，出则通力合作，归则计本均分，其局大而联。"[②]

鸦片战争后，一些接触西学的开明人士，如陈炽、王韬、马建忠、薛福成、郑观应、康有为、梁启超、严复等纷纷著书立说，介绍并倡导公司制。薛福成在其宏著《庸庵海外文编》中设有《论公司不举之病》专篇，来论述公司迅速集聚资本的优点。陈炽在《纠集公司说》中也述说实行公司制的好处，"二百年来，英商之所以横行四海，独擅利权者也，西班牙、法兰西、德意志诸国

---

① 郭瑞卿：《略论近代中国公司法律制度》，博士学位论文，中国政法大学，2002。

② 魏源：《海国图志·筹海篇四》，陈华、常绍温等点校注释，岳麓书社，1998，第 38 页。

亦尝出全力以与之争，然而不能胜者，公司一也"。① 所以他认为，成立公司可以使"贫者骤富，弱者骤强，不惟自擅利权，并可通行海国"。② 因此可以说，"公司一事，乃富国强兵之实际，亦长驾远驭之宏规也"。③ 对于公司的这种竞争优势与集资能力，近代思想家也都直言不讳地表达了自己的观点。如钟天伟认为，西洋商人之所以经商万里，"牟境外之利，以养其本国之民"，而中国商人仅经商于国内，这并不是因为"才力聪明有不逮"，而是"华商势分，分则力薄本微，不能经营远略；西人势合，合则本大力厚，而无往不前。所谓独力难成，众擎易举，公司是已"④ 的原因。王韬对公司的集资能力表达了同样的看法，"动集数千百人为公司，其财充裕，其力无不足"。⑤ 马建忠也认为，"外洋商务制胜之道在于公司，凡有大兴作、大贸易，必纠集散股，厚其资本"，并建议中国也要"以散商股归并为数大公司"。⑥ 薛福成根据亲身体验，对公司的巨大威力也表达了自己的见解："西洋公司资本之雄，动以数千百万计，断非一人一家财力所能成就。"⑦ "西洋诸国开物成务，往往有萃千万人之力，而尚虞其薄且弱者，则合通国之力以为之。于是有集资公司之一法，官绅商民，各随贫富为买股多寡。

① 陈炽：《续富国策·纠集公司说》，载赵树贵、曾丽雅编《陈炽集》，中华书局，1997，第 234 页。
② 陈炽：《续富国策·纠集公司说》，载赵树贵、曾丽雅编《陈炽集》，中华书局，1997，第 85 页。
③ 《庸书·公司》，载赵树贵、曾丽雅编《陈炽集》，中华书局，1997，第 98 页。
④ 钟天伟：《扩充商务十条》，载陈志武、李玉主编《制度寻踪——公司制度》，上海财经大学出版社，2009，第 14 页。
⑤ 《代上广州府冯太守书》，载王韬《弢园文录外编》卷 10，上海书店出版社，2002，第 247 页。
⑥ 马建忠：《富民说》，载郑大华点校《采西学议——冯桂芬　马建忠集》，辽宁人民出版社，1994，第 127 页。
⑦ 丁凤麟、王欣之编《薛福成选集》，上海人民出版社，1987，第 609 页。

利害相共，故人无异心；上下相维，故举无败事。由是纠众智以
为智，众能以为能，众财以为财。其端始于工商，其究可赞造化。
尽其能事，移山可也，填海可也，驱驾风电、制御水火，亦可也。
有拓万里膏腴之壤，不借国帑，借公司者，英人初辟五印度是也。
有通终古隔阂之涂，不倚官力，倚公司者，法人创开苏彝士河是
也。西洋诸国所以横绝四海莫之能御者，其不以此也哉！"① 这些
近代思想家多有留洋经验，不仅看到了公司强大的集资能力、竞
争优势，而且还看到了公司对工商业发展的促进作用。如薛福成
认为西洋各国之所以富强，是因为工商业兴旺发达，而工商业兴
旺则又在于采取了公司制。于是，他大声疾呼清政府仿效西方列
强实行公司制，因为"公司不举，则工商之业无一能振；工商之
业不振，则中国终不可以富，不可以强"。② 值得注意的是，郑观
应在强调公司促进工商业发展的同时，也介绍了公司立法的重要
性，并建议清政府仿照英国颁布的公司法规进行公司立法。因为
他认为，中国自古"只有刑律，无民律、商律、报律、航海诸律，
故商民讼事律多未裁。国家非有商律……商务必不能旺"。③ 这些
论述表达了公司制度传入中国之时，国人对公司的认识水平及实
行公司制发展工商业以摆脱被压迫、被奴役的强烈愿望。近人的
这些论述虽有不实之词，却有力地推动了近代中国公司制实践的
进程。在国人呼吁及追求"富强"的目标下，19 世纪 70 年代中国
近代第一个"仿行西方公司之例"的公司——轮船招商局成立了。
轮船招商局创立之时，《申报》曾发表这样的评论："今日中国所

---

① 《论公司不举之病》，载陈忠倚辑《皇朝经世文三编》卷 29《户政七·商务
一》，文海出版社，1971。

② 《论公司不举之病》，载陈忠倚辑《皇朝经世文三编》卷 29《户政七·商务
一》，文海出版社，1971。

③ 夏东元编《郑观应集》上册，上海人民出版社，1982，第 622 页。

设立之轮船招商局，公司也，此局为中国公司创始之举。"① 此后，伴随国人公司实践的进行，以及薛福成、马建忠、王韬、郑观应、陈炽、钟天伟等思想家对公司文化的传播，国人对公司制文化的认识更加深刻，从而为官督商办公司在中华大地上的创建起了促进作用。

四　财政匮乏及夺洋人之利也是官督商办公司兴起的主要动因

西方列强在通商口岸创办公司所获取的巨大经济利润不仅刺激着民间商人欲仿效而兴办之，而且对晚清政府中的洋务大员也有着同样的激励作用。中国传统的经济政策是"重农抑商"、禁止民间发展工商业，所以容闳、赵立诚、吴南皋等人提出创建公司的想法被清政府无情地扼杀了。这样，吸收西方公司制度、利用西方科学技术发展晚清经济的任务就落到了洋务大员的肩上。以何种方式发展近代经济呢？完全官办，已是不可能。因为清政府的财政每况愈下，几乎达到了捉襟见肘的地步。两次鸦片战争已迫使清政府支付了巨额战争赔款，再加上 19 世纪 50 年代初镇压农民战争的军费，其耗费已高达 4.22 亿两，② 此时国库特别空虚。尤其是咸丰至同治年间，国库账面价值虽有 100 多万两，但实际只有 10 多万两，特别是在咸丰八年到同治三年，国库实际存银仅 6 万多两，远不如一些殷实富商。③ 再如 19 世纪 60~70 年代，清政府平均每年耗资 500 万~800 万两。800 万两占整个国民收入的比例也许不算太大，但对年支 6000 万~7000 万两的中央财政来讲，

---

① 《阅轮船招商局第二年账略书后》，《申报》1875 年 9 月 7 日。
② 彭泽益：《十九世纪后半期的中国财政与经济》，人民出版社，1983，第136 页。
③ 比如 19 世纪 70 年代初的胡光墉，个人资产就超过两千万两。

已是负重不堪，勉为其难。① 官办已无资金可用，商办由于官府对商人的不信任又不允许。只有采取一种折中的办法，"官商合作，共同办理"。官商合作，主要有两种方式：一是官商合办，二是官督商办。中国第一个仿效西方股份公司创建的轮船招商局，在创建之初实行的就是官商合办。其办法是："机器局所造轮船，以造价之多寡核定股份，由商局分招散商承认，每股银数定以一百两为率。""设若一时散商股份不足，即由商局禀请（将）所剩下股份作为官股。"② 并设想"各省在沪殷商……若由官设立商局招徕，则各省所有轮船股东，必渐归并官局"。③ 但具体负责操办者——朱其昂发现事实并不像期望的那样简单和顺利。如，官办机器局并无现成轮船可供领用，而且短时间内也造不出合乎需要的轮船；保守官僚对此事也甚是反对，因为朱其昂拟定的章程剥夺了他们的权利；商人也以"畏洋商妒忌"为借口，"不肯入局"投资。④鉴于此，朱其昂遂向李鸿章"提出改变官商合办的方式……有官设立商局，以招徕依附于洋商名下、挟有资本、置备轮船、从事载运贸易的在沪各省殷商"⑤ 的建议。此议更符李鸿章的心愿，因为这样使他能够完全撇开江南官员的羁绊，而把新式航运业完全掌控在自己手中。他立即向总理衙门转送朱其昂的建议，并着重说明：既然眼下没有官造商船，就不应谈论官商合办，而应仍为官督商办。这样可以由官总其大纲，察其利病，而让商人自立条议，这是对双方都有益的事。于是，以轮船招商局为代表的中国

---

① 武曦：《官督商办余论》，《上海社会科学院学术季刊》1992 年第 3 期。

② 樊百川：《中国轮船航运业的兴起》，中国社会科学出版社，2007，第 169 页。

③ 李鸿章：《李文忠公全书·奏稿》卷 20《试办招商轮船折》，文海出版社，1980，第 32 页。

④ 李鸿章：《李文忠公全书·朋僚函稿》卷 12《复孙竹堂观察》，文海出版社，1980，第 18 页。

⑤ 《总署收李鸿章函》，载《海防档·购买船炮》，文海出版社，1957，第919 页。

新式船运业遂于 1872 年在上海诞生。① 轮船招商局开创了官督商办公司模式的先河，其后创办的公司无不效仿其模式，所以其后创办的官督商办公司也大都以官督商办为运作模式。

官督商办公司的创办，除了解决军事工业的费用问题外，还在于与洋人争利。如李鸿章在创办轮船招商局之初，在给总理衙门的信中说，他创办招商局的目的是"冀为中土开此风气，渐收利权"。② 稍后，在他所上的奏折中又说，设轮船招商局是"俾华商原附洋商股本，归并官局构造轮船，运粮揽货以济公家之用，略分洋商之利"，③ "庶使我内江外海之利，不致为洋人尽占"。④ 据统计，轮船招商局自开办以来，"通计岁收轮船水脚银一百数十万两，计先后十七年，总共少入洋商之手者约银三千万两"。⑤ 就炼铁、织布来看，"每岁中国之银少漏入外洋者不下四、五千万两"。⑥ 1882 年，李鸿章在为织布局申请专利时也说："查进口货以洋布为大宗，近年各口销数至二千三百万余两。洋布为日用所必需，其价又较土布为廉，民间争相购用，而中国银钱耗入外洋者实已不少。臣拟遴派绅商，在上海购买机器，设局仿造布匹，冀稍分洋商之利。"⑦ 开平煤矿开办后，中国兵轮、商船及机器制

① 张国辉：《洋务运动与中国近代企业》，中国社会科学出版社，1979，第 141 页。

② 李鸿章：《李文忠公全书·译署函稿》卷 1《试办招商轮船局》，文海出版社，1980，第 40 页。

③ 李鸿章：《李文忠公全书·奏稿》卷 25《招商轮船请奖折》，文海出版社，1980，第 4 页。

④ 李鸿章：《李文忠公全书·奏稿》卷 20《试办招商轮船折》，文海出版社，1980，第 33 页。

⑤ 顾廷龙、戴逸主编《李鸿章全集·奏议（十三）》，上海人民出版社，1986，第 308 页。

⑥ 中国史学会主编《洋务运动》（七），上海人民出版社，1961，第 209 页。

⑦ 李鸿章：《李文忠公文集·奏稿》卷 43，文海出版社，1962，第 43 页。

造各局用煤从此不再远购于外洋，进口洋煤数量迅速下降，到 19
世纪 80 年代末，天津已不复有洋煤进口。由此可见，官督商办公
司的创建确实起到了夺洋人之利的作用。

第三节　官督商办公司中的中（传统）外（西方）因素

　　既然官督商办公司是洋务大员以中国传统的盐业、云南铜矿
业为砧木对西方公司制的嫁接，那么官督商办公司中必然具有中、
西双方的因子。有论者曰："洋务官员对民用企业的'官督'同传
统的盐政、铜政领域的'官督'没有实质性的差异。"① 所以大体
上说，"官督"的一面是中国传统的企业管理方式；在"官督"没
有实质变化的情况下，"官督"之下的"商办"方式则与以前具有
很大的不同了。因为传统的商办经营方式为独资或合伙，内部结
构简单，创建资本需求不多；而兴办近代公司，所需资金极多，
远非个人资本所能承担。在此情况下，洋务官员在筹资创办公司
时就不得不"仿西国公司之例"了。因此，在这个意义上可以说，
官督商办公司是中方传统的企业组织"砧木"嫁接了西方近代公
司的"接穗"之后而产生的一种名为"官督商办"的特殊公司。②

一　官督商办公司中的传统因素

（一）传统企业管理职能的承袭

　　在现代公司中，经营管理权包括经营方针的决策权、人事权、

---

①　李玉：《晚清公司制度建设研究》，人民出版社，2002，第 10 页。
②　李玉：《晚清公司制度建设研究》，人民出版社，2002，第 15 页。

业务经理权等，这些权力分别由董事会、监事会和经理阶层行使。股东大会为公司中最高的权力机构，董事会由股东大会选举产生；经理层则是执行层，经理由董事会委派。这三者之间是委托代理关系。而官督商办公司是由中国传统的盐政、铜政等企业组织在吸收西方股份公司制优点的基础上发展而来的，所以官督商办公司在管理上虽然已初具现代公司的一些特点，但仍保留着中国传统企业组织的管理特色。

在经营管理者的遴选上，继承了盐政募派具有经济实力与管理才能的富商担任总商的传统。中国传统盐政长期实行专卖制度，到清代，政府为了便于管理，从众多盐商中挑选出家道殷实的十几人到二三十人为总商，他们向政府承担按额交齐每年盐税的责任（包税制），代政府行使管理散商、督催盐税的职权。与此相应的是，洋务派在兴办官督商办股份公司之时，一般由官方保护人遴选以精通洋务的买办为主的新式商人担任总办（督办）、会办等，以掌握公司的经营决策权。二者相似之处有，盐政中的总商和官督商办股份公司中的总办、会办都由官方遴选；商人都从官方获取一系列垄断经营特权；商人既承担经济责任，也承担社会政治责任。①

在出资人与经营者之间的关系上，沿袭了合伙制中的委托代理关系。在传统合伙中，出资者一般把自己的资金委托给自己信任的，既有经营才能又有经营经验的"经理人"掌管，如掌柜、掌计、朝奉、承首人等。选任经理人后，出资方往往会按照委托合约将全部资本及日常经营管理事宜委托给经理人，不再过问企业的日常事务，只关注自己最终的收益；除了遴选经理人时格外小心外，对经理人并不进行严格的监督。这种做法在官督商办公

---

① 杨在军：《晚清公司与公司治理》，商务印书馆，2006，第102页。

司中也有所体现。对此，美国学者陈锦江表达了自己的观点，"股东是出于对总办的忠心和信任才进行投资"① 的。早期官督商办公司的股东也是出于对公司主要经营者的信任才投资的，即公司资本基本上是通过公司主要经营管理者的人格魅力与能力募集来的。如"开平煤矿之所以能筹集巨资，主要是通过唐茂枝（唐廷枢之弟，大买办）的巨大势力和努力奔走"募集的。② 有人认为在开平煤矿最初筹集的 20 万两资金中，主要的投资者是唐廷枢、徐润以及与他们有联系的港粤股商。③ 在郑观应、唐廷枢等人任轮船招商局总办、会办之时，有大量的商人投资，而他们一旦离任，这些商人也纷纷抽走自己的资金。如郑观应 1879 年离开上海织布局以后，原来通过他招商而投资的一些粤籍买办商人也紧随其后从织布局撤出资本。④ 1885 年唐廷枢与招商局脱离关系后，同唐廷枢关系密切的"存局各户纷纷提款"，⑤ 退出招商局。

封建衙门式管理也为官督商办公司所承袭。与现代公司的经营管理相比，官督商办公司的内部治理很不健全。首先表现为股东大会的虚置；其次是董事与经理人员二位一体，并且董事与经理都不是由股东大会选举产生，而是由政府委派。其实，整个官督商办公司都是层层的委托代理关系，即清政府委托总理衙门，总理衙门委托洋务大员，洋务大员再直接和公司建立委托代理关系。公司的总办（督办）、会办、帮办等高级管理人员"俱由北洋

---

① 〔美〕陈锦江：《清末现代企业与官商关系》，王笛、张箭译，中国社会科学出版社，1997，第 81 页。
② 《北华捷报》1879 年 9 月 3 日。
③ 王培：《晚清企业纪事》，中国文史出版社，1997，第 204 页。
④ 《北华捷报》1879 年 4 月 4 日。
⑤ 交通部、铁道部交通史编纂委员会《交通史航政编》第 1 册，交通部、铁道部交通史编纂委员会，1931，第 153 页。

大臣札委"，① 这样官方就控制了公司的决策权、监察权和高级经营人员的任免权，即相当于拥有公司董事、监事一级的权力。政府对轮船招商局的控制就是如此。首先是总理衙门委托李鸿章对轮船招商局进行管理，招商局内的督办（总办）、会办再由李鸿章任命。为了便于任命，轮船招商局成立之初就规定，主持总局和各分局的"各董职衔、姓名、年岁、籍贯开单察请关宪转详大宪存查"，② 更换时亦须"察请大宪"。这是李鸿章控制轮船招商局的关键一环，也是他委托责任得以实现的关键。轮船招商局成立之初的朱其昂和朱其诏兄弟，轮船招商局正式成立后的总办唐廷枢，会办徐润、盛宣怀、朱其昂以及后来该局历次总会办的裁撤、任用都是由李鸿章札委的，实际上直到1891年，商董严潆、唐德熙和陈猷仍是由他任命的。《字林西报》曾对官方在轮船招商局的控制权有过精辟评论，认为招商局"实系直督及总理衙门内诸大臣所掌握者，诚人所共知，华商实鲜有与其内焉"。③ 李鸿章作为官方的人格化代表，直接与轮船招商局建立了委托代理关系，"招商局实际上直接隶属于北洋大臣李鸿章，遇事必秉承其意志办理"。④ 总理衙门也曾在1881年公开表示，"招商局由李鸿章奏设，局务应由李鸿章主政"，"唐廷枢等均系李鸿章派委之员，该大臣责无旁贷，凡有关利弊各情，自应随时实力整顿，维持大局"。⑤ 显然，官方与招商局的委托代理关系主要是通过人格化代表李鸿章来实现的。这样就形成了衙门式的层层管理。开平矿务局亦是

① 中国史学会主编《洋务运动》（六），上海人民出版社，1961，第111页。
② 关庚麟：《交通史航政篇》第1册，上海出版社，1935，第143页。
③ 《申报》1874年8月10日。
④ 陈玉庆整理《国民政府清查整理招商局委员会报告书》下册，社会科学文献出版社，2013，第18页。
⑤ 中国史学会主编《洋务运动》（六），上海人民出版社，1961，第68页。

如此。创办时，李鸿章虽说"各厂司事人等，应于商股内选充"，但事实上仍是"由督办察看"，而督办、帮办均由大宪"札委"。①

事实上，官督商办公司中的官场习气是非常浓厚的。即便一些商气很浓的买办入主官督商办公司后，很快也会被这种浓厚的官僚主义作风所浸染，于是那些洋务官员的意志很容易通过这些被官僚作风浸染的公司经营管理人在公司中得到贯彻执行。这样，公司应有的独立性就受到了损害。因为官府通过总办（督办）、帮办等高层经理人员控制了企业的决策权、监察权和人事权，彻底破坏了公司企业所有权与经营权分离、股权平等、民主管理、科学决策的运营机制，使官督商办股份公司具有强烈的封建性。这种封建性主要表现在官方札委的企业高级管理人员的身上，他们本身就具有很浓的官气，只知做官发财，而不知如何管理、经营商务。② 这种现象对官督商办公司的经营管理造成了很大的破坏，当时的一个外国人记述了他所观察的情况："每部门都有一些衣服华丽而懒惰的士绅，各处偃息，或专心钻研经书。……他们是主营官吏的朋友，虽然对于工作一无所知，但是他们都领薪水，当监督，监察与上司，并有相称的好听名衔。这些装饰门面的指挥者们……唯一要按时做的工作，只有领月薪一项而已。"③ 质言之，公司总办、督办等人员不过是洋务官僚的经纪人，而没有真正的管理才能。恰如学者所言："由一个高级地方官僚任命它的关键人员的主要后果，必然使轮船招商局不可否认地成为一个半官方的企业，尽管它有许多买办出身的经营者或有许多出于商业的资

---

① 孙毓棠编《中国近代工业史资料》第1辑下册，科学出版社，1957，第631~632页。
② 李玉：《晚清公司制度建设研究》，人民出版社，2002，第38页。
③ 中国史学会主编《洋务运动》（八），上海人民出版社，1957，第426页。

本。"① 对此，郑观应也表达了自己的不满："今中国禀请大宪开办公司，皆商民集股者，亦谓之局，其总办……皆二、三品大员……全以官派行之。位尊而权重，得以专擅其事；位卑而权轻者，相率而听命。公司得有盈余，地方官莫不思荐人越俎代谋。"②

官督商办公司的封建式管理还表现为总办（督办）、会办、帮办等高级管理人员在公司员工安排上任人唯亲。总办（督办）、会办、帮办等高级管理人员因由北（南）洋大臣札委，而耽于官利的股东们对事务不闻不问，他们在公司中就有了绝对的用人权，于是便随意安插同僚故旧、亲朋好友，而不管这些人是否具有经营管理才能。"每年遇运载漕粮之际，各上司暨官亲幕友以及同僚故旧纷纷荐人，函牍盈尺，平时亦复络绎不绝"；③ "某督抚偶荐一人，虽人浮于事，而不容有所推阻，某大僚复荐一人，虽才无可取，而不敢显为拒绝"。④ 如朱其昂为轮船招商局总办时，他的大弟朱其莼担任了招商局上海分局总办，他的三弟朱其诏也被安排在招商局的肥缺部门——漕粮部。施紫卿被盛宣怀任命为汉口分局总办后，施家的 5 个成员先后轮流执掌了这一职位；施家的另一成员施亦爵于 1903 年也被"选为"招商局董事，成为总局的主要负责人之一。盛宣怀被"札委"为总办后更是肆无忌惮地安插自己的亲信，如汉阳铁厂、大冶铁矿、萍乡煤矿三处职员，"统计不下千二百人，大半为盛宣怀之厮养及其妾之兄弟，全以营私舞弊为能"；⑤ 据统计，上海电报局各地分支机构负责人中，属于督办

---

① 〔美〕费维恺：《中国早期工业化——盛宣怀（1844～1916）和官督商办企业》，虞和平译，中国社会科学出版社，1990，第 193～194 页。
② 夏东元编《郑观应集》上册，上海人民出版社，1982，第 611 页。
③ 中国史学会主编《洋务运动》（六），上海人民出版社，1961，第 19 页。
④ 《论中国公司之难》，《申报》1883 年 11 月 4 日。
⑤ 汪敬虞编《中国近代工业史资料》第 2 辑上册，科学出版社，1957，第 474 页。

盛怀宣亲朋戚属的就有 31 人。[1] 安插同僚故旧、亲朋好友并不是个别公司的个别现象，在官督商办公司中更是司空见惯。上海机器织布局在官僚杨宗瀚主持后，他将前任雇员驱逐净尽。他的亲友，即使是"贫无聊赖者，皆一航至沪"，杨也"兼收并蓄，细大不捐"。[2] 这些来自官场的大小官吏假公济私、营私舞弊，根本不把生产安全放在心上，结果造成 1893 年"清花间起火，一厂货被焚"，[3] 损失达 70 多万两的惨剧。张之洞曾在汉阳开办了一个制针制钉厂，初期效益较好，然而由于张之洞委任以前教过其子女的一位塾师为总办，而这位塾师不懂经营，很快就导致了该厂严重亏损。

官荐私人，总办（督办）、会办等公司高层管理人员安排亲朋戚属，给各企业带来了大量冗员，"中国各公司中，其大者或养冗人数百，小者已不下数十"。[4] 针对这种现象，时人早有评价："当时开平煤矿正在欣欣向荣，继续发展的时候，所有督办、总办和其他大员的三亲六眷都成群结队而来。而且不管他们能否胜任，都一律委以差使，把他们养得肥肥的。"[5] 在公司中，管理官员损公肥私、封建官僚肆意讹诈、冗员有增无减，都极大地增加了公司的经营负担，削弱了公司的竞争力和生存能力。正如郑观应指出的那样，"我国创一厂、设一局……岁用正款以数百计，其中浮支冒领供挥霍者不少，肥私囊者尤多，所以制成一物价比外洋昂

---

① 汪熙：《论晚清的官督商办》，载阮芳纪编《洋务运动史论文选》，人民出版社，1985，第 233 页。

② 《字林沪报》1893 年 11 月 9 日。

③ 李鸿章：《李文忠公全书·奏稿》卷 77《重整上海织布局片》，文海出版社，1980，第 38 页。

④ 《论中国公司之难》，《申报》1883 年 11 月 4 日。

⑤ 《北华捷报》1877 年 6 月 24 日。

率过半"，① 如此"何能与（西）人争胜?"② 1895 年，马建忠奉命对轮船招商局进行调查，关于轮船招商局的弊端，他总结为"用人之弊，失之太烂"，各船要员，"向归总办分派，非唐即徐，间用他姓，则须打通关节，与局中有力者分做，即暗地分财之谓也"。③ 任人唯亲、安插亲信这种封建式管理是中国官督商办公司人事制度的一大弊病，这种管理制度严重阻碍了公司的正常发展与合理化经营。

（二）传统企业利润的分配方式：官利制度

1. 官利制度存在的客观性

"官利"，又称"官息"、"股息"、"正息"、"额息"、"正利"，它是募股企业对股东本金按额定利率定期支付的息额。④ 作为一种利润分配方式，官利在中国传统经济组织如"合伙"或"合股"中早已存在。可以说，官利分配制度是中国传统社会长期存在的一种经济制度。如由日本人主持的满铁上海事务所调查室1941 年出版的《中支惯行调查参考资料》（第 1 辑），就附有晚清及民国时期中国民间经济往来的借据、分家书和合伙合股契约等文书资料。其中，按原文格式和内容附录的民间合股合伙经济组织成立时订立的契约文书有 10 件。这些文书的订立年代从同治四年（1865）一直到民国八年（1919）。每份文书中都有几乎完全一样的官利分配制度的记载。再如，日本东京大学东洋文化研究所东亚部门编撰的《中国朝鲜文书史料研究》，除收录了与上引满铁

---

① 夏东元编《郑观应集》上册，上海人民出版社，1982，第 718 页。
② 夏东元编《郑观应集》上册，上海人民出版社，1982，第 641 页。
③ 中国史学会主编《洋务运动》（六），上海人民出版社，1961，第 125 页。
④ 张忠民：《艰难的变迁——近代中国公司制度研究》，上海社会科学院出版社，2002，第 387 页。

调查资料相同的文书外，还收录了在上海经营粮食业的同盛号合同，其中同样载有官利制度。① 这些契约文书分别出自不同的行业和年代，但对于官利内容的记载几乎完全相同，从而说明，官利制度已是当时中国社会中成熟、影响广泛并被普遍接受的制度了。

洋务官员在创建官督商办公司时，继承并沿用了这一制度，以便于投资者认同和接受。如轮船招商局自创办之初就"每股官利，定以按年一分起息，逢闰不计，年终凭股单按数支取，不准徇情预计"，② 以致 1875 年、1877 年在发放官利后，分别亏损白银35200 两和 19988 两。③ 实行官利制度的不仅是轮船招商局一家企业，当时兴办的其他公司也莫不遵循此规，而且也均规定不论盈亏、开工与否，都按期向股东支付招股时承诺的官利。如商办安徽全省铁路有限公司章程规定，"自收股银之日，无论已未开工，照银行存银通例，每年以五厘起息，给付官利"。④ 大生纱厂也是"厂之官利无年不付"。⑤《上海机器织布局招商集股章程》同样规定："股本宜提官利也。今集股四十万两，官利照禀定章程周年一分起息。"⑥ 1877 年，唐廷枢拟定的《直隶开平矿务局章程》也有"每年所得……先提官利一分，后提办事者花红二成，其余八成仍

---

① 这份文书对官利的记载如下："一，官利按月六厘计算，年终付给。一，每届年终结帐，凡有盈余，按股分派，设遇亏耗，按股照认填足。一，每年除付股息外，获有盈余，作二十股分派，股东得十二股、总经理得一股半、众伙友得花股三股半，其余三股存作公积。"参见日本东京大学东洋文化研究所东亚部门编《中国朝鲜文书史料研究》，1986，第 42 页。
② 聂宝璋编《中国近代航运史资料（1840—1895）》第 1 辑下册，上海人民出版社，1983，第 755 页。
③ 陈玉庆整理《国民政府清查整理招商局委员会报告书》下册，社会科学文献出版社，2013，第 22~23 页。
④ 宓汝成编《中国近代铁路史资料》第 2 册，文海出版社，1976，第 1014 页。
⑤ 孙毓棠编《中国近代工业史资料》第 1 辑，科学出版社，1957，第 359 页。
⑥ 孙毓棠编《中国近代工业史资料》第 1 辑，科学出版社，1957，第 1044 页。

按股均分"① 的规定。《平泉铜矿总局续招股份启事》也明确声明："再七年分（份）因事事草创，并无官利余利。八年分（份）约可得官利一分，余利三四厘。现拟八年分（份）应得官利余利，俟本局熔炼之器办就，将积砂熔完后，即行按股分派。至七年分（份）官利，应在以后得利之年陆续补还，以昭公允。"② 《开办邢内银煤矿务局启》（该矿即直隶临城煤矿）声称："（股票）以收到五十两为始，按年一分起息，其息银即由经收各分局按年凭折支取；每至年终结算，所得银煤余利，按股均分。"③ 贵州机器矿务总局发布的启事也表明：所集股本"按月八厘起息，谓之'官利'，届期携折向入股之局或原经手人支取。除原利外，犹有盈余，谓之'余利'，议作十五分均摊，以十分归各股友匀分，其余五分为奖励各局诸人办事勤劳之用"。④

不仅各个厂矿企业的章程中明确规定着官利制度，而且洋务大员对此也都予以默认，这一点在其奏折中可以得到确证。如1887年，直隶总督李鸿章奏定的《漠河金厂章程折》中就提道，"长年官利七厘，均于次年端节凭折支付"。⑤ 光绪二十二年（1896）五月十六日，湖广总督张之洞的《铁厂招商承办议定章程折》中也有汉阳铁厂招集的商股"自入本之日起，第一年至第四年按年提息八厘，第五年起提息一分……办无成效，额息必不短欠"⑥ 的记载。他在筹办湖北纺纱局时也"以允许任何新的投资者

---

① 孙毓棠编《中国近代工业史资料》第 1 辑，科学出版社，1957，第 630 页。
② 《申报》1883 年 3 月 12 日。
③ 《申报》1883 年 7 月 10 日。
④ 孙毓棠编《中国近代工业史资料》第 1 辑，科学出版社，1957，第 670 页。
⑤ 孙毓棠编《中国近代工业史资料》第 1 辑，科学出版社，1957，第 724 页。
⑥ 孙毓棠编《中国近代工业史资料》第 1 辑，科学出版社，1957，第 832 页。

以年'官利'百分之十五的股息的甜头钩引商人投资"。①

当时，不仅官督商办股份企业实行官利制，民族资本经营的股份企业也莫不如此。如张謇在南通创办的大生纱厂规定："凡股东一经入股，便按年利八厘起息。"② 《公司律》虽然对滥分官利的制度做了限制性规定："公司结帐，必有赢余方能分派股息，其无赢余者不得移本分派。"③ 但现实生活中，《公司律》规定的这一条文并未得到贯彻，因为张謇在创办大生崇明分厂时照样是"计自光绪三十年集股建厂以至光绪三十三年三月初四实行开车之日止，共当付官利 91470 两，所谓开办费 96540 两，实以官利占最大部分，开车后一年余，虽已营业，并无大利，然官利仍不能减，计自光绪三十三年三月初四日至光绪三十四年底止，又当付官利 123790 两。结果，遂使帐面亏损 120558.94 两"。④

在官利发放时，为了确保与不计盈亏发放的制度相适应，早期的股份制公司在会计账目上都是将官利列入企业的财务开支之下，作为借入资本利息的支出对待。公司向股东支付官利，就犹如支付其他债权人的借贷利息一样，公司盈亏都必须定期支付。所以，官利对公司来说是一种营业成本，而不是营业利润的分割，因其与公司的盈亏完全无关。如 1877 年李鸿章在一份奏稿中说："设局本意，重在招商，非万不得已，不可议减商息也。"在这一原则指导下，即使是在财务支出、盈余不足的情况下，轮船招商局宁可对官府借款"暂时缓缴三年利息"，也要保证"议定商股按

---

① 〔美〕费正清编《剑桥中国晚清史》，中国社会科学院历史研究所编译室译，中国社会科学出版社，1985，第 481 页。

② 严中平：《中国棉纺织史稿》，科学出版社，1955，第 159 页。

③ 《公司律》第 111 条，《东方杂志》1904 年第 1 期，第 28 页。

④ 《南通地方自治十九年之历史》上册，转引自邹进文、姚会元《近代股份制的中国特色之一——试论清末股份制的"官利制"》，《中国经济史研究》1996 年第 4 期。

年一分，未使失信"。"即上年生意亏折，余利仅有五厘，该局仍筹给商息一分。"① 漠河金矿 1891 年第三届账略载，公司除付矿工六成金价、股票官利以及各厂局一切开销外，尚余银 8 万余两；提取保险、公基金银 3 万余两后，尚余 5 万两。可见是将官利纳入了企业盈余结账前的费用开销。② 关于不计盈亏发放官利的情况，我国著名的会计学家潘序伦在其著作《公司会计》中也有说明，"我国旧习商人营业，于其出资，不论决算盈亏，每年必计算额定值利息，名曰官利或曰股息，列入开支项下。故我国公司会计中除股利科目外，另有股息或官利一科目。照发股息之后，再行分派红利。此种习惯极为普遍，即大规模之公司及银行，亦往往如此"。③ 其实，潘序伦先生的这段论述不仅说明了官利制度客观存在，而且也说明了官利制度为我国旧制，而公司分配利润时使用只不过是沿袭旧制罢了。

2. 官利制度存在的原因

官督商办公司，作为中国公司的肇始者，虽然吸收了西方公司制的优点，但也承袭了传统企业组织的特色。如在资金的筹集上，官督商办公司就是既借鉴了西方公司制度利用股票募集资金的优点，又保留了传统的筹资方式——官利制度。官督商办公司之所以在筹集资金时还使用传统的集资方式（官利制度），主要受以下几个方面的影响。

第一，资金困乏且存款利息率较高。一般来说，商品经济和社会化大生产的发展，是股份公司产生、演进的根本经济原因；

① 聂宝璋编《中国近代航运史资料（1840—1895）》第 1 辑下册，上海人民出版社，1983，第 891 页。
② 孙毓棠编《中国近代工业史资料》第 1 辑下册，科学出版社，1957，第 739 页。
③ 潘序伦：《公司会计》，上海商务印书馆，1933，第 248 页。

大量闲置的货币资本和高度发达的信用经济，是股份公司产生的两个直接前提。显然，官督商办公司产生时，中国整个社会经济结构基本上仍是自然经济结构，资本主义只有稚嫩的萌芽，商品经济也仅是微弱发展，根本谈不上社会化大生产。在自然经济结构下，低下的社会生产力、微弱的商品经济使社会很难生产出大量闲散的社会资金，所以官督商办公司产生之初就面临着资金匮乏的现实。如大生纱厂1895年筹办时原定招股60万两，1896年秋冬之际，因市面不佳，张謇虽四处奔走，仍不能筹集到发起资金，"凡以纱厂集股告人者，非微笑不答，则掩耳却走……而已集之股滞于十八万"。① 漠河金矿原拟招集股本白银20万两，虽经多方努力，最后所筹股金不足3万两。② 所以，在社会资金比较贫乏的情况下，为吸引社会资金参与创办公司，激发社会大众的投资热情，筹措兴办企业的资金，企业创办者不得不采取官利制度。否则，这些资金拥有者会把资金投向钱庄、票号、银行等金融机构以获取高额的利息。因为这些金融机构的存款利息之高可以使这些投资者获得稳定的收入。当时钱庄、票号的利息率一般都在10%以上，"上海资本家挟母财以营汇兑存放之钱庄，基本不出十万金，获利则称是，或十之四五，或十之二三"。③ 就是银行的存款，利息率也在7%以上，远远高于世界同期水平。④ 在存款利息率较高的情况下，公司创办者或发起人要想从货币持有者手中获

---

① 汪敬虞编《中国近代工业史资料》第2辑下册，科学出版社，1957，第1026页。

② 中国史学会主编《洋务运动》（七），上海人民出版社，1961，第318页。

③ 严中平：《中国棉纺织史稿》，北京科学出版社，1955，第160页。

④ 1910年，日本有关人士调查了中国23个主要城市金融机构的放款利率。调查表明，1910年中国金融机构放款年利率最低的为六厘，最高的为三分六厘，"其平均利率在12%～14%，与欧美各国比较起来看，其利率之高，实在惊人"。同时期，1900～1908年，英、法、德三国的年利率为2.13%～4.59%。见《支那经济报告书》，明治43年，第49号，第26页。

取创业资金，就必须向他们保证，如果他们投资公司企业就可以获得比市场利息更高的收入。从这个意义上说，这种较高的存款利息率是官利制度存在的一个重要原因，因为它为社会上的闲散资金提供了一个安全而又稳定的去向，而且投资者只要将资金投入钱庄、票号、银行等金融机构，既不需要花费专门的技术、特别的时间与精力，马上就可以计息生利，而且投资风险也较容易控制。① 再不然，他们还可以把资金投向传统企业。由于资金的匮乏，官利不仅普遍存在于公司企业中，而且在传统企业中也是相当普遍的。如近代上海五金商业企业，不论是合伙企业还是独资企业，通常都把官利（即股息）列为费用开支，股息低者为 8%~9%，高者达 15%，总要高于同时期银行存款利息率。每逢年终结账，无论企业盈亏，股息都要预先支付，然后再进行结算，遇有利润时再行分配。② 既然传统企业普遍都支付官利，在社会资金困乏的情况下，如果公司发起人或创办者不实行这一制度，就很难筹集到创办公司的发起资金。同样，资金拥有者也不可能把资金投向既无利润又有风险的近代公司。所以，为了筹集到足够的发起资金，公司的创建者也不得不就范于官利这一陋习。

第二，人们投资理念使然。中国传统社会的工商业经营中，普遍存在一种被称为"附股"或"附本"的传统筹资、用资方式。当官督商办公司创建时，股东自然地认为他们对公司的投资就类似于传统的附股或附本。所以，他们把对公司的投资看作把资金借给公司使用，自己不仅可以获得预先讲好的额定利息，而且如果有必要还可以随时抽回自己的投资。如上海机器织布局在其章

---

① 张忠民：《艰难的变迁——中国近代公司制度变迁研究》，上海社会科学院出版社，2002，第 401 页。
② 上海五金公司等编《上海近代五金商业史》，上海社会科学院出版社，1990，第 142~143 页。

程中规定，各股东对公司的投资，每年可以获得 9.6% 的官利。一般而言，在比较完善的西方公司，股东退股是根本不可能的事。但是在官督商办公司中，股东退股却极为常见。因为，投资者把入股看作将资金转借给公司，就像合伙制那样，既可以自由地入伙也可以自由地退伙；在投资公司后，也可以向公司追索，使其退还所投入的资金。如 1879 年，郑观应离开上海织布局以后，一些粤籍买办商人纷纷从织布局撤出资本。[①] 1883 年，"近因各省灾歉迭乘，民情困疲，货客俱稀，生意大为减色；兼以法国滋扰越南，附股之人（股东）不无疑虑，咸思撤回股本"。[②] 1885 年唐廷枢离开招商局时，原来由他招募的那些"存局客户纷纷提款"，[③]退出招商局。1902 年底，盛宣怀致袁世凯的信中也称，"（招商局股东）其中愿领回股者居多"。湖北鹤峰矿务局创办之初，投资入股者踊跃，但未及数月，市面上银根艰涩，已投资入股者居然"将股票存局，取回原本"，以致矿务局勉力难支。[④] 再如，清末开办的直隶顺德铜矿，"矿务局获得李中堂批准后，在此间业已关闭……矿务局呈给李鸿章的禀帖中说，凡已交款的股东都可以收回他们的款项。这恐怕是世界上第一个矿业公司在业务失败后，仍能答应股东退还全部股金"。[⑤] 从这个意义上说，官利制度是传统投资方式与传统投资理念在公司制度中的延伸。

第三，资金流向也是官利制度存在的客观因素。受"以末致富，用本守之"传统理念的影响，人们在致富之后仍大量购买土地。再者，地租仍维持在较高的水平上，这也使土地吸收了大量

---

① 《北华捷报》1879 年 4 月 4 日。

② 中国史学会主编《洋务运动》（六），上海人民出版社，1961，第 74 页。

③ 交通部、铁道部交通史编纂委员会编《交通史航政编》第 1 册，交通部、铁道部交通史编纂委员会，1931，第 153 页。

④ 《申报》1884 年 11 月 8 日。

⑤ 《北华捷报》1884 年 1 月 9 日。

的社会资金。所以，在当时的社会情况下，土地仍是社会资金流向的理想场所。

据有关的资料与调查，19世纪八九十年代，中国各主要地区的地主土地收益（地租与地价的比率）约为10%。如安徽霍邱，"拥田宅享租人者，利什之一"；松江、太仓地区，每石租田价值10000~30000元，每石折价2000文左右；直隶旗地买卖的计价方法为："以租为利，以价为本，大率合一分有余之利。"① 由于地租的稳定性大、风险小且利润高，非其他投资类所能望其项背，所以即使是投资新式企业的民族资本家也乐意投资于此。如李鸿章在招商局、电报局、开平煤矿、中国通商银行"皆有不少股份"，但其数额远不能与他所置田产数相比。其兄弟六人"所谓田产，究有多少，不但外人不知，即其内中人，所知恐亦不尽不实"，估计在合肥"每人平均有十万亩，其在外县者更无论矣"。② 张之洞向以"清流"自诩，可光绪六年他在家乡竟也一次购置田地1000亩。拥有"十六颗夜明珠"（指洋务企业）的盛宣怀，在光绪末年与岑春煊合买上海之苏州河地亩甚多，辛亥革命时其产业一度被"没收"，后经归还，盛宣怀还称江宁、宝山县境内共530余亩田地尚未发还，可见其所置土地范围之广、数量之多。民族资本家无锡业勤纱厂主杨宗谦、杨宗瀚兄弟，在集巨资办厂之后，又以其母名义买下一片"足成千亩庄屋一区"；"五金大王"叶澄衷在上海、汉口设广缎丝、造火柴，发家之后，"资益丰，乃置祠田"。③ 近代地租收益优厚可靠且稳定保险，所以吸引了大部分的社会资金，也是社会资金的主要流向场所。

---

① 严中平主编《中国近代经济史》下册，人民出版社，1989，第926~929页。
② 李文治编《中国近代农业史资料》第1辑，三联书店，1957，第182页。
③ 汪敬虞编《中国近代工业史资料》第2辑下册，科学出版社，1957，第1019~1023页。

　　土地之外，典当、钱庄等旧式信用、金融机构因其利息极高，也是社会流动资金辐辏之所。它们都属短期放款的信用、金融机构，利率更高，且一般按月计算。杨联陞先生估计，旧中国的当铺和钱庄的年利率为 15%~25%；[①] 而张继凤先生认为典当业的押款利率多在 2 分，即 20% 以上；[②] 又据载，清中叶以后，几乎所有典当都不论期限的额度一律按 3 分计息，[③] 其年利率为 30%；1914 年政府农商部颁布的典当业条例中，规定典当利息最高不得超过月息 3 分，[④] 因而典当业的年利率当在 20%~30%。钱庄的存款利息率与典当行业押款利率相比一点也不少。1906 年，张謇说："资本家挟母财以营汇兑存放之钱庄，基本不出十万金。获利则称是，或十之四五，或十之二三。"[⑤] 依此计算，钱庄放款得息，最低亦在 20%~30%。典当、钱庄的利润率之高，自然也吸收了大量的社会资金，这从 1912 年农商部一次调查资料中就可以看出：1912 年，全国合计的工业资本总共不到 5500 万元，而典当和钱庄业的合计资本则达到 1.36 亿元，是前者的 2.5 倍。而在有些省份中，这种比例悬殊更令人瞠目，如江西、湖北、贵州、黑龙江都为十几倍，陕西、奉天为 50 倍，广西甚至达到 70 倍左右。[⑥]

　　上述所论，为我们理解官利制度提供了一个思路。在近代中国土地地租率居高不下且稳定的情况下，投资者对土地仍非常热

①　杨联陞：《中国的货币和信用简史》，载费维恺《中国早期工业化——盛宣怀（1844~1916）和官督商办企业》，虞和平译，中国社会科学出版社，1990，第 73 页页下注。

②　张继凤：《近代中国金融市场的利率与国民经济》，《金融研究》1982 年第 4 期。

③　石毓符：《中国货币金融史略》，天津人民出版社，1984，第 134 页。

④　史全生：《中华民国经济史》，江苏人民出版社，1989，第 126 页。

⑤　严中平：《中国棉纺织史稿》，北京科学出版社，1955，第 160 页。

⑥　汪敬虞编《中国近代工业史资料》第 2 辑下册，科学出版社，1957，第 1017 页。

衰；年平均利润率高达 20% 的典当、钱庄也是社会资金明显流向的场所。社会资金的这种流向，对官督商办公司的发展来说，无疑是雪上加霜。在人们对新式企业投资意识淡漠的情况下，若想把社会资金从上述利润丰厚的场所转移到颇具风险的新式企业中，不显示出高于或接近于上述投资的利润率及稳定性，无疑是困难的。因而，公司中的官利制，有了它实行的必要性。另外，投资新式企业的资本主要是由官僚、地主、买办和商人从原投资土地、高利贷和商业中的资本转化而来的，他们将其与原投资相比较，亦是可以理解的。企业的利润如果不能高于或接近于上述这些投资的话，则企业的投资资金不仅不可能扩大，反而可能因回流而减缩。上述几位民族资本家抽留工业资金转投于土地即是明证。因此，企业的官利普遍地定在 7%～10% 这样颇高的利率上，乃是不得不与当时当地货币市场上高利贷性的利息形态相一致的结果；且企业生产稍有盈余，再分红利给股东，以便尽量照顾和满足投资者的利益。但实际上其仍然难以与上述投资 15%～20% 的利润率相匹敌，何况在近代恶劣的社会环境下，企业的经营经常处在飘忽难测的风险之中。[1]

3. 官利制度对中国近代公司发展的影响

在社会资金匮乏的近代中国，官利制度的存在在一定意义上为公司的创建与发展准备了资金，事实也证明，如果没有官利制度，官督商办公司几乎不可能开办起来。大生公司的创办者——张謇对此很有发言权，"亦赖依此习惯耳，否则资本家一起畏缩矣，中国宁有实业可言？"[2] 对此，两广总督袁树勋也颇有感慨："吾国风气未开通，各省商办实业、公司自入股之日起，即行给息

---

① 杨波：《"官利制度"与近代社会资金流向探析》，《福建师范大学学报》1995 年第 3 期。

② 张謇研究中心编《张謇全集》第 3 卷，江苏古籍出版社，1994，第 209 页。

以资激劝，以广招徕，已属不得已之办法。"① 可见，在资金匮乏的近代中国，官利制的实行为公司资本的募集提供了方便，并为公司的成功创办提供了资金保障。然而，官利制的实行，使公司必须支付高额股息，盈利之后还须给予股东红利，这在客观上加重了公司的经济负担，并在一定程度上阻碍了公司的扩大再生产。具体分析，有以下三个方面的消极影响。

第一，加重了公司的经济负担。一般情况下，官督商办公司都有一个较长的建设周期。在此期间，公司只有投入，没有产出，更没有盈余，但是按照事先的承诺必须定期向股东支付官利。因为按照股东的投资理念，他们对公司的投资就如同向钱庄、商号或银行存款一样，自投资之日起，就应该享有相应的利息收入。这样，对于那些刚刚创建还未盈余的公司来说，无疑是一种沉重的经济负担。而又"增加了建厂所需的投资……在很大程度上抵销了劳动力低廉的有利因素"。② 如张謇创办大生纱厂时，规定股东一经入股，便按年利 8 厘起息。在 1895～1899 年长达 4 年的筹建期中，企业集资艰难，几至不能成厂，然而股东 17000 余两的官利还是丝毫不能拖欠。③ 崇明分厂的建设也是如此，自 1904 年集股建厂至 1907 年正式开车之日止，共付股东官利 91470 余两，占了企业筹集时期开办总费用（96540 余两）的 90%还要多。此后，为了资金的周转，股东会决议延迟两年发放官利；但缓发的官利又作为企业对股东的负债并以年息 6%计息，从而又加重了企业的财务负担。张謇日后议及此事，颇有感慨地说："开办费所谓

---

① 《申报》1909 年 12 月 25 日。
② 徐雪筠等译编《上海近代社会经济发展概况（1882—1931）——〈海关十年报告〉译编》，上海社会科学院出版社，1985，第 208 页。
③ 张忠民：《艰难的变迁——近代中国公司制度研究》，上海社会科学院出版社，2002，第 403 页。

96500 两者，非纯费也，官利居多也……开车以后，实则失利，乃借本以付官利，计自丁未三月初五至戊申年终，又付官利 123790 两。而两届之亏 120550 两，非真亏也，官利占全数也。凡始至今，股东官利，未损一毫，递迟发息，则又利上加利。"① 当时的许多官督商办公司都有官利的苦恼。上海龙章机器造纸有限公司在 1904~1907 年 3 年开办期间，每年按 8% 的年利率向股东支付官利 35200 两，3 年共支付 10 万余两。公司自 1904 年开办到 1908 年累计亏损白银 189300 余两，最后为摆脱困境，公司不得不将原有股本自行缩减 50%，并另行再招新股。②

　　第二，侵耗了公司资本的原始积累，阻滞了公司规模的进一步扩大。企业只有不断地进行资本积累才能扩大再生产，在竞争中立于不败之地以及获取更多的利润。资金缺乏的官督商办公司尤其如此。然而，官利制的存在却使官督商办公司难以获致更多的资本积累，因为官利就像银行或钱庄的存款一样每年都要支付。这样官利就成为企业必须定期支付的一项开支，而且股本越大，官利就越多，公司的负债也就越重。负有沉重经济负担的官督商办公司，扩大再生产是难以进行的，甚至连一般的简单生产也难以维持，更不要说获取高额的利润了。因为企业"照例都支付官利，然而在官利之外另给红利的并不多，这乃是必然的现象。因为每期支付 7%~8% 到 10% 的官利之后，再发付多余的红利，事实上是不可能的"。③ 官利制度是造成这种状况的重要原因。

　　就轮船招商局来说，每年 10% 的官利是其"一项固定的负担，

---

① 张孝若编《张季子九录·事业录》第 1 卷，上海书店出版社，1991，第 17 页。
② 上海社会科学院经济研究所轻工业发展战略研究中心编《中国近代造纸工业史》，上海社会科学院出版社，1989，第 80 页。
③ 汪敬虞编《中国近代工业史资料》第 2 辑下册，科学出版社，1957，第 1019 页。

不管该局该年之盈亏"。[1] 由于发放官利，轮船招商局在首创几年（1872~1877）虽略有盈余，但亦无力提取折旧、结余公积金。因而，企业也无法进行扩大再生产，致使船只陈旧，竞争力日差，处于相对停滞状态。1877 年，轮船招商局拥有轮船 33 艘，23967吨。其后始终徘徊在这个水平。1893 年，它的轮船也仅为 26 艘，24584 吨。[2] 轮船招商局如此，中国近代其他企业更是如此，在债务的重负下，喘息如牛，挣扎谋存，只能维持一般简单生产。如清末民初（1896~1913）国内设立的 19 家华资纺织厂，除南通大生纱厂在困境中得以生存与发展外，其余的 18 家不是改组、出租，便是失败易主。即便是幸存的大生集团，从 1899 年投产至 1926 年搁浅的 27 年中，其资本总积累率为 19.1%，年平均积累率仅为0.7%，近 90% 的利润被分割一空，而只有不到 10% 的利润用于扩大再生产。生产性投资过少，致使企业机器设备长期无法更新，更遑论添置设备。[3] 官督商办公司发展速度缓慢，原因固然很多，但不可否认，官利制的存在及其对利润的侵蚀，是阻抑公司资本积聚而公司又难以言诉的致命内伤。

第三，弱化了投资风险意识和股权意识，扭曲了公司管理机制。由于官利制的实行，股东的身份不仅发生了变化，"就其实质而论，这样股东对于公司的关系，并不是单纯的企业投资人，而是投资人又兼债权人"，[4] 所以他们"关于公司（企业）一切事宜，绝不过问，抑且不愿过问"，[5] "所关心的只能是如何收受股

---

① 〔美〕费维恺：《中国早期工业化——盛宣怀（1844—1916）和官督商办企业》，虞和平译，中国社会科学出版社，1990，第 241 页。
② 〔美〕费维恺：《中国早期工业化——盛宣怀（1844—1916）和官督商办企业》，虞和平译，中国社会科学出版社，1990，第 142 页。
③ 施友佃、杨波：《试论中国近代的"官利制"》，《东岳论丛》1998 年第 1 期。
④ 严中平：《中国棉纺织史稿》，北京科学出版社，1955，第 158 页。
⑤ 宓汝成编《中国近代铁路史资料》第 3 册，文海出版社，1976，第 1075 页。

息，对于企业的经营并不感兴趣，只考虑股息愈大愈有利，毫不关心企业经营状况如何"。① 甚至出现了股东不知厂址何在的怪况，如大生纱厂成立 12 年后，股东竟"始终不知厂在何处、作何状者……十居八九"。② 放弃了经营管理权的股东们仅仅处在一种给企业主贷付资本的地位，所以他们关注的重心也发生了偏差，他们关心的不是企业的经营状况如何，而是如何获取官利，对公司经营状况的好坏也漠不关心。如 1875 年轮船招商局召开股东会时，股东们皆"共有欣喜之色，故请不必朗诵（账略），便向总办（唐廷枢）道谢而散"。③ 之所以出现这样的情况，一是与他们的投资理念有关，他们认为自己投资于公司就犹如借钱给公司，公司经营的好坏与自己关系不大；二是高额的官利令他们非常满足。由于公司的经营活动得不到股东的有效监督，公司经营决策正确与否无人问津，公司的所有权与经营权严重脱节。一些公司的经营者便趁机侵蚀公款，牟取私利，为所欲为。如在黑龙江戊通航业公司中，稍有权力者都滥用职权、贪污中饱，总务处"凡接洽应酬，莫不从中渔利"，材料处则不管货料"合用不合用，多进一分之货料，即多一分回扣"。④ 公司行船处主任陶松林任职不满三年，获利达数十万之巨，其款均在外国银行存储。总经理王秉权上任时，尽管公司已负债累累，仍大兴工程，修花园，造凉亭。更令人骇异的是，他甚至将公款汇到天津私宅，致使全公司职工几个

① 汪敬虞编《中国近代工业史资料》第 2 辑下册，科学出版社，1957，第 1012 页。
② 张謇研究中心编《张謇研究全集》第 3 卷《实业》，江苏古籍出版社，1994，第 87 页。
③ 《申报》1875 年 8 月 30 日。
④ 交通部、铁道部交通史编纂委员会编《交通史·航政编》第 1 册，交通部、铁道部交通史编纂委员会，1931，第 440 页。

月的薪金无法支付。① 因缺乏股东有效监管而导致公司经营者滥用公款、贪污腐化、挥霍浪费的事例，在中国官督商办公司中举不胜举。

对于官利制度对公司发展的危害，不仅国人看得非常明了，如梁启超认为，"凡公司必有官利，此实我国公司特有之习惯，他国所未尝闻也……故我国公司之股份，其性质与外国之所谓股份者异，而反与其所谓社债者同，夫持有社债券者，惟务本息有着，而于公司事非所问，此通例也。我国各公司之股东，乃大类是，但求官利之无缺而已，职员因利用此心理，或高其官利以诱人，其竟由资本内割出分派者，什而八九。股东初以其官利有着也，则习而安之，不知不数年而资本尽矣"；② 而且当时的外国人也有深刻的认识，如一位外国记者在撰写的一篇有关中国企业经营的报告中如是言："中国人在自己的国家从事企业经营，当然要比外国人有着许多有利条件。但是，其所以在卧榻之上听到他人的鼾声，缺乏经营人材固然是原因之一，利率之极高也是一个原因。""对于运用巨大资本的大规模企业来说……不问盈亏如何都要支付官利，这当然使中国的企业经营感到很大的苦痛……这不就是各公司企业不断倒闭，不断化为泡影的原因吗？"③ 总之，民众的官利意识和公司被迫执行的官利制度对中国近代公司的发展产生了巨大的阻碍作用。正如一位外国商人所言："这种制度一天不改变，中国的公司、企业便不可能有稳固的发展。"④

---

① 交通部、铁道部交通史编纂委员会编《交通史·航政编》第 1 册，交通部、铁道部交通史编纂委员会，1931，第 441 页。

② 梁启超：《警告国内只谈实业者》，《国风报》1910 年 11 月 12 日。

③ 汪敬虞编《中国近代工业史资料》第 2 辑上册，科学出版社，1957，第 1015~1016 页。

④ 汪敬虞编《中国近代工业史资料》第 2 辑上册，科学出版社，1957，第 1012 页。

二　效仿西国公司之例

从前文可知，官督商办公司是在中国传统企业的砧木上嫁接了西方公司这个接穗，所以官督商办公司从创建之初就蕴含了西方股份公司的因子。

（一）　股票制的股份制

股份制在中国传统的企业组织中虽早已出现，但合伙人在"合开一铺，合创一行"时，"股东皆须在场，以资稽察，或有不亲到场者，亦必令亲信人为之监察。断未有从未谋面而可以入股者"，① 这个论述说明传统的企业组织还不具备使用股票的条件。但 1872 年轮船招商局创建之时，"仿照西商贸易章程，集股办理"，② 这说明轮船招商局自创建之初就是仿照西方公司制以股票的方式向社会公开募集资金的。自轮船招商局以股票方式向社会公开募集资金始，其后创办的公司无不以这种方式向社会筹集资金。利用股票在社会上公开募集资金，这在中国历史上还是第一次。正如时人所说："招商局开其端，一人倡之，众人和之，不数年间，风气为之大开，公司因之云集，虽其中亦有成与不成之分，然其一变从前狭隘之规则。"③ 经元善为上海机器织布局募集资金时，就在《申报》上刊登了集股启事，首次登报向社会公开招股，结果集资招股异常顺利。经元善对此甚是自豪地说："溯招商、开平股分（份），皆唐、徐诸公因友及友，辗转邀集。今之登报招徕

---

① 《劝华人集股说》，《申报》1882 年 6 月 13 日。
② 聂宝璋编《中国近代航运史资料（1840—1895）》第 1 辑下册，上海人民出版社，1983，第 850 页。
③ 《中国股份极宜整顿说》，《申报》1883 年 10 月 21 日。这里所说的"从前狭隘之规则"是指过去中国的企业组织方式只有独资和合伙两种方式。

自愿送入从此次始。初拟章程招四十万，后竟多至五十万，尚有退还不收。"① 其实，不仅上海机器织布局是以股票的形式进行募资的，其他官督商办公司也大都是以这种形式集资的。如，天津机器局 1882 年改为"官督商办"时也是每股湘平银一百两；开平煤矿每股津平银一百两等。这些公司的收股方式分为两种：其一，股东一次性缴足，领取股票；其二，股东分期交付股银，领取收据，俟股银交清后换取股票。② 官督商办公司发行股票的做法，为商民投资带来了便利，促进了社会资本在更大范围内的流动。在 19 世纪 80 年代初的上海等通商口岸，民众不仅认购洋行股票，而且也开始大规模认购官督商办公司的股票，"每一新公司（股票）出，千百人争购之，以得股为幸"，③ 以致"一公司初集，数日之间，招股已经满额"。④ 这些事例说明，官督商办公司在筹资方面与西方股份公司并无多大差异，已经具有了西方股份公司的集资特点。

（二）公布银钱账目

财不外露是国人传统的经营思维。无论是业主制还是合伙制，其银钱账目均被视为商业机密，不为外人所知。但是在西方公司制企业中，知晓公司财务账目却是股东应享有的权利。轮船招商局是第一个仿效西方公司而创建的近代公司，在形式上也开创了中国公司公布财政账目的先例。轮船招商局的局规规定："各分局银钱出入数目，按船逐次清厘，开列细帐，连应解银两，一并寄交总局核收，每届三个月结小总，一年汇结大总，造册刊印，分送在股诸人存查。

①　虞和平：《经元善集》，华中师范大学出版社，1988，第 286~287 页。
②　李玉：《晚清公司制度建设研究》，人民出版社，2002，第 30 页。
③　《上海平准股票公司叙》，《申报》1882 年 9 月 27 日。
④　《股份转机说》，《申报》1884 年 12 月 12 日。

平时在局收付诸帐，任凭在股诸人随时到局查阅。"①

　　招商局不仅允许股东查账，而且在账目公布之后还在《申报》、《北华捷报》等媒体上公布账略，这样的做法受到了好评。如该局在第一次公布账略后，《申报》称赞其"深明"公司经营之道。② 第二次公布账略后，《申报》又评论道："帐略所论，情节透彻，条理显明，可为该公司得人之庆。"③ 继轮船招商局之后，许多其他官督商办公司在章程中也制定了定期公布账目的条文。如开平煤矿规定："进出煤铁银钱数目，每日有流水簿，每月有小结，每年有总结，（股东）随时可以查核。""拟定每年结帐一次，刊刻分送有股之人。"④ 湖北荆门煤铁矿规定："局中银钱出入，日有日结，月有月结，年有年结，刊单布告。"⑤ 平泉矿务局章程规定："本局出入铜煤及各项银钱项目，每日有流水簿，每月有小结，每年有大结，在股者可随时查核。每年结彩（后），将出入总帐刊送在股之人。"⑥ 顺德铜矿局规定："各项帐目每届年终汇总，开具清帐……其大小股商亦各给刷（印）一本，以示信实。"⑦ 津沪电报局规定："所有银钱收支，应如各公司之例，周年刊帐呈报，并传观各商，届时均准有股之人赴局看帐，如果有人侵蚀，皆可诉知总办查究。"⑧ 上海织布局初始时没有股东查账和公布账目的条文，郑观应主持该局后，重新规定："帐目一事必须清晰，

---

① 聂宝璋编《中国近代航运史资料（1840—1895）》第 1 辑下册，上海人民出版社，1983，第 846 页。
② 《轮船招商局章程帐略事宜》，《申报》1874 年 9 月 18 日。
③ 《轮船招商局第二年帐略书后》，《申报》1875 年 9 月 7 日。
④ 中国史学会主编《洋务运动》（七），上海人民出版社，1961，第 131 页。
⑤ 《函请禀送荆门窝子沟煤铁矿务公司招股章程》，《申报》1882 年 11 月 17 日。
⑥ 《平泉矿务局招商章程》，《申报》1882 年 6 月 11 日。
⑦ 《顺德矿务局条规》，《申报》1882 年 10 月 26 日。
⑧ 夏东元编《郑观应集》卷 12，上海人民出版社，1998，第 1009 页。

且宜于周知，庶为无弊。"而且每年年终结账后，"登报告知股友来局查阅"。① 不管官督商办公司实际运营如何，但在形式上，其章程都有"帐目公开及股东查帐"的这一规定，而这些规定在中国传统企业组织——业主制或合伙制中均是没有的。

（三）设立股东大会、董事会及经理人员

中国传统的企业组织，如四川自贡井盐业中虽已有了相当于经理人的承首人，但始终没有出现相当于现代公司组织形式的股东大会，更没有定期召开股东会议来商议企业运作的情况，所以股东大会也是传统企业组织对西方公司优点的借鉴。不管官督商办公司对股东大会重视的程度如何，但其在创建之时都有设立股东大会的明文规定。如轮船招商局规定："凡有股份者定于八月初一日午刻到总局会议。""遇有紧要事件，有关局务，以及更改定章，或添置船只，兴建码头栈房诸大端，须要在股众人集议，择善而行。"② "各分局商董由选举产生，每一百股举一商董，于众董中推一总董。……以三年为一期，期满之日，公议或请留，或另举。"③ 从招商局的章程规定中可以看出，股东大会已具有合法性，它不仅具有选举董事会的权力，而且公司重大事务也由它决定。平泉矿务局规定："本局于每年八月一日，准在股之人来局会议一次，如有应行改易者，即可和衷商办，总求于局务有裨。"④ 开平煤矿于1888年7月17日在天津办事处"召开股东大会，通过帐目"。⑤ 事实上，官督商办公司

---

① 《织布局开办告白》，《申报》1887年7月25日。
② 聂宝璋编《中国近代航运史资料（1840—1895）》第1辑下册，上海人民出版社，1983，第845~846页。
③ 聂宝璋编《中国近代航运史资料（1840—1895）》第1辑下册，上海人民出版社，1983，第845页。
④ 《平泉矿务局招商章程》，《申报》1882年6月11日。
⑤ 孙毓棠编《中国近代工业史资料》第1辑下册，科学出版社，1957，第661页。

虽设有股东大会，但并不像西方公司的股东大会那样拥有巨大的权力，其存在只不过是个形式而已。如《申报》对当年召开的股东大会进行评论时指出："公事未说，先排宴席，更有雅兴，召妓侍侧，拇战喧呶，杯盘狼藉，主宾欢然，其乐无极。迨至既醉既饱，然后以所议之事出以相示。其实所议早已拟定，笔之于书，特令众人略一过目而已。原拟以为可者，无人焉否之；原拟以为否者，无人焉可之。此一会也，殊显可有可无，于公司之事绝无裨益。"① 再如，轮船招商局 1876 年兼并旗昌轮船公司、1884 年暂时售卖于旗昌洋行，事前均未召开股东大会，也未使股东通晓此事。虽然股东大会在官督商办公司中并没有真正发挥作用，但在公司创建时，其章程明文规定设立股东大会已是历史的进步了。

第四节　官督商办公司对中国近代公司制发展的影响

从前文分析可知，官督商办公司是中国传统企业——业主制、合伙制在吸收西方公司制优点的基础上创建的。然而，它虽具有现代公司的某些特点，如利用股票的形式筹集资本，设立股东会、董事会、经理人员等，但实际经营过程中还保留着中国传统企业组织的陋习，所以有的学者把它称为"准公司"。但又由于官督商办公司在创办之时，中国还没有公司法，官督商办公司都是经一事一议成立的，所以也有学者把官督商办公司称为"特许公司"。但无论如何，官督商办公司的成立在一定程度上促进了中国民族公司的发展，对中国民族公司的发展产生了积极的影响；同时，官督商办公司中存在的特权阶层以及封建衙门式的管理又限制了

① 《中西公司异同说》，《申报》1883 年 12 月 25 日。

民族公司的发展，对民族公司的发展产生了消极的影响。

一　积极的影响

（一）为民族公司的筹建提供了资金来源及融资方式

中国传统社会的重农抑商及禁止民间自由设厂的政策，严重阻碍了民间资本向近代公司资本的转化。而官督商办公司的创建，打破了禁止民间自由设厂及重农抑商的陋习，使民间资本投资多元化，从而为创建公司提供了资金来源。在中国传统的社会中，手工业发展的资金或是因友及友或是依靠自家店铺的经营积累，在有限的时间内很难募集到创建大中型企业的资金。而官督商办公司在开办之初就使用了西方公司募集资金的方式——股票制，为创建公司提供了更多的资金来源，而且也迅速地为公司的创建提供了足够的发起资金。例如，开矿公司"一经禀准，招商集股，无不争先恐后，数十万巨款，一旦可齐"。[1] 股票筹集资金速度之快已为国人所知，所以，自轮船招商局首次使用之后，其后创建的公司在筹资时莫不使用此方式。

（二）传播了公司文化，开启了创建公司的先河

尽管官督商办公司存在种种弊端，但它试办的成功，增强了国人对公司、股份的认识，转变了其投资理念。"招商局开其端，一人倡之，众人和之，不数年间风气为之大开，公司因之云集"；[2] "中国从无纠合公司之举，从招商局创办股份以来，风气竟然大开"；[3] "中国向来未开风气，并不知有公司之说……今日则风气大开，公

---

①　《字林沪报》1883 年 1 月 22 日。

②　《申报》1883 年 10 月 21 日。

③　《论买卖股票之弊》，《申报》1883 年 11 月 1 日。

司众多：自招商局开其先声，而后竞相学步……人见公司之利如此其稳且便，遂莫不幡然改图，一扫从前拘墟之成见，于是（对）济和保险、开平煤矿、平泉铜矿、机器织布、机器缫丝、长乐铜矿……莫不争先恐后，踊跃投股"。① 李达在《中国产业革命概况》中对官督商办公司也给予了高度的评价：官督商办时期是近代中国工业发展的第一个时期，它引导中国"踏入产业革命的进程，渐次脱去封建的外衣，而向着近代社会方向运动了"，② 并为第二期民族资本主义工业的发展奠定了基础。官督商办公司的纷纷创建鼓励了更多民营公司的设立，起到了开风气之先的作用。官督商办公司发达的地区，也是民营企业发达的地区（如上海）；而没有官督商办公司存在的地区，民营工业发展也较为缓慢。之所以出现这种情况，主要是因为官督商办公司创建之后带动了民营工业的产生与发展。如"中国轮船招商局开始行船以后，不久即感到需要一座炼铁厂，于是他们便在虹口建立了一个铁厂"；③为了使轮船得到修理又需要轮船修造业，"光绪初年，轮船修理厂先后继起"。④ 这些铁厂和修理厂，正是在有了轮船招商局之后才建立起来的。其他如轮船保险公司、木材加工业、机器制造业的出现，与轮船招商局的建立都是有直接关系的。⑤ 再如，在开平煤矿创办以前，当地的一些小煤窑，由于开采技术低下，产量少，一些以煤为原料的旧式工业渐渐衰败了。开平煤矿的创办使这些

---

① 《公司多则市面旺论》，《申报》1882 年 8 月 24 日。

② 李达文集编辑组编《李达文集》第 1 卷，人民出版社，1980，第 388 页。

③ 孙毓棠编《中国近代工业史资料》第 1 辑下册，科学出版社，1957，第 1034 页。

④ 孙毓棠编《中国近代工业史资料》第 1 辑下册，科学出版社，1957，第 1034 页。

⑤ 邹宏仪：《"官督商办"经营方式在民族资本发展中的作用》，《人文杂志》1981 年第 1 期。

濒临倒闭的小企业重新得以恢复发展，"此地开采煤矿的最大影响之一，是附近有几种工业又恢复起来了"，[1] 如烧陶、制砖、烧石灰、制酒等。总之，官督商办公司创建后，在以下几个方面对民营工业的兴起起到了促进作用：一是以其高收益刺激了人们投资新式工业，转变了人们的观念，为民营新式工商业的发展奠定了基础；二是要求出现为其进行配套加工零部件的企业，直接刺激了民营工业的兴起；三是有利于传播现代技术和管理知识，为民营工业的成长创造了条件；四是有利于创造"制度变迁"的规模效应，从而使该地区成为全国改革速度最快的地区之一，有利于刺激外地新式工商企业的兴办。[2]

（三）抵制了西方列强的经济侵略

专利权从根本上说是不利于民族公司发展的，但在某些方面也为民族公司的发展提供了空间，如晚清政府以专利权为借口，打消了外国公司企图在内地建厂、设公司的念头。官督商办公司所享的专利不同于贷款和免厘减税，而是属于约法性质的保障。19 世纪 60 年代，棉纱、棉布市场需求量很大，所以引起了外商投资建厂的兴趣。如 1895 年，义昌洋行的施克士首先想在上海苏州河畔设立纱厂；其后，1868 年轧拉佛洋行、1869 年元丰洋行相继招股拟设纺织厂；1871 年，美国商人富文擅自在广州设立厚益纱厂；1877 年，上海怡和洋行经理约翰逊筹款 35 万两，嗾使胡光墉疏通官场，建立所谓官督商办的棉纱厂。[3] 面对外商设厂的竞争，

---

① 孙毓棠编《中国近现代工业史资料》第 1 辑下册，科学出版社，1957，第 649 页。

② 周建波：《西方股份公司制度在中国最初的实践和评价》，《北京大学学报》 2001 年第 5 期。

③ 武曦：《官督商办余论》，《上海社会科学院学术季刊》1992 年第 3 期。

1881 年郑观应禀请李鸿章，"酌给十五年或十年之限，饬行通商各口，无论华人、洋人，均不得于限内另自纺织"。[1] 同年，"地已购、机已定，洋匠已聘"的美国商人魏特摩设厂遭到拒绝后，仍处心积虑地利用买办四处活动，上海地方官即以 10 年专利的规定予以禁止。再如，官权的强化也使外国资本无机可乘。官督商办公司在政府的控制下长期排斥外国资本（直接投资），而官督商办公司基本上垄断经营着新式企业，这些行业具有巨大的利润空间，外国资本企图涉足，而官权的强化使其无机可乘。如 1868 年，清政府拒绝了英国要求在华进行煤矿投资的要求；1882 年，清政府不仅拒绝了美国等在华设厂的要求，而且采取断然措施制裁、惩罚英、美、德在华设立的工厂；1894 年还拒绝了怡和洋行企图在华设纱厂的要求。[2] 这些措施的实施，有效地抵制了西方列强的经济侵略，在一定程度上保护了民族工商业的发展。

（四）促进了近代资本主义的发展

在唐廷枢、徐润、郑观应等巨商的号召下，一些民间商人看到官督商办公司利润优厚、政府给予各种优惠待遇，又加上外国资本主义经济利润的刺激，由最初对官督商办公司有疑虑逐渐转变为颇感兴趣。例如，1877~1883 年的 6 年中，很多中小型矿业公司都以官督商办的名义在上海以创办企业相号召，收集到数量可观的私人资本。据估计，这一时期的企业通过发售股票，大约吸收到三百万两资本。当时的报刊评论说："现在沪上股分风气大

---

① 郑观应：《盛世危言后编·工艺》，载夏东元编《郑观应集》第 7 卷，上海人民出版社，1998，第 535 页。
② 汪敬虞：《十九世纪西方资本主义对中国的经济侵略》，人民出版社，1983，第 295~300 页。

开，每一新公司起，千百人争购之，以得股为幸。"① 并且 "一经
禀准招商集股，无不争先恐后，数十万巨款一旦可齐"。② 私人资
本向官督商办公司踊跃投资，说明官督商办公司逐渐得到了时人
的认可，为了确保官督商办公司的顺利发展，政府还给予专利权，
对其加以保护。如李鸿章创建的上海机器织布局，就获得政府
"十年以内只准华商附股搭办，不准另行设局"③ 的保护。这一规
定也蕴含了不准外商另行设厂的意旨，这对于上海机器织布局具
有保护和扶植意义，使它免于与外资竞争，从而获得充分的市场
和发展条件。再如大生纱厂创立之后，也有 "二十年内，百里之
内，不得有第二厂" 专利权的保护。这使得大生纱厂的棉纱在苏
北地区的市场上供不应求，大生纱厂由此立住了脚，成为这一带
首屈一指的大厂，由此获得了发展的契机。

严格地讲，晚清政府对民用工业的提倡和保护，主要限于洋
务派所创办的一些民用企业；对于民间私人资本投资的民营公司，
只要其不与洋务派创建的公司相冲突或涉及国家重要利益，一般
都不予干涉。这在一定程度上促进了传统手工业向近代工业的过
渡，相应地推动了民族资本主义的发展。

二 消极的影响

（一）专利权阻碍了民营公司的发展

晚清政府对官督商办公司采取的保护手段，使中国早期公司
得以在封建主义和外国资本主义的夹缝中生存下来。但这些保护

---

① 《申报》1882 年 8 月 12 日。
② 《字林西报》1883 年 11 月 22 日。
③ 李鸿章：《李文忠公全集·奏稿》卷 43《试办织布局折》，文海出版社，1980，
第 44 页。

手段是以牺牲民营公司的发展为代价的，在一定程度上阻碍了民营公司的发展。如"轮船招商局成立后，为确保其燃料来源，民间所采之煤要先'尽商局照付时价收买，不准先令他商争售'。1877 年，一些原投资旗昌的华商不愿到招商局附股，自己另组宁波轮船公司，但仅一年就被招商局的独家经营权所打败"。① 除了轮船招商局外，早期创建的官督商办公司一般都享有专利权。如上海机器织布局成立后，享有"十年内只准华商附股搭办，不准另行设局"② 的优厚待遇，这样使它在创办之初就获得了为期十年的垄断经营权。津沪电报局在创建之初也享有专营官商电报业务的特权。开平煤矿由官方允准，方圆十里之内不准有别项开矿之举，以相竞争。③ 萍乡煤矿亦禁止商人别立公司在该地区采矿。④ 专利权作为官府批准的地方性垄断经营权，一开始确实起到了保护利权、扶持本国企业的积极作用，但到后来却发展为官绅串通、互相勾结而形成的一种封建垄断。其实际结果"不但不能拒敌洋纱、洋布来源之盛，而恰是与本国人争利也。误行此例，何异于临大敌而反自缚其众将士之手足也"，⑤ 专利权的实行严重阻碍了中国近代民营公司的发展。1872～1903 年，中国没有再出现另一家本国人经营的轮船公司；1882～1891 年，没有出现另一家商办的机器棉纺织厂。后来，连清政府最高统治者也不得不承认"专

---

① 刘伟：《洋务官商体制与中国早期工业化》，《华中师范大学学报》1995 年第 4 期。

② 孙毓棠编《中国近现代工业史资料》第 1 辑下册，科学出版社，1957，第 1051 页。

③ 中研院近代史研究所编《矿务档》第 1 册，中研院近代史研究所，1960，第 339 页。

④ 汪敬虞编《中国近代工业史资料》第 2 辑上册，科学出版社，1957，第 473 页。

⑤ 殷之辂：《纺织三要》，陈忠倚辑《皇朝经世文三编》，文海出版社，1971，第 61 页。

利病民"。① 英国专栏作家干德利在他所写的《中国进步的标记》一文中，对专利权也表达了自己的看法："当局习惯于干涉私人企业，因而严重地阻碍整个民族的进步。我们也许可以再指出另外的一件奇异的事情，就是台湾的巡抚为着帮助该岛发展贸易，曾购买了两只火轮船，而招商局的保护者们反对这两只船到北方贸易，认为是对招商局商场的侵犯！"②

（二）官督商办公司所享有的特权对自身的发展也是一种束缚

在特权的庇护下，官督商办公司存在一种惰性及依赖行为，不能把自身置于优胜劣汰的自由竞争市场中，也没有前进动力。资本主义经济是在竞争中逐渐发展起来的。企业之间的自由竞争是促使企业不断改善经营管理、改进技术设备和营销方式，从而提高生产效率的推动力量。官督商办公司处于政府的保护之下，无国内同行与之竞争，便缺乏改善经营管理、改进生产技术设备、改善营销机制的推动力，因而日益陷入停滞、不振甚至萎缩的境地。从这个意义上说，官督商办公司并不具有保护先进生产关系、促进社会经济发展的先进性，而是保护了落后，从根本上制约了洋务官办公司的发展。

此外，官利制度对民营公司发展的危害，前文已有所述，此不赘写。

---

① 《商务官报》1910 年 3 月 15 日。
② 中国史学会主编《洋务运动》（八），上海人民出版社，1957，第 441~442 页。

第三章 "绅领商办":官督商办公司的创新与突破

甲午战争之前,除了官督商办公司这一主导模式之外,民营公司在其影响下也得到了一定的发展。恰如时人所言:"招商局开其端,一人倡之,众人和之,不数年间,风气为之大开,公司因之云集,虽其中亦有成与不成之分,然而一变从前狭隘之规则。"[1]而且不少企业还以"公司"自名,如宁波轮船公司(成立于1877年)、宝丰公司(航运业,1877年成立于上海)、中国制造熟皮公司(1883年设于上海)、中国机器轧铜公司(1886年设于上海)、天津自来火公司(1886年设立)、宏远堂机器造纸公司(1889年设于广州)、燮昌火柴公司(1890年设于上海)、棉利公司和源记公司(均为轧花业,1891年设于上海)、聚昌自来火公司(1893年设于重庆)、义和公司(火柴制造,1893年设于南海)。官方并没有对这些公司故意打压,而是采取了一种暧昧态度。[2]既然采取的是一种暧昧的态度,就说明在当时社会中它还不是主流形态的企业形式,所以也不是本书讨论的重点对象。本书讨论的民营公司是甲午战争之后,在对官督商办公司弊端反思基础上建立起来的、占主流形态的民营公司。

---

① 《中国股份极宜整顿说》,《申报》1883年10月21日。

② 李玉:《晚清公司制度建设研究》,人民出版社,2002,第165~166页。

第一节　甲午战后官督商办公司弊端的
反思及民营公司的创建

一　官督商办公司弊端的反思

甲午战后，随着民族危机的进一步加深及官督商办公司弊端的充分暴露，早期的思想家、实业界人士、洋务大员等社会精英分别从不同的角度对特许官督商办公司进行了反思，并提出了一些发展改革措施，同时对如何创建、发展民营公司也提出了自己的看法。

针对官督商办公司的弊端，早期的思想家首先表达了他们的不满。通过对中西公司成立及管理进行对比，早期的思想家早已注意到中国与西方各国创立公司的方式不同，即西方各国公司的成立是以公司法为依据，公司具有法人地位；而晚清公司则是以政府官员的利益为中心、凭政府官员的好恶而设立的封建式衙门，其名称也与政府机构一样称为"局"。对此，郑观应表达了自己的看法："由官设立办国事者谓之局，由绅商设立为商贾事者谓之公司。……今中国禀请大宪开办之公司，虽商民集股，亦谓之局。……各局总办道员居多，所学非所用，西人无不讪笑。"① 郑观应曾筹办或主持过上海机器织布局、轮船招商局等官督商办公司，所以对官督商办公司的弊端认识颇为深刻，认为是官督商办体制导致了公司的衰败，"我国创一厂，设一局，动称官办，既有督，又有总，更有会办、提调诸名目，岁用正款以数百万计，其

---

① 郑观应：《盛世危言·商务二》，载夏东元编《郑观应集》上册，上海人民出版社，1982，第612页。

中浮支冒领供挥霍者不少，肥私囊者尤多，所以制成一物价比外洋昂率过半"。① 因此，他反对官方对公司经营活动的直接干预，认为公司董事、总办（经理）不仅不应由官府委派，而且不懂商务的官僚也不应在公司中供职，"董事由股东而举，总办由董事而举，非商务出身者不用"。为了保持公司经营管理活动的有序，他还认为应在公司中设置股东会、董事会、查账员（监事）等机构和人员，并且强调各机构务必各司其职，"有事则众董集议，有大事则集股商会议，无事则于结帐时聚议"，"所有出入帐目，准查帐员随时查核"。② 此后，他在《商务叹》一诗中对官督商办公司的管理体制也进行了批评："轮船电报开平矿，创自商人尽商股。……办有成效倏变更，官夺商权难自主。……轮船局权在直督，商欲注册官不许。总办商董举自官，不依商律由商举。律载大事应会议，三占从二有规矩。不闻会议集众商，股东何尝岁一叙。不闻岁举查帐员，股息多少任所予。调剂私人会办多，职事名目不胜数。……名为保商实剥商，官督商办势如虎。华商因此不及人，为丛驱爵成怨府。"③ 针对官督商办公司的弊端，早期思想家陈炽也撰文指出："公司一也，而有行有不行，有胜有不胜者，无他焉，公与不公而已矣。""夫公司者，秉至公而司其事之谓也。"他批评官督商办公司由少数官员所把持，是为少数人谋利的"衙门"，"是不舍取大众之铿囊，以饱一二人之私囊也"。他主张公司应由商人筹资创立、管理，"诚能纠集资本，凡土产、矿金、制造诸物，各立公司，由商人公举明通公正之人主持其事，

---

① 夏东元编《郑观应集》上册，上海人民出版社，1982，第 718 页。

② 郑观应：《盛世危言·商务二》，载夏东元编《郑观应集》上册，上海人民出版社，1982，第 618~619 页。

③ 郑观应：《杂著·商务叹》，载夏东元编《郑观应集》下册，上海人民出版社，1998，第 1369~1370 页。

则贫者骤富，弱者骤强，不惟自擅利权，并可通行海国，华人之智力岂竟不若西人哉！"① 要求清政府改变以往官方干涉公司经营活动的做法，鼓励和扶持民办公司的发展。作为维新思想家，麦孟华对官督商办公司认识的角度与郑观应、陈炽不同，他主要从民主管理、权力制衡的角度分析了官督商办公司的弊端。"公司之善，义取平等，合众人以谋之，非以一人而专之也。中国公司以官督商办，事权号令皆出其手，任意吞蚀，莫敢谁何。诸商股息，越数岁而不一给。良法美意，以官督而悉败矣。否亦一人专制，听其经划，既患才绌，复至侵吞，名虽为商，实同官督。以君权而行之民事，安在其不败也。"② 针对官场恶习对公司造成的危害，其他一些有识之士也进行了批评："而奸狡之徒，倚官仗势，招股既成，视如己物，大权独揽，恣意侵吞，酒地花天，挥霍如粪土。驯至大局破坏，不可收拾，巨万金资，化为乌有，甘受众人唾骂。公司招股之流弊一至于此，于是人人视为畏途。谚云：宁可一人养一鸡，不可数人牵一牛。诚有慨乎其言之也。"③

　　针对官督商办公司对经济发展造成的阻碍，一些开明的洋务官员也表达了自己的看法："若复狃于官督商办之说，无事不由官总其成，官有权，商无权，势不至本集自商、利散于官不止。……今铁路若归官办，或由官督，必从招股入手，先声既坏，何术以广招徕。"④ 在 1895 年的一份奏折中，刘坤一亦承认官督商

---

① 陈炽：《纠集公司说》，载赵树贵、曾丽雅编《陈炽集》，中华书局，1997，第235 页。
② 于宝轩编辑，吴相湘主编《皇朝蓄艾文编》，学生书局，1965，第 2362 ~ 2363 页。
③ 邵之棠辑《皇朝经世文统编》卷 63《理财部八·公司》，文海出版社，1980，第 2533 页。
④ 刘坤一：《请设铁路公司借款开办折》，载欧阳辅之编《刘忠诚公遗集·奏疏》卷 24，文海出版社，1968，第 23 页。

办声誉已坏。①

在对官督商办公司反思的基础上，社会各界人士认识到只有商办民营公司才是中国企业发展的方向，才能促进近代中国经济的发展，并就民营公司发展提出了自己的主张。

在造船业上，郑观应坚决主张以商办代替官办、官督商办，"商人造，则资用可以源源不穷；商人造，则该事系商人身家性命所关，即无人督责，亦不虑其不造乎精巧。……诚如是，则官无费用之筹，而海满有轮船之用。数年之后，商力日复，制造自日精，其有益于海运不更深乎?"② 陈炽从理论上阐释了官督商办不如商办的事实，他说："官则止能得利，不能失利。假浪掷资本，再试无成，即日奏停，因噎废食矣。商既集资，必得利乃已也，则商办宜矣。"③ 何启、胡礼垣比较官办、商办的优劣时说，"商之必可以办，官之必不可以督"，"商者不借贷而集股份，而和气即可以生财，是利必上于国，即不利亦无损于君"。"盖商办则股内之人皆同等，同等者其权平，权平则非公不能；官办则股内之人不同等，不同等者其权倚，权倚则私所难免。"④ 通过官办、商办优劣对比，他们认为公司应是民、商的行为，政府不应过多地干预，"农工商贾者此民所为之事也，而非君所立之政，亦非官所行之政也"，"取农工商贾之事，乃其所不应为者而为之"，⑤ 并批评了官督商办公司（尤其是铁路官督商办）的不足。他们认为官督

① 李玉：《晚清公司制度建设研究》，人民出版社，2002，第 65 页。
② 夏东元编《郑观应集》上册，上海人民出版社，1982，第 55~56 页。
③ 陈炽：《维持矿政说》，载赵树贵、曾丽雅编《陈炽集》，中华书局，1997，第 179 页。
④ 何启、胡礼垣：《新政始基》，载郑大华点校《新政真诠——何启 胡礼垣集》，辽宁人民出版社，1994，第 16 页。
⑤ 何启、胡礼垣：《新政变通》，载郑大华点校《新政真诠——何启 胡礼垣集》，辽宁人民出版社，1994，第 442 页。

商办是官有权而民无权，有利"必先官而后民"，有害"必先民而后官"，如果在兴议之始就"独任商民，勿加'官督'二字"，由各省大商巨贾承办，招股任其自为，这样实行三年，各省铁路当已有可观。他们在批评官督商办公司的同时，褒扬了民营商办股份制公司的优越性。"商办者，办法俱照外洋公司章程。夫其章程固经数千百之公司百十年之磨练而成，参考互订，善善从长，有利必登，无害不剔者也，而其大要则议事必从其众而不得专权也，用人必因其才而不能私荐也，钱财数目股东可任意稽验，进支事保无浮滥不实之虞也，拨放款项值理等悉听公裁，股内人皆得随时建议之益也，苦乐均沾，必以公平，而一私不染，建置各事，必求至善，而涓滴归公。"①

郭嵩焘在左宗棠创设福州船政局时就指出："夫将欲使中国火轮船与洋人争胜，徒恃官置之一二船无当也。使商民皆得置造火轮船以分洋人之利，能与洋人分利，即能与争胜无疑矣。"② 并在《条议海防事宜》中提出了发展民营公司的主张，"令沿海商人广开机器局"造船、制器，其利有三：一是中国商民制备轮船可分洋商之利；二是沿海商人制备机器"出入海道，经营贸易，有计较利害之心，有保全身家之计，因而有考览洋人所以为得失之资"，可以加强海防；三是商人同洋人素有交往，有事时通过他们居间易于调解。③ 郭嵩焘针对当时颇为盛行的开矿、修路事宜也表达了自己的看法。他认为开矿应让民间进行，因为官府开矿不仅扰民，而且烦费不知纪极，"天地自然之利，百姓皆能经营，不必

① 何启、胡礼垣：《新政始基》，载郑大华点校《新政真诠——何启 胡礼垣集》，辽宁人民出版社，1994，第205页。
② 郭嵩焘：《郭嵩焘日记》第2卷，湖南人民出版社，1981，第608~609页。
③ 郭嵩焘：《条议海防事宜》，载杨坚点校《郭嵩焘奏稿》，岳麓书社，1983，第341~342页。

官为督率"。① 他还认为铁路也不应全由官办，"今殚国家之利兴修铁路，所治不过一路，所经营不过一二千里，而计所核销之数，视所用数相百也"。而西方铁路的兴建"皆百姓之自为利"，"民有利则归之国家，国家有利则任之人民。是以事举而力常有继，费烦而用常有余"。② 钟天纬在论述铁路修建时，也反对官督商办而赞成民营的形式。因为他认为铁路官办"非特力有未逮，抑且百弊丛生"；而采取"事事秉公"的民营公司的形式来集股可以做到，"第一关键须由国家保利若干，赢利归公，亏则赔补"，"无论铁路贸易之赢缩，必按期付利不爽。各股份由各海关招募，而每年即由海关官银号付息，则人皆倚信而集资自易矣"。③ 他还认为，"中国欲借官厂集事，虽百年终无生色，必须广开民厂，令民间自为讲求。如国家欲用枪炮、船械、机器，均托民厂包办包用"。④

继早期思想精英之后，维新思想家们也对官督商办及商办表达了他们的观点。康有为认为除货币发行和邮政事业之外，一切工矿交通事业都应"一付于民"，"宜纵民为之"，⑤ 甚至连军事工业也应让私人经营。他认为垄断式的官督商办是"徒使洋货流行，

① 郭嵩焘：《与友人论仿行西法》，载杨坚点校《郭嵩焘诗文集》第 13 卷，岳麓书社，1984，第 353 页。

② 郭嵩焘：《铁路后议》，载杨坚点校《郭嵩焘诗文集·文集》第 28 卷，岳麓书社，1984，第 14~15 页。

③ 钟天纬：《中国创设铁路利弊论》，载《刖足集·外篇》，转引自严亚平《晚清企业制度思想与实践的考察》，博士学位论文，华中师范大学，2002。

④ 钟天纬：《挽回中国工商生计利权论》，载《刖足集·外篇》，转引自严亚平《晚清企业制度思想与实践的考察》，博士学位论文，华中师范大学，2002。

⑤ 康有为：《上清帝第二书》，载汤志钧编《康有为政论集》上册，中华书局，1981，第 124 页。

而禁吾民制造，是自整其国也"。① 深受亚当·斯密《国富论》影响的严复，更是主张实行自由放任主义的经济政策，他说："民之生计，只宜听民自谋，上惟无扰，为裨已多。"② "夫所谓富强云者，质而言之，不外利民云尔。然政欲利民，必自民能自利始；民各能自利，又必自皆得自由始。"③ 并反对国家对经济生活的干预，"强物情，就己意，执不平以为平，则大乱之道也"，④ "盖财者民力之所出，欲其力所出之至多，必使廓然自由，悉绝束缚拘滞而后可"。⑤ 他反对洋务派"以官督商办为要图"的做法，认为国家只应在三个方面为社会经济发展创造条件。其一，私人办理费用大而国家办理比较节省的，如邮政、电报；其二，对社会有大利而私人又不愿办的，如学校的地产、制造的奖励；其三，私人不能联合经营或联合经营的力量还不足以举办，而需要"在上者为之先导"的，但"必至不得已而后为之"，⑥ 以免扩大范围。

针对官督商办公司在实践中暴露出来的弊端，清政府各级官员也表达了自己的看法并提出了各种改革建议。

顽固派官员从保守的立场出发，甲午战前就对官督商办公司提出了批评。翰林院编修丁立均说："广购外洋船炮，创设机器各局，岁糜数百万帑金，以供千百委员中饱之用，以广外洋销售钢铁木植杂物之路。"⑦ 内阁学士徐致祥则说："自南北洋设有机器

---

① 康有为：《上清帝第二书》，载汤志钧编《康有为政论集》上册，中华书局，1981，第 124 页。
② 严复译《原富》上册，商务印书馆，1981，第 286 页按语。
③ 严复：《原强修订稿》，载胡伟希选注《论世变之亟——严复集》，辽宁人民出版社，1994，第 36 页。
④ 严复译《原富》，商务印书馆，1981，第 50~51 页按语。
⑤ 严复译《原富》，商务印书馆，1981，第 407 页按语。
⑥ 严复译《原富》，商务印书馆，1981，第 589~590 页按语。
⑦ 中国史学会主编《洋务运动》（一），上海人民出版社，1957，第 252 页。

局，福建设有船政局，十余年来，糜费帑项不下两三千万，迭次边衅，终归无用。过此以往，故辙依旧，不求变计，实积隐忧。"① 洋务大员对官督商办公司的弊端也有所认识，左宗棠经营新疆时就对开采铁矿、筹建铁厂做出了如下批示："惟须招商办理，乃期便利，一经官办，则利少弊多，所铸之器不精，而费不可得而节。"② 此外，左宗棠还提到了政府在发展商办公司中的作用，如他认为："大抵矿务须由官办，无听民私采之理。惟官开之弊防不胜防，又不若包商开办，耗费少而获得多。似须以官办开其先，而商办承其后。庶抽分可期有着，利权不致下移。"③ 左氏把采矿业实行商办视为杜绝官开弊端、确保官府权益的途径。在呈报发展台湾制糖业的奏折中，他又说："开利之源，自以因民所利而利之为善。盖源开而流弊自少，故与民争利不若教民兴利之为得也。""以官经商，可暂不可久。如官倡其利，民必羡之，有得实之户，不搭洋股，呈资入股者，应准承课充商。官本既还，止收岁课，不必派员管厂。"④ 从以上论述可见，左宗棠认为公司发展的方向应是吸收民间资本、让公司自主经营发展、彻底私有化。李鸿章在看到官督商办公司制度内在的种种弊病后，也萌生了将官督商办公司改造为商办公司的想法，他说："事可归商办者深忌改归官办。西洋理财书言之甚明。即外国公司亦听民自为，官亦未尝过问也。多一分官费，少一分民利；况派办之人苟自利而已，

① 夏振武编《嘉定长白二先生奏议》卷上，文海出版社，1958，第 3 页。
② 左宗棠：《署镇迪周道崇傅禀乌垣等处善后事宜并金巡检劣迹及捕蝻诸事由》，载杨书霖编《左文襄公全集》卷 7，文海出版社，1979，第 12 页。
③ 左宗棠：《与周渭臣提军》，载杨书霖编《左文襄公全集》卷 23，文海出版社，1979，第 24 页。
④ 左宗棠：《试办台糖遗利以浚饷源折》，载杨书霖编《左文襄公全集》卷 63，文海出版社，1979，第 54~55 页。

而实心者难其人哉。"① 主张政府逐步退出微观企业经济活动，通过发展私人独资或公司制企业来发展社会经济。监察御史王鹏运也反对对民间开矿的限制，"中国五金名矿，藏地下者不可胜数，徒以封禁，大利不开"。所以上奏，"请特谕天下，凡有矿之地，一律准民招商集股，呈请开采，地方官认真保护，不得阻挠。俟矿利既丰，然后按十分取一，酌抽税课，一切赢绌，官不与闻。……期以十年，矿利全开，民生自富，而国用犹有不足，国势犹有不强者，未之有也"。② 御史陈其璋也提出应鼓励商民"仿照西洋之例"，集股兴办矿务，"商股如不足，以官款济之"。③ 胡燏棻也主张政府放手发展民间工商业，"中国欲藉官厂制器，虽百年亦终无起色，必须准各省广开各厂，令民间自为讲求"。④

政府官员对官督商办公司的态度较之甲午战前发生了很大变化，赞同商办、民营，批评官办、官督商办的呼声越来越高。就连后期洋务派领军人物张之洞的商办思想也有了进一步的发展。起初他倾向于官商合办，以便借用商人资金，补官力之不足，在公司中保留官股，便于政府掌握公司经营管理权。如铁路建设"若统归官办，则经费较巨，筹款不易……莫若官商合办"。⑤ 后来，看到可获得丰厚利润的织布、纺纱等局也因亏损而不能继续维持生产时，张之洞才不得不承认，官办确实不如商办，只有商办才能保持公司长期正常运转。于是，他将湖北织布、纺纱、缫

① 李鸿章：《北洋特课超等第一名眉批》，《格致课艺汇海》己丑年上，第4页。
② 王鹏运：《请通敕开办矿务鼓铸银圆折》，载中国史学会主编《戊戌变法》（二），神州国光社，1953，第291页。
③ 陈其璋：《奏请各省开矿折》，载麦仲华编《皇朝经世文新编》卷8，文海出版社，1972，第4页。
④ 沈桐生辑《光绪政要》卷21，文海出版社，1985，第18页。
⑤ 张之洞：《苏沪铁路筹议官商合办折》，载《张文襄公全集》卷42，中国书店，1990，第42页。

丝、制麻四局交商经营。随着四局的出租，张之洞的思想也彻底由官办、官商合办转变为商办。在张之洞看来，"惟官办不如商办实惠尤易及民，而商办必须鸠集公司，方有众擎易举之益。向来公司办法，官不过问，往往流弊丛生，不得持久，以致股实之家，以公司为戒，不愿附股"。① 政府官员对官督商办公司态度的转变，从一个侧面说明甲午战后反对官办、官督商办，要求商办、民营，已成为一种强大的社会舆论。

二　民营公司的创建

在舆论压力和经济压力的共同促使下，清政府为保持自己的统治地位，不得不适应国内外环境，顺应舆情而调整其产业政策：转变对民营公司的看法，开放禁令，放宽对私人投资近代工商业的限制，允许民间办厂，扶持私人企业的发展，将官办公司向私人转让。为此，1895 年 7 月 19 日，光绪帝发布谕旨，要求将"恤商惠工"等"实政"，"及时举办"；② 接着又发谕旨，令原有官办局厂"从速变计，招商承办"，并规定"一切仿照西例，商总其事，官为保护，若商力稍有不足，亦可借官款维持"。③ 为了确保政策上的稳定性，清政府于 1898 年先后颁布了《振兴厂艺给奖章程》、《矿务铁路公共章程》两项法规性的章程，公开鼓励发展资本主义工商业。《振兴厂艺给奖章程》规定，准允商民集资创办公司，并根据其实际创办及经营效果，给予不同程度的奖励。《矿务铁路公共章程》第 1 条就直截了当地承认商办的优越性，明确指出"（铁路）官办、官督商办、官商合办，而总不如商办"，④ 并

---

① 汪敬虞编《近代史工业资料》第 2 辑，科学出版社，1957，第 614 页。
② 朱寿朋编《光绪朝东华录》（四），中华书局，1958，第 3631 页。
③ 朱寿朋编《光绪朝东华录》（四），中华书局，1958，第 3637 页。
④ 朱寿朋编《光绪朝东华录》（四），中华书局，1958，第 3637 页。

规定"此后总以多得商办为主，官为设法招徕，尽力保护，仍不准干预该公司事权"。[①] 1903 年商部成立后，也以顺商情、保商利为宗旨，[②] 其主要职责就是"力行保商之政"。[③] 针对官督商办公司章程不善的弊端，"中国……从前各省开设局厂，或官督商办或官商合办，每因章程未善，不免有牵掣抑勒等弊，以致群情疑阻"，[④] 所以该部力图将从前"所有牵掣抑勒之弊"，"痛加扫除，以副国家保惠商人之至意"。另外，政府为防范官吏勒索，严禁大小衙门向办厂商民"勒索规费"，违者严加议处；要求做到"有恤商之诚"，"行护商之政"。[⑤] 这些措施的实施是晚清政府产业政策的重大调整。随着这些法规性政策的出台及商部的成立，洋务派官僚在此前所创办的近代企业也纷纷向近代商办企业转变，从而促进了 19 世纪末 20 世纪初民营公司企业的发展。

与此同时，当那些拥有资金的华商对投资于官督商办公司以获取更大的经济利润的幻想破灭时，他们就开始自办企业，成为早期民营公司的创始人。当然，他们投资于近代民营公司比投资于官督商办公司获得了更多的经济利润。如 1908 年，徐润在接办景伦纺织厂时说，是"希得无穷之利"。[⑥] 这一切都驱使着附股的华商把资金从外商公司中抽取出来，创办自己的公司企业。如曾经投资于中国玻璃公司等五家外资企业的唐茂枝，这一时期创办了上海火烛保险公司；华兴玻璃公司的大亨叶澄衷创办了上海第

---

① 中研院近代史研究室编《矿务档》第 1 册，中研院近代史研究所，1960，第 45 页。

② 宓汝成编《中国近代铁路史资料（1863—1911）》第 2 册，文海出版社，1976，第 930 页。

③ 朱寿朋编《光绪朝东华录》（五），中华书局，1958，第 5091 页。

④ 朱寿朋编《光绪朝东华录》（五），中华书局，1958，第 5073 页。

⑤ 朱寿朋编《光绪朝东华录》（四），中华书局，1958，第 3723 页。

⑥ 徐润：《徐愚斋自叙年谱》，文海出版社，1976，第 104 页。

一家火柴企业——燮昌火柴厂；等等。①

　　据统计，自 1895 年至 1900 年，全国新设工矿企业共计 147 家，其中，商办 127 家，约占总工矿业的 86%；总资本额（不含官商合办、中外合办）2433.1 万元，其中商办的资本额为 2026.9 万元，占总资本额的 83.3%。② 从统计可以看出，民营公司企业在甲午战争以后获得了较大发展。1895 年，无锡绅商杨藕芳、杨艺芳等集股 24 万两，开办了业勤纺织公司，这是近代无锡第一家民族资本主义企业。1898 年，孙多森在亲友的支持下在上海集资创办了阜丰面粉公司，开办资本 30 万两。③ 1896 年，天津商人集资创办的天津织呢公司，是"天津第一个现代工厂"。④ 南通大生纱厂于 1899 年建成投产，并以此为依托，靠股份制兴办了"大农、大工、大商"等产业，逐渐发展成为中国最早的民营股份制企业集团。

　　甲午战后，清政府虽然调整了对民营公司的政策，促进了民营公司的发展；但真正能与外国在华公司相竞争，在外国经济势力压制、打击下能够继续生存发展的并不是这些纯粹的民营公司，而是得到官方扶持又不受官方干预的民营公司，也即史学界通常称为"绅领商办"的公司。因为"绅领商办"公司既能得到官方的扶持，又克服了官办、官督商办中官方对其过多干预的弊端。本书在对民营公司进行探讨时，就以张謇创建的大生纱厂为例加以说明。

---

① 王中茂、梁凤荣：《清季华商附股外商企业之得失再认识》，《郑州大学学报》2009 年第 5 期。

② 杜恂诚：《民族资本主义与旧中国政府（1840—1937）》，上海社会科学院出版社，1991，第 33 页。

③ 上海市粮食局等编《中国近代面粉工业史》，中华书局，1987，第 193 页。

④ 汪敬虞编《中国近代工业史资料》第 2 辑下册，科学出版社，1957，第 971 页。

第二节 "绅领商办"公司模式的创建

甲午战后，清政府改变了以往对民间创办企业的压制政策转而开始对其大力扶持。同时，民间对官办、官督商办公司也早已深恶痛绝。在此情况下，张之洞、王鹏运等提出了兴办商务局的建议："今宜于各省设商务局，令就各项商务悉举董事，随时会议，专取便商利民之举，酌其轻重，而官为疏通之。"① "官为设局，一切仍听商办。……由商公举一般实稳练素有声望之绅商，派充局董，驻局办事。"② 在官督商办无法继续实施时，清政府采纳了兴建商务局的建议，商务局的具体操办人员则是与官府有种种联系的士绅。

士绅的作用此时受到了前所未有的重视。张之洞说："无论何种商务，凡商人于创造、营运各节遇有为难之时，必须官为之保护，官商之气久隔，又须绅为之贯通。"③ 1895 年年底，在张之洞的关注下，江宁、苏州、上海三处的商务局成立。此后，他又命陆润庠④及镇江在籍士绅丁立瀛、通州在籍士绅张謇分别在苏州、镇江、通州设立商务局，"酌量地方情形，增设纱丝各厂"。⑤ 从此，士绅成为创建近代企业的主要力量。如苏州商务局在"招徕商股，仍无眉目，典当借款，屡请抽还"的情况下，最终由陆润

① 张謇：《代鄂督条陈立国自强疏》，载张謇研究中心、南通市图书馆编《张謇全集》，江苏古籍出版社，1994，第 37 页。
② 严中平：《中国棉纺织史稿》，科学出版社，1955，第 135 页。
③ 汪敬虞编《中国近代工业史资料》第 2 辑上册，科学出版社，1957，第 596、1895 页。
④ 陆润庠（1841~1915），字凤石，江苏元和人，同治年间状元，曾任山东学政、国子监祭酒。
⑤ 张謇研究中心、南通市图书馆编《张謇全集》，江苏古籍出版社，1994，第 595~596 页。

库出面，"将息借还作股本"，又借"积谷公款"，① 并于 1897 年建成苏纶纱、苏经丝两厂。在苏纶纱、苏经丝两厂创建过程中，士绅的作用得到了发挥，而且其作用是其他一般商人难以相比的。因为他们一方面依靠与官方的关系获得支持，另一方面也有力量抵制官方的侵蚀和封建势力的阻挠。所以，"绅办"成为股份制公司从官营向民办过渡的并适应于当时国情的主要形式。南通大生纱厂就是在这种背景下筹建起来的，并经过曲折的发展最终形成了独特的"绅领商办"体制。②

甲午战后，外国在中国内地设厂激发了张謇的爱国情怀。他说："向来洋商不准于内地开机器厂，制造土货，设立行栈，此小民一线生机，历年总署及各省疆臣所力争勿予者。今通商新约一旦尽撤藩篱，喧宾夺主，西洋各国，援例尽沾。"其后患必然是"以我剥肤之痛，益彼富强之资；逐渐吞噬，计日可待"。③ 于是，他怀着实业救国和教育救国的理想来挽救国家、民族于危亡之中。张謇的实业活动是从创办大生纱厂开始的，而大生纱厂则是在极端困难的条件下创建起来的。

张謇创建大生纱厂之初所遇到的困难是众所周知的。因为中国长期自给自足的封建自然经济形态，造就了国人以个体或合伙为主的经营思想和以利息借贷为主的投资意识，而对公司这种全新的经济形式难以接受。大生纱厂从筹办（1895）到开工（1899）的五年中，多次陷入筹措资金的困境，几乎到了百计俱穷、一筹

---

① 张謇研究中心、南通市图书馆编《张謇全集》，江苏古籍出版社，1994，第598 页。
② 赵明远、金其桢：《论张謇的"绅领商办"股份企业形式》，《南通理工大学学报》2006 年第 4 期。
③ 张謇：《条陈立国自强疏》，载张孝若编《张季子九录·政闻录》卷 1，上海书店出版社，1991，第 13 页。

莫展的境地。① 如张謇本人回忆道:"往往甲日筹得一二万,乙日已罄,丙日别筹,而丁日又须还甲。"② 也如同其子在他的传记里所写的那样:"……弄到万无法想的时候,常常跑到黄浦江对天长叹,看长江也是长叹,眼睛里的泪同潮水一样涌出来。有时候旅费不够,也卖过好几回的字,厂款分文不去动用。"③ 起初,大生纱厂计划完全以商办民营的模式创建,但在筹股时遇到了极大的困难。甲午战后,外国纺织品大量输入,给刚刚起步的中国棉纺织工业以极大的压力。受进口棉纱的压力及经理人员素质低下或缺乏事业精神的影响,1895 年掀起的设厂高潮,在短短一二年后便低沉下来。"丙申(1896)秋冬之年间,上海纱市败坏,华盛、大纯、裕晋或欲停办,或欲出卖,几于路人皆知,凡以纱厂集股告人,闻者非微笑不答,则掩耳却走。"④ 在此情况下,原来答应出资 40 万的潘鹤琴、郭茂之等沪董遂"缩至二十五万,而十六万",⑤ 即使是 16 万两,潘、郭仍拖延三年,分文未交。张謇常常"徘徊于大马路泥城桥电光之下,仰天俯地,一筹莫展"。⑥ 上海筹资无果,通州的筹资也不容乐观。因为当时地方上风气未开,人们尚不知办厂为何物。一些官僚地主和商人碍于张謇的声望,把入股当作捐输,略事应酬,仅集得 5 万~6 万两。沪股无着,通股寥寥,张謇陷入了困境。在筹股无望的情况下,张謇被迫引入官股,改为官商合办。谁知沪董听说官股大量涌入,立即悔约,通、

① 章开沅:《开拓者的足迹》,中华书局,1986,第 60 页。
② 陈真等编《中国近代工业史资料》第 1 辑上册,三联书店,1958,第 355 页。
③ 张孝若:《南通张季直先生传记》,上海书店出版社,1991,第 72 页。
④ 张謇:《大生纱厂第一次股东会之报告》,载张謇研究中心、南通市图书馆《张謇全集》第 3 卷,江苏古籍出版社,1994,第 82 页。
⑤ 曹文麟编《张啬庵实业文钞》卷 1,文海出版社,1969,第 2 页。
⑥ 张謇:《大生纱厂第一次股东会之报告》,载张謇研究中心、南通市图书馆《张謇全集》第 3 卷,江苏古籍出版社,1994,第 82 页。

沪公开决裂，急得张謇"反复筹虑，彻夜不寐，绕屋而走"。① 万般无奈之时，张謇与盛宣怀商量，经刘坤一同意，桂嵩庆将纱锭40800 枚作价 50 万两，张謇领下其中的一半，作价 25 万两，另招集商股 25 万两，开办大生纱厂；官方只取官利，不参与工厂的经营管理，并将官商合办改为"绅领商办"。时任两江总督的刘坤一也向张謇承诺，官方不"派员参预厂务"。② 谨慎起见，张謇还是与官方签订了契约以确定双方的权利与义务，以避免官方对大生纱厂过多的干预。官、商双方规定，"厂中用人、理财各事，全归商董经理"，③ 官股只分官利和红利，不派官员到厂，不干涉企业的经营权利，一切厂务全由商董做主，即大生纱厂保持完全的商办性质，此即"绅领商办"。

大生纱厂由商办到官商合办，再到"绅领商办"的演变，一方面反映了当时民族资本主义工业在封建专制统治和外国资本主义双重压力下艰难曲折的发展历程；另一方面也反映了幼稚的民族资产阶级与清政府官僚共事的畏惧心理。19 世纪晚期，由于洋务派官僚"挟官以凌商，挟商以蒙官"，所以在官督商办、官商合办公司里，官商矛盾十分尖锐。新兴的民族工商业者希望有一种社会力量充当他们和官府之间的桥梁，其既有官的资望和地位，又能代表他们的利益，以保证他们所办的公司能自由发展。于是，一些像张謇这样的开明士绅便应运而生，他们奔走于朝野上下，周旋于官商之间，充当了"通官商之邮"的角色。"绅领商办"的大生纱厂正是在这样的形势下创建的。张謇既有状元身份，又是

---

① 通州大生纱厂编《通州大生纱厂第一次股东会议录》，清光绪铅印本。

② 张謇研究中心、南通市图书馆编《张謇全集》第 3 卷，江苏古籍出版社，1994，第 13~14 页。

③ 大生系统企业史编写组编《大生系统企业史》，江苏古籍出版社，1990，第 21 页。

地方士绅，长期的幕僚生涯，使他与清政府当权的大官僚有着密切的联系，由他出面创办公司，容易打通关节，获得封建官府的支持。这样，张謇就成了"介官绅之间，兼官商之任，通官商之邮"① 的中间人，由他创建的介于官督商办与商办之间的"绅领商办"公司模式，也得到了迅速的发展。这种模式既保证了张謇在企业集团中的绝对领导权，又把官资与民资有机地融合在一起，无疑是当时一种获得最大生存空间的公司模式。

第三节 "绅领商办"模式的运营

"绅领商办"模式是大生纱厂在筹建过程中逐步形成的。在"绅领商办"模式下，官、商关系已有了根本改变。《官绅约款》第 2 条规定："所有举董招股，以及年终帐目，统规张绅、盛绅分认，随时会咨南洋大臣及商务局立案备查，无庸仍照旧约，请派官董。"② 此款限制了官方对公司的干预，确立了商董的经营管理权。为打消股东的疑虑，刘坤一还来函重申："一切厂务官中并未派员参预，诚如来示，事任绅董，实与鄂厂情形迥不相侔。"③ 在大生纱厂的创建不得不利用"官机"的复杂局面下，张謇以"绅领商办"的方式摆脱了官方的控制，获得了经营自主权。官方遵守承诺，不问厂务，只拿股息。而且这不是停留在纸面上，官权在很长一段时间里都遭到排斥，使大生纱厂完全具备了民营的性质。④

---

① 《大生纱厂第一次股东会之报告》，载曹文麟编《张啬庵实业文钞》卷 1，文海出版社，1969，第 1 页。
② 张謇：《通州兴办实业章程·大生纱厂》，翰墨林编译印书局，1905，第 38 页。
③ 张謇：《通州兴办实业章程·大生纱厂》，翰墨林编译印书局，1905，第 37 页。
④ 赵明远、金其桢：《张謇"绅领商办"的股份制企业形式》，《南通理工大学学报》2006 年第 4 期。

在处理好与官方关系的同时，张謇继续以"绅领商办"的方式确立与股东的关系。对于股东，主要是以年息 8% 的官利来吸引他们的投资。由于有固定的 8% 的官利收入，很多股东也不再关心企业的经营，以致大生纱厂开工 8 年后"始终不知厂在何处、作何状者，股东中殆十居八九"。① 同时，张謇也利用官利制排斥了股东对企业经营的干预，如通海垦牧公司、大兴机器磨面厂在创建之时就在章程中明确规定："各股东可以查察议论所办之事，不得干预办事之权。"② "附股之人照中西公司通例，可以订议得失，不得参预事权。"③ 张謇在大生纱厂虽然大权独揽，但大生纱厂的财务状况却是非常透明的。对于股东的知情权，大生纱厂每年都将年度业务总结（说略）和财务报告（账略）刊印成册，送达各股东手中，向股东做书面汇报。

第四节 "绅领商办"公司的管理体制

一 《公司律》颁布之前，"绅领商办"公司的管理体制

张謇在 1895 年开始筹办大生纱厂时，还不懂"有限责任"的概念，所以在制定厂约章程时，就特别注意借鉴上海其他各厂的成功经验。在此基础上并结合大生纱厂的实际情况遂制定了大生纱厂的《厂约》。

为了克服官督商办公司衙门式的管理弊端，大生公司开办之

---

① 张謇研究中心、南通市图书馆编《张謇全集》第 3 卷《实业》，江苏古籍出版社，1994，第 87 页。
② 张謇研究中心、南通市图书馆编《张謇全集》第 3 卷《实业》，江苏古籍出版社，1994，第 221 页。
③ 张謇研究中心、南通市图书馆编《张謇全集》第 3 卷《实业》，江苏古籍出版社，1994，第 715 页。

初就实行了"总理"统管下的部门分工负责制。张謇任公司"总理"，处于总揽一切权力的地位。同时规定："厂中重大之事，以银钱帐目、机器、进出货、杂务为大宗，每宗以列名商董分主其事。凡一宗应用之人，悉由此商董专主，附股之人，不得参预，所用之人或有侵欺事情，亦惟此商董是问。严禁局外荐人，挂名干修。"① 同时，在"总理"之下，设"进出货董"、"厂工董"、"杂务董"、"银钱帐目董"四董，分别由通州的四大股东沈敬夫、高清、徐翔林和蒋锡绅担任，每个董事之下又设有若干执事，执事对董事负责并报告工作，董事对经理负责。从经理到执事都有明确的岗位责任，每人都应认真履行自己的职责，"各任一事以专责成，事有权限，无溢于权限之外，无歉于权限之内"。②

《厂约》规定纱厂"总理"的职责是："通官商之情，规便益之利，去妨碍之弊，酌定章程，举错董事，稽察进退，考核功过，等差赏罚。"③ 这即是说，全厂大政方针的决定、重要人事的任免、功过的赏罚等都由"总理"负责。"总理"以下设有负责原料进出、质检的"进出货董"，其任务是"察岁收，权市价，审栈厂磅秤之出入，较花衣干湿之盈亏，慎防火险，稽相偷弊"；④ 负责产品生产、员工管理的"厂工董"，其责任是"考机器之坚窳滑涩，纠人工之勤惰精粗，审储备煤油物料之缓急多寡，明匀整棉卷纱

---

① 中国近代纺织史编纂委员会编《中国近代纺织史（1840—1949）》上卷，中国纺织出版社，1997，第171页。
② 张謇：《厂约》，载张謇研究中心、南通市图书馆编《张謇全集》第3卷《实业》，江苏古籍出版社，1994，第18页。
③ 张謇：《厂约》，载曹文麟编《张啬庵实业文钞》，文海出版社，1969，第106页。
④ 张謇：《厂约》，载曹文麟编《张啬庵实业文钞》，文海出版社，1969，第107页。

绞之得失轻重"；① 负责全厂收入支出、材料供应的"银钱帐目董"，其任务是"入储卖纱之款，出供买花之款，备给工料，备支杂务，筹调汇划，稽查报单，考核用度，管理股票公文函牍，接应宾客"；② 负责基建、后勤的"杂务董"，其职务为"理行厂房屋船车桥路港岸门栅之工程，督厂行昼夜巡防火险争斗之警察，以及一切支分酬应"。③ 各董事直接商议纱厂的生产经营事务，"每日两下钟，各董集总办事处，考论花纱工料出入利弊得失，酌定因革损益，由总帐房撮记大略，编为厂要日记，以备存核"。④ 总的看来，四董之间，分工合理，职责分明，权责一致，基本上能做到机构精干，制度严密，由此形成了一套比较完整的指挥生产、监督生产的监督管理体系。⑤ 在一定程度上，这也克服了官督商办企业中那种机构臃肿、人浮于事、挂名支薪、贪污盗窃等弊端。这四董基本上从事的是大生公司企业管理的工作，"年终由总帐房核明结总，开具清折，另刊帐略，分别资商务局寄各股东"。⑥ 企业中没有监察机构，但赋予董事一定的监督权，"章程未善，举措不当，进退未公，功过未确，赏罚未平，诸君皆可随时见教，下走当拜闻过之赐"。同时又强调，董事要服从"总理"的决定，听从"总理"的调遣，"惟前章已业，后议未施，诸君不得以己意遽

---

① 张謇：《厂约》，载曹文麟编《张啬庵实业文钞》，文海出版社，1969，第107页。
② 张謇：《厂约》，载曹文麟编《张啬庵实业文钞》，文海出版社，1969，第108页。
③ 张謇：《厂约》，载张孝若编《张季子九录·实业录》卷1，上海书店出版社，1991，第18页。
④ 张謇：《厂约》，载张謇研究中心、南通市图书馆编《张謇全集》，江苏古籍出版社，1994，第20页。
⑤ 单强：《工业化与社会变迁：近代南通与无锡发展的比较》，中国商业出版社，1997，第64页。
⑥ 张孝若编《张季子九录·实业录》卷1，上海书店出版社，1991，第7~8页。

改；议论标异，而势有格碍，下走一时亦不能尽从"。① 事实上，厂董不仅听命于"总理"，而且他们的监督权也受到张謇绅权的辖制。这样，"总理"张謇以及共同发起人商董主导企业决策和经营各项事务，而权力又高度集中于张謇一人手中。大生公司初期的这种"总理（绅）—厂董—执事"的"绅领商办"体制，虽然有悖于股份公司的股东会、董事会、监事会权力制衡、民主管理的机关设置原则，但这一套严格的规章制度，不仅保证了大生经营管理有条不紊地进行，而且还充分地调动了管理人员与工人的积极性。

首先，对于各所董的政绩，每年年终都要评出优劣，以分等差。共分三等："一年进花衣，分斤重，有赢无绌，一年出纱，磅数成色，有赢无绌，一年考工精进，备料应需，调款便宜，及骈险勤勇，利益全局者，为上等功。一年办事平稳者次之。得失并见者又次之。"② 立上等功而月薪较低的给上等奖；立小功而月薪较高的给中等奖；功过互见、功稍大于过的给下等奖。除评功奖赏外，还要追究过失。"过"有"工过"、"私过"之分，"无心之错，牵连之咎，及求好而反坏者为工过；营私舞弊，亏空犯规及偷情误事者，为私过"。一年中，"工过"多的不发奖，"私过"多的除不发奖外，还要扣罚薪金。

其次，对于工人采取定额工资制度，以调动工人的积极性。大生纱厂规定，"以手艺优劣、工作勤惰为等差"评发工人工资。如粗纱厂的工人，"凡头号纱每人每礼拜出至一千四百磅外者，工人有赏。不足一千二百磅者，有罚；凡二号纱每人每礼拜出至一

---

① 张謇：《厂约》，载张謇研究中心、南通市图书馆编《张謇全集》，江苏古籍出版社，1994，第 18 页。

② 张謇：《厂约》，载张孝若编《张季子九录·实业录》卷 1，上海书店出版社，1991，第 9 页。

千一百磅外者，工人有赏。不足一千磅者，有罚；凡三号纱每人每礼拜出至五百五十磅外者，工人有赏。不足四百磅者，有罚"。① 细纱厂工人"凡十四号纱出至一百五十磅外者，工人有赏。不足一百四十磅者，有罚。凡十二号纱出至一百八十磅外者，工人有赏。不足一百七十磅者，有罚"。② 企业对工人的管理十分注意奖勤罚懒，对"到工过晚"、"擅离机弄"、"闲坐瞌睡"者都要罚，有罚工资、责手板和开除出厂三种。③

大生公司在创业期间采取的集权于创办人、强化经理层权限的做法是符合现代企业的管理原则的。在企业早期发展阶段，当企业规模不甚大时，这种集权性的经营往往能使企业形成一个有凝聚力的整体，便于集中做出经营决策，从而降低企业的经营成本，提高企业的办事效率，有利于企业初始阶段的快速发展。大生公司早期的这种集权管理体制是卓有成效的。从大生纱厂早期的经营效果看，无论是产品的生产质量还是产品的销售，都取得了较好的成绩。大生纱厂生产的"魁星"牌棉纱质量优良，"纱色光洁调匀，冠于苏、沪、锡、浙、鄂十五厂，凡业纱厂者，皆能言之"。④ 即使在 1903 年，在洋纱占绝对优势的条件下，上海各棉纺厂都有不同程度的亏损，唯独大生纱厂还获纯利 34 万多两，甚至还扩充了纱锭 2.04 万枚。从 1900 年到 1909 年十年间大生纱厂获得的利润看，利润率最高年份为 1902 年，达 32.24%，平均年利

---

① 张季直先生事业史编纂处编《大生纺织公司年鉴（1895—1947）》，江苏人民出版社，1998，第 48 页。
② 张季直先生事业史编纂处编《大生纺织公司年鉴（1895—1947）》，江苏人民出版社，1998，第 49 页。
③ 单强：《工业化与社会变迁：近代南通与无锡发展的比较》，中国商业出版社，1997，第 67 页。
④ 张季直先生事业史编纂处编《大生纺织公司年鉴（1895—1947）》，江苏人民出版社，1998，第 33 页。

润率达到 16.773%。这样的利润已经很高了，从而也用事实证明了大生公司这种管理体制的优越性。[1]

二 《公司律》[2] 的颁布促进了"绅领商办"体制向纵深发展

大生纱厂内部治理结构的规范化，是在《公司律》颁布后逐步进行的。《公司律》的颁行，改善了中国近代公司的经营环境，在规范近代公司正常运作方面发挥了较好的作用。正是在这样的背景下，大生纱厂于 1907 年召开了第一次股东大会。

此次股东大会以《公司律》的法律规范为依据，以西方股份制度为范本，改革完善了大生纱厂的管理体制。会议决定，大生纱厂正式按照股份有限公司体制进行管理，"从前本厂一切组织，是无限制、无法律之办法。今既开股东会，应由无限制、无法律之地位，改为有限制、有法律完全之公司。应先定名为'大生股份有限公司'"，"今既改为'有限公司'，一切应按照公司律办理，应以有限公司为范围，凡范围内应有之条目，逐项提议，不必以总理说明书为次序"。[3] 大生原有四所董事现拟改名为"会计、考工、营业、庶务四所，每所设所长一员，由总理协商董事局委托任用。所长以下各职员，隶于会计所者为会计员，余类推，均由总理选用"。[4] 股东大会对"总理"的权力也做了限制："总理有事离公司，由总理于四所长中随时委托一人，暂代总理职

① 卢征良：《早期大生纱厂内部治理结构的发展及其特征研究》，《山东科技大学学报》2007 年第 2 期。
② 《公司律》的颁布及其作用后文详论，此不赘述。
③ 张季直先生事业史编纂处编《大生纺织公司年鉴（1895—1947）》，江苏人民出版社，1998，第 89 页。
④ 张季直先生事业史编纂处编《大生纺织公司年鉴（1895—1947）》，江苏人民出版社，1998，第 94 页。

务……以后本公司重大之事，由董事局会同总理议决。寻常之事，由各所长关白总理自行议决。"① 并且还规定"董事局拟设上海，每三个月常会一次，有特别事，另开临时会"，"董事五人，查帐员二人，必须按照公司律，在本公司股份十股以上之股东选举"。②除此之外，第一次股东大会根据《公司律》还确定了公司的最高权力机构、最高决策机构以及监督机构及其各自的责任。

（一）公司最高权力机构——股东大会

股东大会由公司的全体股东组成，是公司的最高权力机构，具有决定公司所有重大事项的权力。股东大会虽然是公司的最高权力机构，但不执行具体的公司业务，公司的日常经营往往由董事会或经理负责。同时，股东会还是股东行使股权的重要场所，定期召集股东会议也是股份公司正常运作的必要程序之一。在公司律未颁布之前，官督商办公司也仿行西方公司制设立股东大会并在公司章程中明文规定，如轮船招商局规定每年八月初一日在总局召开股东会议，平素"遇有重要事件，有关局务，以及更改定章，或添置船只、兴造码头栈房诸大端，（亦）须邀在股之人集议，择善而行"。③ 但在实际经营中，股东大会只是一种形式而已，可有可无。时人对此评论说："公事未说，先排宴席，更有雅兴，召妓侍侧，捣战喧呶，杯盘狼藉，主宾欢然，其乐无极。迨至既醉既饱，然后以所议之事出以相示。其实所议早已拟定，笔之于书，特令众人略一过目而已。原拟以为可者，无人焉否之；原拟

---

① 张季直先生事业史编纂处编《大生纺织公司年鉴（1895—1947）》，江苏人民出版社，1998，第94页。

② 张季直先生事业史编纂处编《大生纺织公司年鉴（1895—1947）》，江苏人民出版社，1998，第94页。

③ 聂宝璋编《中国近代航运史资料》第1辑下册，上海人民出版社，1983，第845~846页。

以为否者，无人焉可之。此一会也，殊显可有可无，于公司之事绝无裨益。"①

1904 年《公司律》颁布后，对股东大会有了专门的规定，"公司招股已齐，创办人应即定期召集各股东会议"，并且要求公司董事局每年应召集众股东举行寻常会议至少一次，在公司遇有紧要事件之际，董事局可随时召集众股东举行特别会议。大生纱厂在 1907 年第一次股东大会召开时，基本贯彻了《公司律》的精神，张謇如是说："从前厂初办时，国家尚无商部，无公司商法，今则日渐开通，各股东可执商法以经营一切。"② 自此之后，大生纱厂每年均定期召开股东大会，并将重要事情提到大会上讨论，基本体现了股东大会是公司重要权力机构的规定。

公司章程的修改是股东大会最主要权力的体现。大生纱厂召开第一次股东大会时，经过众股东同意，决定将大生纱厂改为股份有限公司，"从前本厂一切组织，是无限制、无法律之办法。今既开股东会，应由无限制、无法律之地位，改为有限制、有法律完全之公司。应先定名为'大生股份有限公司'"。③ 原有四所董事的名称也做了修改，"现拟改名会计、考工、营业、庶务四所，每所设所长一员，由总理协商董事局委托任用。所长以下各职员，隶于会计所者为会计员，余类推，均由总理选用"。④ 一般来说，涉及修改公司章程的问题，都提交到股东大会上讨论、决议，如果得到大多数股东的同意，就能顺利通过。如 1907 年，张謇等人

---

① 《中西公司异同说》，《申报》1883 年 12 月 25 日。
② 张季直先生事业史编纂处编《大生纺织公司年鉴（1895—1947）》，江苏人民出版社，1998，第 85 页。
③ 张季直先生事业史编纂处编《大生纺织公司年鉴（1895—1947）》，江苏人民出版社，1998，第 89 页。
④ 张季直先生事业史编纂处编《大生纺织公司年鉴（1895—1947）》，江苏人民出版社，1998，第 94 页。

决定在崇明外沙建立大生分厂，而大生分厂公司的章程，就是交由股东大会延请股东制定的。①

选举董事也是股东大会重要权力的体现。根据《公司律》第62条之规定"公司已成，初次招集众股东会议时，由众股东公举董事数员，名为董事局"，及张謇的建议"照章，董事应举单数，公司律董事至少三人。……本公司拟请公举五人，官股举二人，商股举三人"，② 在第一次股东大会上，众股东通过公举的方式，推举郑苏堪、刘厚生、张叔俨、蒋梦苹和恽瑾叔五人为董事会成员。此后，大生纱厂的董事会成员基本上都是以这种民主方式推举出来的。另外，推举查账员也是股东大会的主要权力之一。根据《公司律》第79条之规定，众股东公推樊时勋和周湘龄为该厂查账员，并规定其薪金与董事会成员同。

股东大会的议事原则，遵循一切事情"必须公众议决"，以大多数人的意志为转移，体现了议事程序的公平。如在讨论是否将公司公积、余利作为新办实业公司的股本时，议长将这些问题付诸公众讨论，经众股东投票议决，最后多数人同意"应将大生历年公积及第八届余利中提出银六十万两，作为通海实业有限公司股本，发给股票"，③ 以此作为最后的定论。

总之，大生纱厂的股东大会与官督商办公司的股东大会相比，取得了很大的成功。这是因为大生纱厂的历次股东大会，基本上都是在平等、民主的氛围中召开的，并由股东就公司的体制、经营、分配、人事等方面的问题进行讨论表决。对会议进程中出现

---

① 张季直先生事业史编纂处编《大生纺织公司年鉴（1895—1947）》，江苏人民出版社，1998，第106页。

② 张季直先生事业史编纂处编《大生纺织公司年鉴（1895—1947）》，江苏人民出版社，1998，第92页。

③ 张季直先生事业史编纂处编《大生纺织公司年鉴（1895—1947）》，江苏人民出版社，1998，第90页。

的不同意见，均按少数服从多数的原则来议决。对于股东大会做出的任何决定，股东会决议后不得再议，[①] 这既节约了公司运行的社会成本，又维护了股东大会的权威。这些都是大生纱厂历次股东大会成功的重要原因。

（二）公司最高决策机构——董事会

董事会是指由股东会选举产生的，集中负责公司经营管理的常设机构。从法律上看，董事会享有很大的权力。它作为所有者的受托人，拥有充分的公司经营管理决策权。董事、董事会的职能在《公司律》中有明确的规定：召集股东会议；选定公司高层经理人员；定期召开董事会；决定公司的经营方针并指示经理人员执行。一般来说，董事会受股东会的委托经营管理公司，所以在公司法人治理结构中处于中心地位，起着关键作用。在大生纱厂第一次股东会上，大生纱厂决定成立董事局，成员由大家公议选出，选举公司董事五人（官股二人，商股三人），这样大生纱厂就正式成立了董事局，并规定"董事局拟设上海，每三个月常会一次，有特别事，另开临时会"。[②] 但大生纱厂所谓董事局的官股董事，在当时并不是由官方指派，而是由私股股东中的官僚担任。股东会选出的董事会成员，很多都是张謇的老朋友，与张謇有着多年的交情。由于张謇本人的德操高尚，办事多从纱厂大局出发，很少考虑个人的私利，所以他们都很尊重张謇做出的任何决议。实际上决定董事会议案大权的，还是作为"总理"的张謇。

---

① 张季直先生事业史编纂处编《大生纺织公司年鉴（1895—1947）》，江苏人民出版社，1998，第93页。

② 张季直先生事业史编纂处编《大生纺织公司年鉴（1895—1947）》，江苏人民出版社，1998，第94页。

（三）公司内部的权力监督机构代表——查账员

现代公司内部的权力监督机构——监事会，是以出资人代表的身份行使监督权力，并且监事会一经股东大会授权，就完全独立地行使监督权而不受其他机构的干预。其基本职能是监督公司的一切经营活动，重点以董事会和总经理为监督对象。在监督过程中，监事会可随时要求董事会和经理人员纠正违反公司章程的越权行为。①

但在近代中国，作为监督机构代表的查账员在公司中的地位是不受重视的，而且其权力也不大。清末《公司律》规定"查帐人"的主要工作仅仅是"可以随时到公司查阅帐目及一切簿册，董事会及总办人不能阻止"，②公司每年结账时，"应先由查帐人详细查核一切帐册，如无不合，查帐人应于年结册上书明'核对无讹'字样，并签押作据"。对查账员所负的责任则缺乏规定，时人就指出这种规定的后果，"不知帐目遗误或不正，监查员亦应负其责任，非独董事局也"。③

大生纱厂的查账员都是公举产生的。如在第一次股东大会上，"议长宣告先期公举查帐员，由南洋大臣派员王绍延观察，本月初九日到厂，初十日监视开筒。暂定 10 股为一权。樊时勋君得 278 权，周湘龄君得 155 权，为最多数。两君即为本厂查帐员"，"所有帐目，请两君报告各股东"。查账员的任期依据《公司律》的有关规定，"查帐人任事之期以一年为限"。对查账人的资格也做出

---

① 李维安：《公司治理》，南开大学出版社，2003，第 92 页。
② 《公司律》第 84 条，《东方杂志》1904 年第 1 期，第 24 页。
③ 张家镇：《中国商事习惯立法理由书》，中国政法大学出版社，2003，第 355 页。

了规定，"必须按照公司律，有本公司股份十股以上之股东选举"。① 另外，查账人酬劳由股东大会决定，但"查帐员系立法司法人，非办事人，不得分受花红"。② 从大生纱厂早期的经营管理看，查账员的作用主要是在每次股东大会前向众股东报告查账情况，对于纱厂内部存在的违反规定的经营行为，则很少给予纠正。其由于职权有限，所以在大生纱厂内部治理中的地位也不甚重要。

第五节 "绅领商办"公司模式的进步之处

与官督商办公司相比，"绅领商办"式的大生纱厂有了很大的进步，其进步之处主要表现在以下几个方面。

一 限制了官方的过多干预

从大生公司的投资来源看，官股占了很大一部分，所以处理好与官方的关系就成为大生集团存在并发展的关键。所以在公司创建之初，作为大生公司的发起人——张謇就与官方签订了契约来确定双方的权利与义务。如 1896 年官商合办时，双方就签订了一份《官商合同》，确认双方"利害相共"，"逐年获利，按股均分；如有亏损，亦按股摊认"。③ 即按出资额分享利益、共担风险。但在企业经营上，官方不能直接参与，"厂中用人、理财各事，全归商董经理"；但官方有监督之权，"另行公举官董一员，由商务

---

① 张季直先生事业史编纂处编《大生纺织公司年鉴（1895—1947）》，江苏人民出版社，1998，第 95 页。
② 张季直先生事业史编纂处编《大生纺织公司年鉴（1895—1947）》，江苏人民出版社，1998，第 95 页。
③ 张季直先生事业史编纂处编《大生纺织公司年鉴（1895—1947）》，江苏人民出版社，1998，第 9 页。

局禀请南洋大臣给委，到厂随时稽查帐目，调护商情"。① 1897 年改为"绅领商办"时，双方又合签了一份《官商约款》，除继续确认"官商合办"、"利害相共"，明确"无论获利亏折"，逐年清算，"按股摊认"外，还否定了官董监察的条款："无庸仍照原约，请派官董。"② 这固然是官商双方博弈的结果，却也不失为特定历史条件下合资企业调节官商关系的一种恰当的思路。与同一时期清政府官方顽固派控制商办企业的意图相比，这无疑是一个突破。直到 20 世纪初，张之洞等人还在竭力鼓吹，"商不可稍损者利，官不可尽失者权"；主张"不夺商利"、"但限商权"，认为"利可归重股东"，"权则股东须有限制，不得稍逾"。③ 在"绅领商办"体制中，官方确实也遵守了自己的诺言，不干预公司之事。如大生公司召开第一次股东大会时，议定的董事局五名成员中须有两人代表官股，但经大会选举，张謇的好友郑孝胥、刘厚生当选，而他们同时又是大生纺织公司的商股股东。此事在向官方汇报后得到了"既经各股东认可，官股自应照办"的答复，这充分体现了官方遵守不"派员参预厂务"的最初承诺。大生公司通过签订契约避免了官股进入企业乱指挥的现象，解除了商股股东的疑惧，维护了商人投资的积极性。与同一时期官方企图控制公司的意图相比，这无疑开拓了中国近代经济发展的一个思路。

二 保护了小股东的利益

在官督商办公司中，公司在做重大决策时根本不考虑中小股东的意见。如轮船招商局于 1876 年兼并旗昌轮船公司及 1884 年暂

---

① 张謇：《通州兴办实业章程·大生纱厂》，翰墨林编译印书局，1905，第 20 页。
② 张季直先生事业史编纂处编《大生纺织公司年鉴（1895—1947）》，江苏人民出版社，1998，第 9 页。
③ 李玉：《晚清公司制度建设研究》，人民出版社，2002，第 90 页。

时售卖于旗昌洋行，事前中小股东均不知晓。收购旗昌轮船公司的决策是该局会办徐润和叶廷眷通宵筹计出来的；而将商局出售于旗昌洋行，则主要是该局会办马建忠在李鸿章的支持下策划完成的，中小股东事前根本不知道。再如，上海机器织布局在1883年上海金融风潮中，资本流失严重，筹建工作停顿；1887年，该局局董商议决定将老股一律以七折计算，期限每股加银三十两，以凑足百两之数，倘不照办，则"照公法将老股票作为废纸"，①这一决议事先也未向股东征求意见。针对这种损害中小股东利益的做法，时人发出了中小股东"虽经入股，不啻路人"②的感慨。

大生公司中以中小股东居多。如大生一厂，私人股东有数百上千户。其中，100万股以下的小股东就有849户，占股东总户数的76.7%，但还占不到公司股份的15%。③如何做到既避免像官督商办公司那样损害中小股东利益，又保持公司应有的工作效率呢？在这方面，大生采取了股权权数设置的办法，限制官股和大股东股权，维护中小商股股东权益，防止官方和大股东以增股为名控制企业。在第一次股东大会上，董事局就股东大会的选举权、议决权，提出了一个限制大股东、保护小股东的议案："选举权及议决权，拟定一股至百股，每股一权；一百一股以上至五百股，每二十股加一权；五百一股以上至无限度股，每四十股加一权。"④此议遭到官股代表的反对，私股股东即援引浙江、江苏两铁路公司采用权数递减法限制大股东股权的办法，据理力争，坚持"股多则权数必递减"，认为"此是公例"，"保护小股，不得不然"。

---

① 《织布局开办告白》，《申报》1887年7月25日。
② 杨松、邓力群编《中国近代史料选辑》，三联书店，1954，第278页。
③ 张季直先生事业史编纂处编《大生纺织公司年鉴（1895—1947）》，江苏人民出版社，1998，第415页。
④ 张季直先生事业史编纂处编《大生纺织公司年鉴（1895—1947）》，江苏人民出版社，1998，第98页。

股东会最终确定："自一股至一百股每股一权，一百一股以上至无限股，每二十股加一权。"并明确"官股不得分析，多占权数"。[①]以后大生举行股东会议，必统计到会股东权数，选举和正式表决时均以权数为依据。这一制度也为随后建立的大生分厂及其他公司所遵行。大生公司股东会选举权、议决权随股份增多而递减的做法，符合现代公司制度保护小股东权益的通行规则，对同一时期同类企业的公司制度建设起到了示范作用。

三　公司账目透明

知情权是近代股份公司股东的权利之一，即股东有权知悉公司的生产经营状况，并对之进行监督。许多官督商办公司在章程中也有定期公布公司账目的规定，个别公司在经营过程中基本上也贯彻了这一原则。但是，如果公司不公布账目，股东如何实现司法救济，官督商办公司对此并没有给予制度上的保障。如上海机器织布局创建时，其章程中并无公布账目或允许股东查账的规定。后来入局的商董经元善要求公布账目，认为"招股、存银、创建缔造，无一不可登报以昭大信"；[②]而官方代表戴恒、龚仲仁却认为"此系商务，非办赈，收款何必登报"。[③]另外，有的企业，即使股东要求稽查账目，主管人员也拒不交出；[④]有的企业还是使用传统的"四柱"记账法，而不能有效地反映公司资产盈亏的实际情况；有的企业在记账和结账时弄虚作假，使账目可信度大大降低。如马良在对轮船招商局的账目调查后指出："帐目之弊，失

---

① 张季直先生事业史编纂处编《大生纺织公司年鉴（1895—1947）》，江苏人民出版社，1998，第99页。

② 虞和平编《经元善集》，华中师范大学出版社，1988，第288页。

③ 虞和平编《经元善集》，华中师范大学出版社，1988，第286页。

④ 聂宝璋编《中国近代航运史资料》第1辑下册，上海人民出版社，1983，第1120页。

之太浑……有帐无实，而每年结帐又徒务虚名。"① 针对这种情况，时人进行了批评："泰西公司之帐公而显，中国公司之帐私而隐。"② 从而可见，在官督商办公司中，股东的知情权根本得不到保证。

为了避免官督商办公司中账目模糊的弊端，大生纱厂筹办时就对账务公开做了制度上的规定："本厂进出各款大帐，每届年终清揭一次，另有帐略刊送。"③ 所以，自大生公司建成投产后，每年公司的账略和说略都公之于众，使股东对企业的经营状况有所了解，也有利于股东对企业的监督。《公司律》公布后，大生的经营信息报告更加规范，由查账人签押，于股东常会前 15 日"分送众股东就阅"。在股权日益分散的情况下，有关资料还"登报广告刊布，帐略分送股东，藉昭大信"。④ 以后制定的财务核算制度，公司进一步明确：由银钱所"每四礼拜汇记花纱出入盈亏之细数单。年终核明结总，开具清折，另刊帐略，分别咨商务局、寄各股东"。⑤ 从现存的档案看，大生公司及所属企业的说略、账略相当完备，是同一时期其他企业难以比拟的。

大生轮船公司则是说明大生公司账目明确、透明的很好事例。为解决原料、成品和物料运输的需要问题，大生公司曾向上海广生小轮公司租借一艘小轮船，往来沪、通、常（熟）、海（门）等地，承担货物运输并搭客以增加收入。后沪、通双方合

---

① 中国史学会主编《洋务运动》（六），上海人民出版社，1961，第 126 页。
② 《中西公司异同续说》，《申报》1883 年 12 月 31 日。
③ 南通市档案馆等编《大生企业系统档案选编·纺织编 I》，南京大学出版社，1987，第 4 页。
④ 南通市档案馆等编《大生企业系统档案选编·纺织编 I》，南京大学出版社，1987，第 373 页。
⑤ 南通市档案馆等编《大生企业系统档案选编·纺织编 I》，南京大学出版社，1987，第 12 页。

股，共建大生轮船公司。但公司开办两年间，股东未见一股票，也未见一账目，不免责言纷至。为此，张謇正式制订章程，填发股票息折，并将"经办帐目，核明节要开列，并略述兹事始末……分呈各股东"。①可见，南通方面的投资者对于公司经营信息的披露已形成共识，知情权意识强于上海的一般商人。这可能是大生集团公司长期公布公司账目，让股东知情的结果，从而也体现了大生公司让股东知情、对股东负责的原则。此外，为了确保公司账目的透明度，大生公司还设立了权力监督机构的代表人——查账员。

由此可见，大生纱厂第一次股东大会通过的体制改革决议，对企业的内部治理结构进行了股份制规范。股东按股权参与公司决策及管理活动，体现了股份均一、股权平等的原则，监察人的设置强化了对经理层的监督，突出了董事会的决策功能，适当地限制了"总理"的职权，使其经营行为体现董事会的意愿。朱荫贵先生认为，大生纱厂第一次股东大会针对资金问题形成了多条决议，"这些决议对过去挪用资金和到处投资的情况作出了限制，很大程度上对张謇的权力形成了制约……这些对个人权力进行制约的做法，在企业的发展过程中，是在制度建设方面前进了一大步，是从制度和法律方面对企业实行规范经营管理的一种努力和尝试"。②张謇在实践活动中对公司治理结构的探索，对中国早期股份制公司制度建设做出了巨大的贡献。

---

① 南通市档案馆等编《大生企业系统档案选编·纺织编Ⅲ》，方志出版社，2004，第56页。
② 朱荫贵：《从大生纱厂看中国早期股份制企业的特点》，《中国经济史研究》2001年第3期。

第六节 "绅领商办"的终结及意义

一 "绅领商办"体制的终结

正当大生公司欣欣向荣之时，1921 年突发的自然灾害打乱了其发展计划。面对自然灾害的打击，张謇并不气馁，决心在五年之内恢复被自然灾害破坏的农垦、水利工程，并使大生公司更加繁荣，但他万万没有想到的是，这次自然灾害却是大生集团走向衰败的开始。1925 年，大生一厂所负债务已高达 906.9 万两以上，为资本总额的 258.89%，资不抵债，大生公司只好向江浙财团提出清资偿债；当年 7 月，上海方面的中国、交通、金城、上海四行和永丰、永聚钱庄组成债权人团，全面接管了大生纱厂，这也标志着大生公司的破产。[①] 大生公司的衰败，除了有自然灾害、军阀混战、日资企业的排挤等外部因素外，还与大生公司内部体制有着密切的关系。限于篇幅，本书仅对大生集团公司内部衰败的原因，也即"绅领商办"体制进行分析。

（一）官利、公积金制度使公司缺乏自救资金

官利对近代公司的危害前文已有所论，但为了说明其对大生公司的危害，此处略加追述。对官利的危害，张謇曾有这样的阐述：未开车之前"即以股本给官利，计自甲辰至丁未三月初四（1904～1907），共付官利九万一千四百七十余两，开办费所谓九万六千五百四十余两，非纯费也，官利居多数也。开车以后，虽始营业，实则失利，乃借本以给官利，计自丁未三月初五至戊申年

---

① 张学君：《事业之梦——张謇传》，四川人民出版社，1995，第 351 页。

终（1907~1908），又付官利十二万三千七百九十余两。而两届之亏十二万零五百五十余两，非真亏也，官利占全数也。凡始至今，股东官利未损一毫，递迟发息，则又利上加利"。[1] 官利，股东们并不是把它看作对公司的投资而是当作对公司的借款，所以自股东入股之日起，不管公司开工与否，也不管盈利与否，都得付息；如果拖欠，还得另外计息，利上加利。针对官利对公司再生产造成的危害，张謇也试图予以避免。如在公司大盈之年，他多次提出变股息为股本的建议，但未被股东所接受，"连获大利发八九分息之年，亦集商于董会，谓厂本尚不足，不如留半加厚厂本，填给股票。董会谓不如全发，股东得此鼓舞，加股自易。终亦无效，此为最可叹息者"。[2] 这说明在当时的情况下，张謇也无法左右大生公司的财产分配，更无法撼动中国传统经济社会中长期存在的陋习——官利。

公积金是一家公司用于扩大再生产和预防意外亏损的储备金，一般不作为红利进行分配。而大生公司实行的"得利全分"的财产政策，不仅把应分的余利进行分配，而且也把公积金当作红利进行分配，所以大生面临资金困难时就难以自救。

大生公司的公积金自1900年开始提取，但提取没有固定数额，最多的年份（1919年）提取25万两，最少的年份（1915年）仅提0.2万两，还有的年份（1916年）由于亏损未提。除了公积金外，大生公司还在费用中列支自保险费。每年提取0.5万~1万两，年年提取，即使亏损的1916年也照提不误。这项自保险费虽然被当作费用，但具有专项基金的性质，与公积金类似。大生公

---

[1] 《大生崇明分厂十年事述》，载曹文麟编《张啬庵实业文钞》卷1，文海出版社，1969，第168页。

[2] 《大生纱厂股东建议书》，载曹文麟编《张啬庵实业文钞》卷1，文海出版社，1969，第184页。

司在 1900 年至 1921 年共 22 年的时间内，共提取公积金与自保险费 108.20 万两。① 照理说，这些资金足以令大生公司在资金困难时自救，但是大生公司并没有将这些资金继续保存，而是投入了其他厂区。如，1907 年第一次股东大会决议，将结存的公积金、结余、余利及其利息 60 万两作为股本投入通海实业公司；1920 年股东会议又决定将 23.73 万两的公积金作为股东投资投入大生三厂。张謇也承认："股东某公有议走以厂公积营他公司者，事则诚然。"② 这说明大生公司的公积金，不是用于本身的扩大再生产，增强应变和竞争能力，而成了维持其他公司的一笔"流动资金"。投往新的公司，作为投资的股份再分给老股东，这就相当于连公积金也被分配掉了。

从以上分析可知，官利制度及公积金重新投资的制度严重减少了公司本身的资金积累，从而削弱了公司扩大再生产的能力及与同行业竞争的能力。这也是大生公司衰败的主要原因之一。

（二）摊子过大以及盲目投资是大生公司终结的主观原因

张謇兴办实业是为实现其实业救国、教育救国的目标，同时也是他欲实现地方自治的一项重要内容，是想"借各股东资本之力以成鄙人建设一新新世界雏型之志，以雪中国地方不能自治之耻"。③ 因此，大生公司连年赢利之后，他便大肆投资设厂、兴建各种实业。诚如张孝若在为其父张謇所写的传记中所说的那样，他"只认定凡自治先进国应有的事，南通地方应该有，他就应该

① 汤可可、钱江：《大生纱厂的资产、盈利和利润分配》，《中国经济史研究》1997 年第 1 期。
② 《大生纱厂第八届说略》，载曹文麟编《张啬庵实业文钞》卷 1，文海出版社，1969，第 146 页。
③ 《垦牧公司第一次股东会演说公司成立之历史》，载曹文麟编《张啬庵实业文钞》卷 2，文海出版社，1969，第 194 页。

办；他不问困难不困难，只问应有不应有"。① 在这种思想的支配下，张謇便不顾财力是否允许，就大肆扩张一系列实业以及教育、文化、慈善等地方公益事业，这样摊子越铺越大，战线越拉越长，所需用钱就越来越多。教育、文化、慈善等公益事业是纯属花钱的事务；除了大生纱厂等少数实业长期保持赢利外，其他企业大多亏本，如大生三厂刚刚开工就亏蚀不堪。而在大生三厂筹建之时，张謇又决定再建五个纱厂。结果，四、五、六、七四个厂均未建成而筹建资金却耗费很多，仅大生六厂筹集的 60 万两就蚀去一大半。大生八厂在筹建期间就已负债累累，1924 年建成后只得出租给永丰公司经营。这样一来，创建的新厂越多、地方事业发展越快，大生的经济包袱就越沉重，"事大本小"的矛盾也就越突出。

如果大生纱厂继续保持赢利的话，这种局面还能勉强维持，矛盾不至于公开激化。但当大生纱厂本身发生危机时，整个大生资本集团就无可避免地走向衰落了。这种矛盾，张謇也早已意识到，"若谓大生以调汇资营运本自从容，徒为盐垦转调所累，诚然，但应垦业转调为棉产原料自助根本计也，然垦地三遭荒歉而阁滞"；"谓壬年（1922 年）何以不发辛年之息，不知力分于垦，垦地以连荒阁滞，纱市又以国内讧争阁滞，当此左支右绌权衡缓急轻重之时，假使借债营运，二者相较，孰为长短？""谓一二厂为地方公益亦有垫款，亦使厂支绌之一亦诚然。"② 资金外投，表面看来是老厂带动新厂，加速了公司的发展，但这种将公积金、保险金、折旧金另作他用的做法无疑是釜底抽薪、自毁长城，从而也为大生公司的发展埋下了隐患。

---

① 张孝若编《张季直先生传记》，中华书局，1930，第 375 页。
② 张学君：《实业之梦——张謇传》，四川人民出版社，1995，第 354 页。

大生纺织公司的"得利全分"、企业对外过度投资等经营策略,造成了企业基础十分薄弱。张謇首先要满足股东的利润追求,其次要发展企业集团,致使大生内部堵塞了资本积累的途径,外部敞开了资金外流的渠道,最终导致了债权人对企业的接管。在1925年的股东大会上,张謇对自己的经营之策进行了反思:"办事人过为股东计,以调汇资营运,则股利厚,而当获利四五分或八九分之时,未将溢分之利,分年留作机本,是一大错,咎诚在謇。若大生以调汇资营运,本自从容,图为盐垦转调所累,诚然诚然。……谓一二厂为地方公益,亦有垫款,亦致厂支绌之一,亦诚然。"[①] 因此他建议:废除官利制,"所余之利,照旧例提公积、折旧、保险。除提之外,其余以半加股本,半给股东"。[②] 危机的爆发触动了大生公司进行体制改革。在1923年的股东大会上,决定改"总理制"为"董事制",选出7位董事组成董事局,张謇任董事长,实际上是把经营管理的实权让给了债权人。1924年,一厂债权人南通的9家钱庄组成"维持会"经营一厂;1925年,上海6家银行、钱庄组成银行团清算接办大生各厂。至此,大生公司经营权转移至债权人,董事长一职成为虚衔,这标志着"绅领商办"式的大生纱厂最终失败了。

二 "绅领商办"公司模式的时代意义

张謇创办大生公司之时,准备完全商办,但是发起资金不足却是一个现实问题。张謇虽经多方努力,仍不能凑足大生纱厂的发起资金,完全商办的计划落空,只得加入官股,成为官商合办

---

① 张謇研究中心、南通市图书馆编《张謇全集》第 3 卷,江苏古籍出版社,1994,第 115~116 页。

② 张謇研究中心、南通市图书馆编《张謇全集》第 3 卷,江苏古籍出版社,1994,第 111 页。

公司；后经张謇努力及刘坤一支持，纱厂最终变为"名虽为官商合办，一切厂务官方并未参与"① 的，也即学术界通常所谓的"绅领商办"公司。"绅领商办"公司模式剔除了官方对公司干预的弊端，吸引了更多商人投资，这是张謇等人在公司组织方式上的一个创造。在中国公司制度演变史上，"绅领商办"是对官办、官督商办模式的一个创新，既吸引了官股、得到了官方的保护，又使经营权始终不受官方干涉。由于"绅领商办"模式在当时较好地解决了官商关系问题，在企业产权关系、经营管理体制和利润分配制度等方面，对官督商办模式进行了改革，进而又进行了一系列制度创新，"绅领商办"模式遂成为清末民初中国民营股份制公司的典范。

"绅领商办"模式的形成标志着官营模式占统治地位的时代的终结，民营化成为中国公司制度发展的主流。虽然后来由于种种原因，"绅领商办"为其他公司模式所替代，但"绅领商办"模式为中国近代民营公司发展所做出的历史贡献是不可磨灭的。"绅领商办"模式靠股份公司制兴办社会化大生产、产权关系明晰、建立公开而严明的企业管理机制、按资与按经营劳动相结合的利润分配制度、重视市场营销的经营方针、重视人才开发与管理、重视新式教育等一系列制度、理念创新，为后来的中国企业家树立了榜样，对我国现代企业制度建设也仍然有着重要的历史借鉴意义。

张謇独创的"绅领商办"股份制公司模式，在清末民初新兴股份制公司从官办向民营过渡的时期，较好地处理了公司中官方资本和民间资本的共存关系、官与商之间的权利关系。在"绅领商办"体制中，绅是沟通官商的纽带，他实质上是以官府代理人

---

① 大生系统企业史编写组编《大生系统企业史》，江苏古籍出版社，1990，第15页。

和商股代表者的双重身份从事公司活动。绅凭借其与官、与商的关系，在清末民营公司的创办中发挥着不可替代的作用。但是，张謇创立"绅领商办"公司体制不仅仅是为公司谋求最大利润，为股东谋求最大投资回报，也绝不是为个人谋利，而是欲"借各股东资本之力以成鄙人建设一新新世界雏型之志，以雪中国地方不能自治之耻"。[①] 然而，终于因他开辟的路子过多，负担的事业过于伟大，而导致公司经营失败。张謇开创的"绅领商办"式大生公司虽然失败了，但南通之所以能从一个贫困的小县城"一进而为实业教育发达之区，再进而得全国模范县之名"，[②] 这与他独创的"绅领商办"的公司模式促进了地方经济的巨大发展是分不开的。

---

① 《垦牧公司第一次股东会演说公司成立之历史》，载曹文麟编《张啬庵实业文钞》卷2，文海出版社，1969，第194页。
② 南通日报馆编辑部编《二十年来之南通》上编，（伪）南通县自治会印行，第1~2页。

第四章 商事立法及早期公司建设

第一节 《公司律》产生的社会背景

《公司律》颁布之前，传统法律体系中并没有近代意义上的商法。"我国三代之时，田制较详，商事从略，周礼地官，特详市政，然有关于商之公法，而无关于商之私法。战国时，李悝作律六篇，汉萧何增为九篇，历唐宋元明虽代有因损，而民刑不分，遑论商法。"[1] 19世纪70年代以后，公司这种新型的经济组织形式在古老的中国虽然得到了一定的发展，但它的设立及营业，主要是向地方衙门和中央朝廷呈报申请。官方在审查、核准公司设立的呈文时，没有成文的法律可依，也没有专门的规章可据。"其（公司）经营也，有由外人侵揽者，有由官款专营者，有所谓官商合办者，有所谓官督商办者，其所以维护而监督之者，则交涉之约章也，立案之合同也，试办之奏咨也，批准之章程也。未尝有统一之法律以资准据，亦未尝有完全之办法以为监督。"[2] 但20世纪初，中国长期没有商事立法的局面得以改观，并且在较短的时间内初具规模，这种现象的出现不是偶然的，而是与当时国际、国内的环境紧密相连的。

---

① 王孝通：《商事法要论》，商务印书馆，1934，第8页。
② 姚成瀚：《公司条例释义》，商务印书馆，1914，第4页。

一　公司法产生的国内背景

（一）经济结构的变化及经济发展的需要是近代公司法出台的根本动因

经济基础决定上层建筑，上层建筑的变化归根结底是由经济基础的变化引起的。"但经济条件归根到底还是具有决定意义的，它构成一条贯穿于全部发展进程并唯一能使我们理解这个发展进程的红线。"[1] 马克思的这一经典理论对我们理解晚清公司立法具有重要的指导意义。

鸦片战争后，西方列强纷纷在通商口岸建立工厂，发展企业。而这些企业中，公司组织居于统治地位。公司这一新的经济组织形式虽然引入了中国，但外国资本并没有随着公司的引进而投向中国，所以西方列强在中国陷入了资金短缺的危机。为了解决资金短缺问题，他们纷纷诱使华商投资，这样中国的经济结构就逐渐地发生了变化。经济结构的变化需要新的法律对这一变化加以确认并保证这一变化能继续健康地发展，同时西方列强为保护在华资本，也强烈要求中国制定一套与他们接轨的新型法律体系，以避免其本国资本在中国遭遇法律危机。"帝国主义的经济侵略，导致了中国原有的经济关系和阶级关系发生了一系列变化，原有维护封建基础的旧法制已无法适应经济关系的上述变化，从而引发了社会不同经济利益的代表对旧法制提出变革的客观要求。"[2]

公司这种新型的经济组织形式在经济发展中所具有的优越性

---

[1]　马克思、恩格斯：《马克思恩格斯全集》第 39 卷，人民出版社，1974，第 199 页。

[2]　徐岱：《中国刑法近代化论纲》，人民法院出版社，2003，第 18 页。

是传统企业组织形式无法比拟的，所以这种新型的组织形式引进中国后，很快就为洋务大员所模仿。自 19 世纪 60 年代起，清政府和一些官僚、地主、商人便开始投资近代工业。到 1900 年，国内各种类型的资本主义企业已有 570 家，资金总额达 6900 余万元。[①] 由于这些企业是在外国公司的刺激和影响下，越过手工工场阶段产生和发展起来的，因而一开始组织水平就比较高，多数相当于合资有限公司和股份有限公司，[②] 公司的内外关系已不似传统经济组织——业主制、合伙制那样简单，从而要求新的法律加以调整。但当时通行的无论是《大清律例》还是《户部则例》，都没有关于公司设立、登记及运营的法律规定。所以，这些公司企业的设立以及营业，采用的主要方式是向地方衙门或中央朝廷申请呈报。公司设立呈文的审查、核准既没有成文的法律依据，也没有专门的法律章法可凭。"其（公司）经营也，有由外人侵揽者，有由官款专营者，有所谓官商合办者，有所谓官督商办者，其所以维护而监督之者，则交涉之约章也，立案之合同也，试办之奏咨也，批准之章程也。未尝有统一之法律以资准据，亦未尝有完全之办法以为监督。"[③] 公司的经营活动，也只是沿用传统的商业习惯，以诚信为主。于是各种投机取巧、弄虚作假之徒便产生，他们虚设公司行铺、假借公司之名进行拐骗倒卖，有的甚至"朝集股本，暮既卷逃；昨方下货，今已移匿栈单房契，轻赍远遁。于是倒盘贬价，弊端百出，贻害无穷"。[④] 同时，由于公司法律地位不明确，

---

① 樊百川：《二十世纪初期中国资本主义发展的概况与特点》，《历史研究》1983 年第 4 期。

② 据《商务官报》戊申第 4 期至第 10 期记载，至光绪三十三年二月（1907 年 3 月），商律颁行前业已有多家公司设立，商律颁行后陆续注册的公司有 60 家，其中注册为股份有限公司者 20 家，合资有限公司者 23 家。

③ 姚成瀚：《公司条例释义》，商务印书馆，1914，第 4 页。

④ 沈桐生辑《光绪政要》卷 25，文海出版社，1985，第 52 页。

其在官办、官督商办企业的排挤、压制下很难发展，而一些贪官污吏也乘机中饱私囊，对公司进行勒索。"遇有铺户倒闭，追比涉讼，胥吏需索，以致商贾观望，难期起色。"[①] "甚至报完关税，多所需索，商船验放，到处留难。遇有词讼，不能速为断结，办理不得其平。以至商情不通，诸多阻滞。"[②] 另外，中国公司由于缺乏相应法律保护，在与外国公司的竞争中常常处于劣势。总之，公司立法的缺失对近代工商业的发展极为不利。如果想为公司的发展创造一个相对稳定的环境，进行公司立法已是势在必行了。

（二）社会各阶层对公司法的期待，加速了商事立法的进程

鸦片战争使古老的中国遭遇了"千年未遇之变局"，中国传统的经济结构、政治体制都受到了前所未有的冲击。在这种冲击下，社会各阶层的利益主体也发生了变化，而《大清律例》已无法对他们的利益进行有效保护，所以他们希望出台新的法律来确保自己利益的实现。在当时社会上，活跃的利益主体主要有在华洋商、新式华商、开明人士、洋务官僚，他们对制定公司法的动机虽然不同，但对制定公司法的要求却是一致的。"帝国主义的经济侵略，导致了中国原有的经济关系和阶级关系发生了一系列变化，原有维护封建基础的旧法制已无法适应经济关系的上述变化，从而引发了社会不同经济利益的代表对旧法制提出变革的客观要求。"[③]

1. 新式华商

鸦片战争后，由于外国资本主义的入侵，中国传统经济结

① 朱寿朋编《光绪朝东华录》（五），中华书局，1958，第5091页。
② 朱寿朋编《光绪朝东华录》（五），中华书局，1958，第5091页。
③ 徐岱：《中国刑法近代化论纲》，人民法院出版社，2003，第18页。

构受到前所未有的冲击，并由此开始逐渐瓦解，从而为中国民族资本主义经济的发展提供了空间，这昭示着中国民族资本主义经济力量即将登上历史舞台。然而他们的社会地位却不尽如心意，外受在华洋商欺凌，内受清政府盘剥。造成这种状况的主要原因是传统的法律已无法对他们进行有效保护了，"自与欧美通商……社会经济逐渐发达，旧日比较简单的法制实在不足应付新环境"。① 此外，不平等条约中的特权对洋商的保护，也阻碍了华商进一步发展。为了保护既得利益及促进企业迅速发展，新式华商及其代言人主张参照西方商法模式，引进西方商法制度。"外洋商务制胜之道在于公司"，② "官绅商民各随贫富为买股多寡。利害相共，故人无异心。上下相维，故举无败事"。③ "通商不设银行，是犹涉水而无梁，乘马而无辔，登山而无屐。"④ "西人贸易首在航海，故风波之险，有时不可测料。于是特设保险公司，以为之调剂……此法上诚至善也。"⑤ "今中国禀请大宪开办之公司，虽商民集股亦谓之局。其总办稍有牵涉官事者，即由大宪之札饬，不问其胜任与否，只求品级较高，大宪合意，即可充当。所以各局总办，道员居多。迨至官防札付，次第到手，即全以官派行互，位尊而权重，得以专横其事，假公济私。位卑而权轻，相率听命不敢多言。公司得有盈余，地方官莫不索其报酬，越俎代谋。其小公司之总理，虽非大宪札委，亦皆侵蚀舞弊。股商畏

① 杨鸿烈：《中国法律思想史》下册，商务印书馆，1936，第 300 页。
② 马建忠：《富民说》，载郑大华点校《采西学议——冯桂芬 马建忠集》，辽宁人民出版社，1994，第 127 页。
③ 薛福成：《论公司不举之病》，载氏著《庸庵海外文编》卷 3，文海出版社，1966。
④ 陈炽：《续富国策·创开银行说》，载赵树贵、曾丽雅编《陈炽集》，中华书局，1997，第 264 页。
⑤ 王韬：《弢园文录外编》卷 11，中华书局，1959，第 250 页。

其势，因无商律，不敢上控。是以数十年来，获利者鲜，亏累者多也。今欲整顿商务，必须仿造西例，速定商律。"① 从这些言论中，我们可以看出他们对制定有利于发展工商业的商律是多么的期盼了。

新式华商力图制定商法的另一个目的是防止封建官员的盘剥。"（中国官吏）今贸贸然曰整顿商务，商人目笑存之曰，是殆鱼肉我也；皇皇然曰纠集公司，商人目笑存之曰，是固将诓骗我也。"② 因为"中国官吏之薄待乎商，商之不信其上而疾苦终无由上诉也，亦久矣"。③ 官督商办后期，封建官员更加肆意盘剥商人，侵吞商利。正如郑观应指出的那样："轮船电报开平矿，创自商人尽商股。……办有成效倏变更，官夺商权难自主。"④ 另外，官吏在执法中贪污受贿、敲诈勒索的行径，更使新式商人不寒而栗。

19 世纪末，中国民族资本主义经济有了空前的发展。据统计，1895 年的民族资本总额达到 2421.4 万元，到 1911 年，更是达到了 13200 余万元。⑤ 资本总额急剧增长，更加促进了工商业人士对商事立法的关注。云集了众多工商界人士的预备立宪公会就指出："各国商人来华贸易，均恃有本国商法为之后援，而我商人在国内者，顾无一定之法律足以保其财产之安全……社会经济困穷，由于商业不振，由于法律不备。"⑥ 上海的预备立宪公会则明确地指出了没有商法的两个弊端："一则华商与洋商贸易，洋商有法律保

---

① 郑观应：《盛世危言》，北方妇女儿童出版社，2001，第 191 页。
② 陈炽：《续富国策》，载赵树贵、曾丽雅编《陈炽集》，中华书局，1997，第 232～233 页。
③ 陈炽：《续富国策》，载赵树贵、曾丽雅编《陈炽集》，中华书局，1997，第 232 页。
④ 赵靖等编《中国近代经济思想资料选辑》中册，中华书局，1982，第 107 页。
⑤ 汪敬虞编《中国近代工业史资料》第 2 辑下册，科学出版社，1957，第 649 页。
⑥ 《本会纪事》，《预备立宪公会报》1908 年第 20 期。

护，而华商无之，故动受洋商之欺抑；二则华商与华商贸易，彼此无一定之法律规则，故常有不公平之结果，致失信用而妨经济。"① 上海总商会也痛切地指出："我中国商人，沈沈冥冥为无法之商也久矣！中国法律之疏阔，不独商事为然，商人与外国人贸易，外国商人有法律，中国商人无法律，尤直接受其影响，相形之下，情见势绌，因是以失败者，不知凡几，无法之害，视他社会为尤烈，此可为我商界同声一哭者也。"② 由此可见，商人对无商法之弊深恶痛绝。

创业过程中的亲身体验，使张謇越来越认识到国家出台"公司法"、"破产法"对公司创建及发展的必要性和急迫性。他说："现在世界以大企业立国，而中国以公司法、破产法不备，故遂将此昙花一现之基础。……故无公司法，则无以集厚资，而巨业为之不举；无破产法，则无以维信用，而私权于以重丧，此尤其显著者。"③ 所以，张謇特别清楚公司法对公司建设的作用，"以积极言，则有诱掖指导之功；以消极言，则有纠正制裁之力"。④ 只有完备公司立法，公司的经济活动才能有"准绳"可依，各类民办公司才能健康发展。

因此，在新式华商看来，公司法是"保商之政"的重要举措，制定商律至关重要。同时公司法的制定在某种程度上也可防止贪官污吏对商人的任意剥夺，并使某些官员可以依法进行护商、恤商。所以，新式华商希望国家能尽快地"仿西法颁定各商公司章程，俾臣民有所遵守，务使官不能剥商"。⑤

---

① 天津市档案馆等编《天津商会档案汇编（1903—1911）》（上），天津人民出版社，1989，第284页。
② 《上海商务总会致各埠商会拟开大会讨论商法草案书》，《申报》1907年9月10日。
③ 张孝若编《张季子九录·政闻录》卷7，上海书店出版社，1991，第1～2页。
④ 张孝若编《张季子九录·政闻录》卷7，上海书店出版社，1991，第1～2页。
⑤ 郑观应：《盛世危言》，华夏出版社，2002，第320页。

2. 开明的洋务官僚

战争费用、巨额赔款及创办军用企业的巨大耗费，使清政府的财政日益见绌。为了度过眼前的经济危机，清政府大力倡导发展民用企业，以增加收入。此外，为了增加财政收入，避免税收的外流，清政府也屡次禁止华商"诡计经营"。所有这些措施的实施都需要新的法律予以规范。

针对"诡计经营"的情况，张之洞指出，"华商或附洋行股份，略分余利，或雇无赖流氓为护符，假冒洋行。若再不急加维持，势必至华商尽为洋商之役而后已"。① 华商附股，不仅使清政府蒙受了巨大的财政损失，而且也扩大了西方列强侵略中国的资金规模，而华商仅获得一点余利而已。为了避免这种情况，他主张速定商律，"中国定有商律，华商有恃无恐，贩运之大公司可成，制造之大工厂可设，假冒之洋行可杜"。② 执掌过多家企业的盛宣怀亦在奏疏中提出："酌定商务律例，以卫华商。"他指出："通商口岸华商与洋商不能无交涉，而华商吃亏殊甚，逼而使之依附洋商，或假冒洋商，官府乃不能过问，且华商见小欲速，绝无远大之图，趋巧怀私，不顾公中之利。一则无商学也，再则无商律也。无商学则识力不能及远，无商律则办事无所依据。……请酌定商务律例。""务使华商有途可循，不致受衙门胥吏之舞弄，即不致依附洋商流为丛爵渊鱼之弊。"③ 禁止华商附股，清政府的财政收入就会必然增加，既可遏制洋商企业进一步发展，又可促进华商与其相抗衡，从而促进中国民族资本主义经济的快速发展。针对这种情况，李鸿章也指出："泰西各邦，皆有商律保护商人，

---

① 朱寿朋编《光绪朝东华录》（四），中华书局，1958，第4763页。
② 朱寿朋编《光绪朝东华录》（四），中华书局，1958，第4763页。
③ 盛宣怀：《愚斋存稿》卷3，文海出版社，1975，第62~63页。

盖国用出于税，税出于商，必应尽力维持，以为立国之本。"① 可见，清政府主张制定公司法的最终目的就是增加政府的财政收入。

当时的统治集团更是认识到了商律的重要性，他们企图制定一部专门的法律来控制和引导这种新式华商，压制商权，"国家所宜与商民公之者，利；所不能听商民专之者，权"。② 为此，张之洞进一步论证了制定商律的现实作用，"方今中国诚非雄强，然百姓尚能自安其业者，由朝廷之法维系之也"；③ "中国商业之不振，大率由于商学不讲，商律不谙，商会不举"。④ 光绪二十七年（1901）八月，他与刘坤一在会奏时再次提出应早定商律。他们会奏道："互市以来，大宗生意全系洋商，华商不过坐贾零贩，推原其故，盖由中外贸迁，机器制造均非一二人之财力所能，所有洋行皆势力雄厚，集千百家而为公司者，欧美商律最为详明，其国家又多方护持，是以商务日兴。中国素轻商贾，不讲商律，于是市井之徒，苟图私利，彼此相欺，巧者亏逃，拙者受累，以故视集股为畏途，遂不能与洋商争衡。"⑤ 同期，川籍京官甘大璋亦提出"商律、矿律、路律……当定"。⑥ 封建开明官员虽然议定商律的主要目的是加强管理和收拢华商，增加清政府的财政收入，但其要求进行商事立法的意愿却是强烈的。

3. 在华洋商

在华洋商虽然有不平等条约给予的特权保护，但这种保护并不是全方位的，所以他们也希望制定新的商法，来确保他们在华

① 朱英：《论清末的经济法规》，《历史研究》1993 年第 5 期。
② 任满军：《晚清商事立法研究》，博士学位论文，中国政法大学，2007。
③ 张之洞：《劝学篇·正权》，载《张文襄公全集》，中华书局，1987，第 557 页。
④ 盛宣怀：《愚斋存稿》第 7 卷，文海出版社，1939，第 35~37 页。
⑤ 朱寿朋编《光绪朝东华录》（四），中华书局，1958，第 4763 页。
⑥ 杜春和编《荣禄存札》，齐鲁书社，1986，第 19 页。

的利益。为此，他们以放弃领事裁判权为诱惑，促使清政府加快制定商法。关于这一点，下文有专节论述，此不详论。

（三）公司实践及公司思想的积淀为公司立法提供了物质基础及理论依据

鸦片战争之后，公司这种新型的经济组织形式随着列强的舰炮和一系列不平等条约被引进了中国。从早期通商口岸洋商创办公司、开展商贸活动，到官督商办公司的实践，再到民营公司的逐步发展，这些都是中国早期公司的实践。在早期公司发展的同时，有关公司的思想也逐步发展起来了，公司实践、公司思想的发展为《公司律》的出台做了物质及理论上的准备。

1. 附股活动使国人初步体验了公司创造财富的巨大功能

鸦片战争之后，西方列强开始在通商口岸创建、经营洋行。这些洋行有的原本就是外国的分支机构，有的则是后来在中国境内建立的。由于这些洋行受不平等条约给予治外法权的庇护，从中央到地方的各级官府，对其贸易活动都采取一种听之任之的态度。由于公司这种新型的经济组织形式适应了经济发展的需要，再加上治外法权的庇护，这些洋行在中国取得了巨大的经济利润。如旗昌轮船公司在设立后的第十年即 1872 年，股本从创办时的100 万两增加到 225 万两，公司资产从 100 余万两增长到 300 万两。股东也因此获得了巨大的回报。在 1895 年汇丰银行成立之前，旗昌轮船公司已经成了中国境内最大的外商公司。[①] 同时期的外国保险公司，如保家行的股东除了每年稳获 10% 的固定利息外，还

---

① 〔美〕刘广京：《英美航运势力在华的竞争》，邱锡镕、曹铁珊译，上海社会科学院出版社，1988，第 189 页。

可以获得 60%~80%的额外红利。① 由于受公司巨大经济利润的诱惑，中国富裕的商人也欲仿照而行之。但是，由于《大清律例》没有关于公司企业的法律规范，华商设立的公司就不"合例"，也得不到法律的保障，更不会得到政府的保护和支持。② "一闻有集股开办，万目睽睽，必不能容，悉里倾之而后已。"③ 华商投资于近代公司无望时，投资洋商进行附股以获取余利便是他们最好的选择了。

在公司这一先进的经济组织形式引入中国的同时，"英国商法，特别是那些涉及有限赔偿责任的商法，也普遍应用于在华英国轮船公司。这样，更加方便和更加安全相结合，吸引了更多的中国资本到外国企业中来"。④ 这些外国公司的出现，不仅给中国带来了先进的企业制度，而且还带来了新式的商事法律制度。与此形成鲜明对比的是，晚清原有的法律制度已不能适应时代的需要了，这就迫使清政府制定新的商事法律以便对这些新的经济现象给予有效的管理。

2. 官督商办公司是晚清政府对公司实践的初次尝试

官督商办公司虽然是在公司法还没有颁布，"由官总其大纲，察其利病而听商董等自立条议"的情况下组织起来的一种经济组织形式，但它已具备了近代公司的一些基本特点，如在形式上已实现了所有权与经营权的分离；公司组织基本具备了股东会、董事会和监督、稽查等机构。官督商办公司的建立使国人对公司体

---

① 汪敬虞：《十九世纪西方资本主义对中国的经济侵略》，人民出版社，1983，第499页。
② 张国辉：《中国新式企业的发动和封建势力的阻挠》，《历史研究》1986年第2期。
③ 陈绍闻：《中国近代经济文选》，上海人民出版社，1984，第202页。
④〔美〕郝延平：《中国近代商业革命》，陈潮、陈任译，上海人民出版社，1991，第281页。

制有了更深刻的认识，但也使其更清晰地认识到如没有公司法保护，官督商办公司根本不可能实现正常的经营，其发展也会处处受到封建官员的掣肘，商董根本不可能真正掌握经营大权。在官督商办公司创建之初，郑观应曾高兴地说："全恃官力则巨费难筹，兼集商赀则众擎易举……必官督商办，各有责成。商招股以兴工，不得有心隐漏；官稽查以征税，亦不得分外铢求，则上下相维，二弊俱去。"① 随着官督商办公司的发展，其弊端也逐渐暴露出来，这时郑观应表达了其极度失望的情感，"东西国例，公司虽官助厚资而成，亦无官督商办之例"；"以官督商办之故，不能于泰西各公司竞争于世界之舞台，此中国商业所以日剧败退也"。② 从郑观应前后的态度可以看出，官督商办公司如果没有公司法加以规范，不仅不可能将中国带入现代化，而且还阻碍了中国近代经济的发展。

官督商办公司模式是通过一事一议的程序创建出来的，再加上"由官总其大纲，察其利病"、"盈归官，亏归商"的巨大利益，所以得到了清政府的认可，这也是官督商办存在合法性的前提。而实际上，官督商办始终处于一种无法可依的状态，"其所以维护而监督之者，则交涉之约章，立案之合同也，试办之奏咨也，批准之章程也，未尝有统一之法律以资准据，亦未尝有完全之办法以为监督"。③ 由于没有法律的保障，官督商办公司的创建、经营常常因人、因事、因地而变，不确定性非常大，政府官员随意干预公司经营的事件屡有发生，官商矛盾非常尖锐。④ 对此弊病，陈

① 郑观应：《盛世危言》初篇《开矿》，载夏东元编《郑观应集》上册，上海人民出版社，1982，第704页。
② 郑观应：《盛世危言》，载夏东元编《郑观应集》上册，上海人民出版社，1982，第613页。
③ 姚成翰：《公司条例释义》，商务印书馆，1914，第5页。
④ 魏淑君：《近代中国公司法史论》，上海社会科学院出版社，2009，第22页。

炽说："中国之官商相去悬绝，不设专官以隶之，不设专律以防之，不定地方官吏之考成功罪以警之，而欲恤商情、振商务、保商权，是犹缘木求鱼，欲南辕而北其辙也，其必不得已。"① 郑观应在长期的公司经营活动中，深感中国无商律、无公司法之痛，乃大声疾呼："仿西法，颁定各商公司章程，俾臣民有所遵守，务使官不能剥商，而商总、商董亦不能以假公济私，奸商墨吏均不敢任性妄为，庶商务可以振兴也。"② 陈炽亦强调说："不立商部，何以保商？不定商律，何以护商？"③ "不定专官，定专律，则商情终抑，而商务必不能兴。"④ 总之，官督商办公司的实践，是国人对公司了解的开始。近三十年的公司实践，又推动了国人对公司的进一步认识。国人从对公司表象化的集资功能到对公司内在的运作机制以及公司法律制度的初步认识，为公司在中国走向法制化的轨道在物质和意识上做了必不可少的准备。⑤

（四）商事立法思想的发展及法律规章的颁布最终促使了《公司律》的出台

甲午战争的失败及《马关条约》的签订使举国上下极为震惊，堂堂"天朝大国"竟然败于一向遭国人轻蔑的"蕞尔岛国"——日本。震惊之余，有识之士开始反思失败的原因，他们一致认为中国失败的根本原因在于，"工商不举"并缺乏相应的商事法规，

---

① 陈炽：《续富国策·创立商部说》，载赵树贵、曾丽雅编《陈炽集》，中华书局，1997，第 234 页。
② 赵靖、易梦虹主编《中国近代经济思想史资料选辑》中册，中华书局，1980，第 84 页。
③ 陈炽：《续富国策·创立商部说》，载赵树贵、曾丽雅编《陈炽集》，中华书局，1997，第 233 页。
④ 赵靖、易梦虹主编《中国近代经济思想史资料选辑》中册，中华书局，1980，第 102 页。
⑤ 魏淑君：《近代中国公司法史论》，上海社会科学院出版社，2009，第 13 页。

于是他们大声疾呼发展工商业、制定商事法规。如出使俄奥国大臣杨儒在给朝廷的奏章中认为，中国在对外贸易方面一直处于劣势的主要原因是，"彼有商学而我不讲，彼有商会而我不兴，彼且有公司以集资，国家为保护，故中国商货出口不敌进口，互市以来，彼愈富而我愈贫"，为了改变这种被动的局面，"亟应订商务之律，设商务之局，遍询商家之疾苦不便，而善谋补救，博访商家之盈虚利弊，而力为主持"。① 两江总督刘坤一、湖广总督张之洞也非常认同这种看法并上奏清政府："互市以来，大宗生意全系洋商，华商不过坐贾零贩，推原其故，盖由中外贸迁，机器制造均非一二人之财力所能，所有洋行皆势力雄厚，集千百家而为公司者，欧美商律最为详明，其国家又多方护持，是以商务日兴。中国素轻商贾，不讲商律，于是市井之徒，苟图私利，彼此相欺，巧者亏逃，拙者受累，以故视集股为畏途，遂不能与洋人争衡。况凡遇商务讼案，华欠洋商，则领事任意需索，洋欠华商，则领事每多偏袒，于是华商或附洋行股份，略分余利，或雇无赖流氓为护符，假冒洋行。……必中国定有商律，则华商有恃无恐，贩运之大公司可成，制造之大工厂可设，假冒之洋行可杜……十年以后，华商即可自立，骎骎乎并可与洋商相角矣。"② 戊戌变法期间，康有为也表明了制定商律的重要性，"商官商律不设，故无以定价值之低昂，治倒帐之控诉，治伙友之倒亏，治滑奸之诬骗。银钱无定价，则受平色之困，行规不与官通，则官可任意遏抑，体制又与商隔，则胥吏可借端欺凌"。③

在有识之士呼吁及甲午战争的刺激下，清政府逐渐放宽了对民间投资设厂的限制，并将经济政策调整为"以筹饷练兵为急务，

---

① 丁守和：《中国历代奏议大典》，哈尔滨出版社，1994，第849页。
② 朱寿朋编《光绪朝东华录》（四），中华书局，1958，第4763页。
③ 汤志钧：《康有为政论集》上册，中华书局，1981，第326页。

以恤商惠工为本源"。① 同时，清政府在维新运动的推动下，尝试
"变祖宗成法"，以期能使工商活动逐渐制度化。为此，清政府设
置了一些新的经济部门，如 1898 年 8 月，清政府在北京设立农工
商总局，该局虽不具备统一管理全国农工商事务的权力，却是清
政府首次设立的新型经济部门。同年，又在北京设立了矿务铁路
总局，统一管理全国的路矿。为了促进工商业的发展，清政府还
制定了一些新的激励法规。1898 年 7 月，清政府颁布《振兴工艺
给奖章程》，这是清政府第一次制定专门奖励发明和经济活动的法
规，同时这部章程规定准允商民集资创办公司，并给予不同的奖
励，从而使民间企业的创办活动获得了初步的合法地位。同年 11
月，矿路总局制定了《矿务铁路公共章程》，该章程的出台表明清
政府开始尝试用法规来指导、管理全国的路矿工作。这些政策和
法规的陆续出台为民营公司的创办提供了依据，改善了环境，促
进了企业的发展。据统计，截至 1903 年，国内共设立过商办企业
283 家，总资本达 4088 万元。② 不断发展的中国商办企业、新设的
经济部门及颁布的法律规章都在促使着《公司律》的最后出台。

（五）先进法律的移植，为近代的公司立法提供了立法范式和理论依据

编译外国先进的法典和论著，是晚清政府系统地输入西方法
律和理论的主要渠道。这些现代的法典和成熟的法理论，直接为
中国法律的制定提供了完整的法典范式，并为中国系统地移植西
方法律制度进行了初步的理论论证，因而与中国法律有着直接的、
实际的渊源关系。正是从这个意义上讲，这些活动是"清末西方

---

① 《清实录·德宗景皇帝实录》卷 369，中华书局，1985，第 837~838 页。
② 李玉：《晚清公司制度建设研究》，人民出版社，2002，第 103 页。

民商法传入中国的主要手段和体现，也是其对中国民商立法发生实际影响的前奏"。①

其实，早在 1839 年于广州禁烟时，为了解西方列强的情况，以便更有效地禁烟，林则徐就采纳了美国传教士伯驾的建议，主持翻译了瓦特尔的《国际私法》（《各国律例》），来处理有关战争及对待外国人的问题。② 鸦片战争后，西方法律的传播更加广泛，当时的美国传教士丁韪良出于"使得中国官僚能学会半殖民地国家所应守的规矩"③ 的意图，翻译了惠顿的《国际法原理》，命名为《万国公法》。经清政府御准后刻刊出版，供通商口岸及外交官员参考，这在当时中国的对外交往中产生了一定的效果。随着对外交涉案件的增多，西方的一些法律著作也陆续被译为中文，如《各国交涉公法论》、《公法总论》、《星轺指掌》、《陆地战例新选》等。其中，李提摩太译的《泰西新史揽要》在中国受到了热捧。梁启超在其《读西学书法》中，评介此书为"述百年以来欧美各国自强之迹，西史中最佳之书也"。戊戌变法时期，康有为将此书推荐给光绪帝，致使光绪帝"日加披览，于万国之故更明，变法之志更决"。④ 这些早期的翻译著作，为后来的翻译提供了范式。

1862 年京师同文馆的成立，"揭开了中国官方有组织地、正式地引进与翻译西方法律、法学著作的序幕"。⑤ 初始阶段，对西方法律引进与移植的，公法居多，而民商法等私法较少。1901 年，流亡西安的慈禧太后以光绪帝的名义颁布了变法上谕。这个上谕

---

① 李秀清：《中国近代民商法的嚆矢》，《法商研究》2001 年第 6 期。
② 杨泽伟：《近代国际法输入中国及其影响》，《法学研究》1999 年第 3 期。
③ 胡绳：《帝国主义与中国政治》，人民出版社，1996，第 50 页。
④ 梁启超：《戊戌政变记》，载中国史学会编《戊戌变法》（一），上海人民出版社，1957，第 251 页。
⑤ 李秀清：《中国近代民商法的嚆矢》，《法商研究》2001 年第 6 期。

使统治阶层逐渐摆脱了"祖宗之法不可变"的陈腐信条，并厘定了变法的两条具体途径，即"或取诸人"和"或取诸己"。"取诸人"就是学习西方先进的法律，"取诸己"则是继承中国固有的传统法律。为贯彻这道上谕，1903 年商部设立，具体负责当时商事法律的制定。商部设有律学馆，专职搜集翻译外国商法资料及相关法律。同时政府设中外法制调查局，负责调查各国的法律制度。1904 年，修订法律馆成立，大大加快了翻译外国法律和法学著作的步伐。

这些翻译工作，为清政府"博采欧美律例，订明通行之法"，"参酌各国律法，务期中外通行"奠定了理论基础。事实上，《公司律》就是商部通过择要译录西方各国商法而拟制的，它基本上以英国公司法和 1899 年《日本商法典》为蓝本，是英美法和大陆法的混合物。① 其实早在 19 世纪 70 年代，封建官僚集团兴起洋务运动时就设计了设商部、定商律、"将英、美各国公司章程择要删繁，通行刊布"② 的蓝图，清楚地表达了模仿西方商法制度及法典形式的主张。

总体来看，注意翻译外国商法条文和商法学著作，于当时情况而言，确实具有深刻的功利性。但这些活动在当时已经形成一种潮流，且所获颇丰，这对于中国商法典的诞生起到了直接的促进作用。

二 公司法产生的国际背景

西方列强虽然仰仗不平等条约在中国取得了政治、经济上的特殊利益，但是，随着在华经济力量的增长，他们不仅要求清政

---

① 江平：《新编公司法教程》，法律出版社，1997，第 15 页。
② 陈炽：《续富国策·纠集公司说》，载赵树贵、曾丽雅编《陈炽集》，中华书局，1997，第 236 页。

府给予他们经济上的特权，而且也要求清政府制定符合国际惯例的法律制度，以免遇到经济纠纷时无法可依。19 世纪末，由于种种原因，西方列强要求清政府制定商事法律的愿望比以往更加强烈。

（一） 西方列强在中国面临的 "法律缺失" 危机

在公司这一先进的组织形式引进中国之初，西方的资本并没有随着这一形式输入中国，因为他们国内还有很大的发展空间，所以这时他们在中国的发展资金基本上是短缺的。出于公司自身发展的需要，这些公司创建者积极鼓励中国人投资于他们创建的公司，即习惯所说的 "附股"。但清政府与外国人签订的不平等条约中没有关于附股条款的规定，中国现行法典中更是没有，所以，关于附股的事务基本上处于无法可依的状态。此外，一些中国持股者在认股之后不缴或少缴股本的情况也比较常见，甚至抽出资金的情况也屡见不鲜。每当这种情况发生，受制于当时的法制环境，外国公司往往不能通过法律的途径得到他们期望的赔偿，所以西方列强逐渐认识到他们所面临的 "法律缺失" 困境。于是，他们一方面强化其既有的经济特权，另一方面也开始促使清政府按照西方商法制度和法律模式，建立一部中国的但能适应他们在华投资需要的商事法典。

如 1898 年 11 月 3 日，"中国协会" 上海分部的主席杜谨（C. J. Dudgon） 在给英国外交大臣麦克唐纳德（Sir C. Macdonald）写信时，如此说道："这个最近发生的案件涉及一个英国公司的中国股东的责任问题。道台判决中国股东不受持股合同的限制。正如阁下所知，中国人大量地持有英国股份公司的股份。在许多这样的公司中，有相当数量的储备责任以未缴股本的形式附加于股份中，这些未缴股本事实上是构成公司信誉赖以存在的储备。储备责任被上海道台不确切地视为'附加费'。如果股东不想缴，那他们就不必缴。不论在中国人持有的股份上是否有储备责任，这个判决对所有那些有中国股东的公司的影响都十分严重。在这种情况下，寻找可行的保护措施的问题无疑被完全推给了公司本身。上海道台的一纸判决阻碍了中国的商业进步。经验表明，在被所有文明国家认可的平等和正义的法律保护下，通过中外资本的相互投资，是可以促进商业进步的。除非中国准备承认这样的法律，否则它就无法被国际社会接受，也无法得到任何投资来发展其资源。"①

基于解决华人附股的纠纷及保护他们公司的在华利益，西方列强加紧了要求清政府制定一部可供中西商人共用法典的步伐。"每一件事都预示着正在来临的中国工业在更大规模上发展，中外资金肯定会更加密切联系在一起。重大的商业重要性肯定会带来中外之间无数的问题，而这需要一个有能力的法庭。但是目前中国既无管理的法律，也无可以被依赖的公正裁决纠纷的法庭。……因而协会大胆地建议不仅应当要求中国政府立即实现施行一部国际性法典的承诺，而且要求它采取步骤建立一个国际性的或混合的法庭来适应这部法律。"② 针对当时公司无法可依、无章可循的状况，近代美国学者詹美臣如此说："大清律在这方面提供不了什么帮助，我翻阅了所收录的许多重要案例，但没有太大用处。每一个可能方面的罪行及其惩罚都有大量的详细规定，但对商业法却未置一词。"③

---

① George Wialliams Keeton, *Development of Extraterriality in China*, 2 Vols (London, 1928), pp. 371-374, 转引自江眺《公司法：政府权力与商人利益的博弈》，中国政法大学出版社，2006，第 10 页。

② 帅天龙:《清末的商事立法》，载徐学鹿编《商法研究》第 1 辑，人民法院出版社，2001，第 52~54 页。

③ 科大卫:《公司法与近代商号的出现》，《中国经济史研究》2002 年第 3 期。

（二）　废除领事裁判权是公司立法的直接动因

领事裁判权，又称"治外法权"，"即一国通过驻外领事等对处于另一国领土内的本国国民根据其本国法律行使司法管辖权的制度"。① 从领事裁判权本身的性质和含义来看，外国在华侨民如果违背了中国的法律，可以不受中国司法的管制，而由他们本国的法律进行审判，但并不表示他们可以不遵守中国的法律。然而实际上，它"乃是外国侵略者强迫中国缔结的不平等条约中所规定的一种非法特权，它的主要内容是：凡在中国享有领事裁判权的国家，其在中国的侨民不受中国法律的管辖，不论其发生任何违背中国法律的违法犯罪行为，或成为民事诉讼或刑事诉讼的当事人时，中国司法机关无权裁判，只能由该国的领事等人员或设在中国的司法机构据其本国法律裁判"。② 领事裁判权的建立严重践踏了中国的司法主权，"它的影响所及，不仅是那些唯实或实利主义者所请示的'国家体面'等等，而实在关系中华民族的幸福及国家的安全。因为领事裁判权往往会发生三个最大的弊害，那就是：（1）权利国之人民实际上几可不受中国政府机关之管辖及一切法律之制裁；（2）权利国滥用领事裁判权使其他外国人或某种中国人不受中国法院及其他政府机关之管辖与中国法律之制裁；（3）中国国家或人民之利益为权利国人民或其他外国人或某种中国人所侵害时，无适当有效之救济办法"。③ 所以为了尽快改变这种状况，清政府开始积极推动法律改革，并与列强修订商约。列强承诺在清政府改良司法并与西方法律文明趋同后，即放弃领事

---

① 武树臣主编《中国传统法律文化辞典》，北京大学出版社，1999，第228页。
② 赵晓耕编《中国法制史》，中国人民大学出版社，2004，第366页。
③ 郝铁川、陆锦碧编《杨兆龙法学文选》，中国政法大学出版社，2000，第450页。

裁判权。首先对清政府做出废除领事裁判权承诺的是英国。光绪
二十八年八月签订的《中英续订通商行船条约》第 12 款规定：
"中国深欲整顿本国律例以期与各国律例改同一律，英国允愿尽力
协助，以成此举。一俟查明悉中国律例情形及其审判办法与其他
相关事宜，皆臻妥善，英国即允弃其治外法权。"① 英国的允诺给
了清政府希望：只要能够以西方模式为蓝本改革法制，则领事裁
判权就可以废除。随后，美、日、葡等国都与清政府签订了类似
的条约，"方今改订商约，英、美、日、葡四国，均允中国修订法
律，首先收回治外法权，实变法自强之枢纽"。② 这样清政府就与
西方列强达成了以中国修订律例为条件，列强放弃其在中国的领
事裁判权的交易。其实，清政府在整个修律过程中，都是把收回
治外法权作为主要目标的，如"诚以修订全国律例乃更定商律之
提纲，更定商律为收回治外法权之要领，然非参考各国通律斟酌
尽善，恐外人不能遵守。拟请饬下外务部，刑部，商部博采欧美
律例，从速酌拟条款"。③ 同时，清政府又担心列强以所修法律不
符合要求为借口，不履行放弃领事裁判权的承诺，因此在制定商
律时，尽可能按照西方的要求制定《公司律》，"必须参考各国通
律，斟酌尽善"；"拟请饬下外务部，刑部，商部博采欧美律例，
从速酌拟条款。并通饬各省督抚，体察各省情形，统筹全局，定
一东西通行之法"。④ 由此可见，西方列强放弃领事裁判权的诱惑
确实是清政府制定《公司律》的直接动因。

---

① 王铁崖编《中外旧约章汇编》第 2 册，三联书店，1962，第 107 页。
② 沈家本：《历代刑法考》（四），中华书局，1985，第 2024 页。
③ 朱寿朋编《光绪朝东华录》（四），中华书局，1958，第 5341 页。
④ 朱寿朋编《光绪朝东华录》（四），中华书局，1958，第 5341 页。

第二节 《公司律》的出台过程及主要内容

一 《公司律》的出台过程

从《公司律》修订前后的经济、政治及文化的发展状况来看，已普遍存在"商法、公司律一日不定，则商人一日无所适从"① 的状况，而处于"新政改革"中的清政府也已经意识到制定经济法规，特别是公司法，对于振兴工商业的重要性与紧迫性。此种情况下，光绪帝遂于光绪二十八年（1902）二月正式发布修订专律的谕旨，指出"近来地利日兴，商务日广，如矿律、路律、商律等类，皆应妥议专条"，② 同时谕令出使大臣，查取各国通行律例，咨送外务部；并责成袁世凯、刘坤一、张之洞，慎选熟悉中西律例者，保送数员来京，开馆编纂，审定颁发，"务期切实平允，中外通行，用示通变宜民之至意"。③ 光绪二十九年（1903）三月，光绪皇帝鉴于"通商惠工为古今经国之要政，自积习相沿，视工商为末务，国计民生日益贫弱，未始不因乎此，亟应变通尽利，加意讲求"，遂批准了载振等人设立商部的建议；并指示载振、袁世凯、伍廷芳"先订商律，作为则例，俟商律编成奏定后，即行特简大员，开办商部"。④ 但数月后，修订商律之事尚未见眉目，光绪帝就发布上谕，正式成立商部。⑤ 商部的主要职责就是"整顿"和"振兴"中国商务，修订商律自是当务之急。张之洞也在

---

① 李士达：《工商会议报告录》，工商部，1913，第 3 页。
② 朱寿朋编《光绪朝东华录》（四），中华书局，1958，第 4833 页。
③ 朱寿朋编《光绪朝东华录》（四），中华书局，1958，第 4833 页。
④ 朱寿朋编《光绪朝东华录》（五），中华书局，1958，第 5013～5014 页。
⑤ 朱寿朋编《光绪朝东华录》（五），中华书局，1958，第 5063 页。

给商部的复信中建议，制定商律应"迅速办理"。不过，因商律包含门类较多，内容庞杂，"非克期所能告成"，该部鉴于"目前要图，莫如筹办公司，力袪曩日涣散之弊，庶商务日有起色，不致坐失利权。则公司条例，亟应先为妥订，俾商人有所遵循，而臣部遇事维持，设法保护，亦可按照定章核办"，于是遂"先期拟（定）商律之公司一门"，① 并于光绪二十九年十二月初五日（1904 年 1 月 21 日）奏准颁行。在这样仓促的情况下，中国历史上第一部公司法就草率出台了。

二 《公司律》的主要内容

《公司律》是近代中国第一部关于公司组织的法律，它是由伍廷芳等人在"择要译录"西方各国现成商法的基础上编纂而成的，其具体内容是"约有五分之三条文仿自日本明治 32 年（1899）商法，五分之二仿自英国公司法"。② 从法律条文的构成来看，《公司律》共 11 节 129 条。第一节公司分类及创办呈报法，计 32 条，主要内容有公司的法律定义；四种公司形式及其各自注册程序和条件要件。第二节股份，计 12 条，主要内容有要求附股人无论是华商还是洋商一体遵守；实缴股本不得以债抵充；股份共有，由出名人负责，但权责在公司内部可细化；股票可自由转让，但须到公司注册登记；股银的续缴以及股东地位平等。第三节股东权利各事宜，计 17 条，主要涉及股东会议所议事项须会前半月布告；股东会的年度会议和特别会议；股东会议记录及其决议侵权的补救；备置股东名册；股东查阅账簿及公司资料权利（部分秘密资料不可查阅）等事项。第四节董事，计 17 条，规定董事的公举及

---

① 朱寿朋编《光绪朝东华录》（五），中华书局，1958，第 5132 页。
② 赖源河：《台湾公司法之沿革与课题》，载江平、赖源河主编《两岸公司法研讨》，中国政法大学出版社，2003，第 28 页。

更换，董事的禁止性行为，董事对公司总办或总司理人（总经理）的聘任及开除等。第五节查账人，计6条，规定查账人的产生、任期、兼任禁止及查账人的查账权利。第六节董事会议，计13条，主要规定董事局会议的召开和议事规则，采用人数决定主义，会议记录、每周的寻常会议及特别会议等。第七节众股东会议，计7条，主要涉及股东会主席的产生，股东会寻常会议和特别会议两种类，股东会的提案及其通过规则。第八节账目，共6条，内容主要有账目年报及其内容、查账人查阅、股东查核、盈余分利以及公积金的提取。第九节更改公司章程，共7条，主要规定变更公司章程的程序、增股登记等。第十节停闭，共6条，列举公司停闭的情形、清理人的产生、清理人的职权及停闭公司账册由股东会通过。第十一节罚则，共6条，主要规定对相关责任人违反《公司律》中强行性规则行为的处罚。[①]

第三节 《公司律》的颁布对
公司建设的促进

从现有记载资料来看，《公司律》的颁布主要在以下几个方面促进了公司的发展。

一 有限责任制的确定

所谓有限责任，是指股东以其所认购的股份金额为限对公司债务负有限清偿责任，一旦公司因资不抵债而破产，股东只损失所持有的股份，而不牵涉本人的其他财产。在近代西方公司发展历程中，有限责任制早已确立，如股份有限公司、有限责任公司，

---

① 《大清法规大全》第6册，考正出版社，1972，第3021~3033页。

并且具有法律的明确规定。在中国传统企业组织的部分合伙企业中，虽然也出现了有限责任的萌芽，但这种萌芽仅限于个别合伙企业，而且不是经过法律规范的一种固定状态。大部分中国商人承担的都是一种无限责任，这给商人带来了沉重的思想负担，从而极大地抑制了商人投资的热情。近代洋务企业虽然注意引进西方近代股份公司的筹资方法及经营管理措施，却没有明确商人股东的有限责任。随着洋务企业的纷纷倒闭，商人股东的命运可想而知，所以在较长时间内，商人对于公司望而却步。

筹办公司最要者亦最难者，无疑是股款的募集，而传统的无限责任显然是公司设立的极大障碍。于是，西方新型的有限责任形式自然成为商人的理想选择。"考西人定例，公司分为二等，一曰有限公司，一曰无限公司。所谓有限公司者，凡执有股份票之人，遇公司当亏欠累累之际，除每股预定额付若干外，便可脱然无累；若无限公司，至资本荡尽，而犹不足，债主仍须向各股东催索，直至一无蒂欠而后已。犹华人之合会然……西人近来所设大半皆有限公司，俾人之无后患之虑，招股自易，入股自多，所以所设公司可日增一日，而商务亦日大一日。中国虽亦有效而行之，则尚如晨星之可数，而风气终未大开，商务所以终未有起色。故欲振兴商务，须广设公司。"①

《公司律》的诞生，基本满足了商人对有限责任的心理要求，消除了其出资后对无限责任牵累的忧虑。《公司律》第 1 条便开宗明义，将公司分为合资、合资有限、股份、股份有限四种形式，且有有限和无限之分。"合资有限公司如有亏蚀、倒闭、欠帐等情，查无隐匿银两讹骗诸弊，只可将其合资银两之尽数并该公司

---

① 《论商务以公司为最善》，载邵之棠辑《皇朝经世文统编》卷 63《理财部八·公司》，文海出版社，1980，第 2532 页。

产业变售还偿，不得另向合资人追补。""股份有限公司系七人或
七人以上创办集资营业，声明资本若干，以此为限者"；同样，
"股份有限公司如有亏蚀、倒闭、欠帐等情，查无隐匿银两讹骗诸
弊，只可将其合资银两缴足并该公司产业变售还偿，不得另向股
东追补"。[1] 除此两种有限公司外，其他均为无限。对此第 31 条重
申，"凡合资公司、股分公司于呈报商部注册时未经声明有限字
样，应作无限公司论。如遇亏蚀，除将公司产业变售偿还外，倘
有不足，应向合资人、附股人另行追补"；并明确规定"无限公司
或铺户等欠帐、亏短可向股东、铺东追偿，并将自己名下产业变
售封抵"。[2]《公司注册试办章程》第 5 条也有相同的规定："凡各
省各埠之公司、厂、行、号、铺店，一经遵照此次奏定章程赴部
注册给照后，无论华洋一律保护；其未经注册者，虽自称'有限'
字样，不得占公司律第九条、第二十九条之利益。"[3] 有限责任制
度的引入，无疑极大地刺激了商人的投资热情，也有力地推动了
国内近代公司的快速发展。许多公司在其创办章程和招股章程中，
均直接明确宣称其为有限责任公司，并视为广告用语，以此吸引
投资人。"日后公司设有亏欠，尽公司产业变偿，不得另向股东追
补。"[4] 又如，"股东责任以所认定之股份，股份以外如有损失，概
不负责"。[5]

　　当然，《公司律》中虽规定有无限责任公司，但在实际操作
中，由于其责任的严重性，公司创办人极少采用。但在钱业、当

---

① 《公司律》第 9、13、29 条，《东方杂志》1904 年第 1 期，第 14、17 页。

② 《公司律》第 31、32 条，《东方杂志》1904 年第 1 期，第 17 页。

③ 《大清法规大全》第 6 册，考正出版社，1972，第 3016 页。

④ 《山西省同蒲铁路总局开办章程》，《商务官报》丁未年第 23 期（光绪三十三
年九月初五日）。

⑤ 《度支部厘定各银行则例》，《商务官报》戊申年第 2 期（光绪三十四年二月初
五日）。

铺等特殊行业，一律准允承担有限责任，显失全宜。钱铺贸易存款开票难以稽查，如准允承担有限责任，则钱庄容易出现诓诈钱银现象，光绪三十二年六月江苏松江府青浦县保裕钱庄案便为一例。① 另外，当铺也不宜承担有限责任，"当商多系与贫民交易一号，所存无数所家衣物，设有不慎，援引有限公司办法，则小民衣物等件均属无著。在民间既受其亏累，在当商亦失其信用，不便莫大于是"。② 因此，当商申请注册者应与钱业一样，均以无限责任形式注册，同时责令此前已经注册为有限责任形式的当商和钱业，必须上缴原执照，转换为无限责任者。这是无限责任的强行性情况，当然也是一种特例。

二　为近代公司企业的创办及经营运作提供了法律依据及准绳

《公司律》对各类公司（尤其是股份有限公司）都做了严格的界定，为公司的创办、注册及运营提供了具体的指导。《公司律》颁布后，各公司企业纷纷表示依律而行，且在其章程中均有"谨遵钦定商律公司律办理"、"一切遵照商律……公司办理"、"确遵商律"的规定；就连一些中外合股公司也声称遵依《公司律》运营管理。③

农工商部在审查公司注册时，对那些与《公司律》不符者，均要求其根据《公司律》条款进行更正。如湖北候补知府程颂万等在创办广艺兴公司时，声称系无限责任公司，但其章程第 18 条中有"本公司虽云无限公司，然仅指股额而言，若股金仍然有限"等语。商部遂在批复中指出："查无限公司应付无限责任，如遇亏

① 《大清法规大全》第 6 册，考正出版社，1972，第 3019 页。
② 《大清法规大全》第 6 册，考正出版社，1972，第 3022 页。
③ 李玉：《晚清公司制度建设研究》，人民出版社，2002，第 119 页。

蚀，除将公司产业变售偿还外，倘有不足，应向附股人另行追补，律章具有明文。"因该公司中的规定"显属误会"，所以"碍难注册"，要求其"明白声覆"。① 职商刘经络在天津集股三万两设立涌源机磨面粉公司，赴部注册时，商部官员发现其公司章程内"办事权限第三条'股东调查帐目'一节查与商律稍有不同"，且查察人姓名、住址也"未据声叙"，即责令其"补行更正"。② 粤商拟设粤东编译学校用品有限公司，由广东商会代为申请注册，但该公司章程第 7 条规定：第二期股银如不照交，则将第一期股银充公。商部认为"词条与商律第四十一条及四十二条不符，应展限十五日，查照商律办理"。③ 职商刘松年创建的锡山业勤公司开办后，"未按照商律办事"，商部遂咨行江苏巡抚"派员传集各股东，查明该厂情形，按照商律妥订规条，报部核夺"。④ 职商恽祖祁等集股创办常州大均机器饼油有限公司，因其章程内"遗漏"对总协理等员任期的规定，被商部责令"一律更正"。⑤ 类似的商部批示还有很多，此不赘列。

不仅商部在审核公司注册时依据《公司律》，而且华商公司在经营过程中也多能依据《公司律》解决问题，指导运作。如江阴利用纺织公司开车后，鉴于厂房造价昂贵，机器成本高，原招三十万股本不敷周转，遂召集股东会商议对策，结果"公议续招另

---

① 《批湖北候补知府程颂万等禀》，《商务官报》丙午年第 26 期（光绪三十二年十一月十五日），第 18 页。
② 《批职商刘经络等禀》，《商务官报》丙午年第 20 期（光绪三十二年九月十五日），第 8 页。
③ 《批广州商务总会禀》，《商务官报》丙午年第 26 期（光绪三十二年七月十五日），第 18 页。
④ 《批职商刘松年等禀》，《商务官报》丁未年第 24 期（光绪三十三年九月十五日），第 11 页。
⑤ 《批职商恽祖祁禀》，《商务官报》丙午年第 26 期（光绪三十二年十一月十五日），第 18 页。

股十万两，每股规元十两"。① 1903 年成立的天津造胰有限公司，
为体现名实相副，以便续招股本，便"遵商律定名，改称股份有
限天津造胰公司"。② 川汉铁路公司依据《公司律》先后于 1909 年
10 月和 1910 年 11 月举行股东大会，选举了董事局、查账人，决
议公司经营事宜。《公司律》颁布后，依据《公司律》操行运作的
公司企业不胜枚举。总之，商部的依律审核及公司的依律营运，
在一定程度上维护了《公司律》的严肃性和公司发展的规范性。

三 公司内部治理机制得到了进一步的规范

近代公司是一个由法人治理结构来运作和管理的企业组织形
式。在《公司律》颁布时，作为商法制度基础的近代民法尚未成
熟，因而没有建立起系统的法人制度，所以公司也没有获得法律
上的独立人格，但公司经营管理的新模式——分权治理机制却在
《公司律》中得到了系统的设置。

公司治理机制，究其构造而言，就是指由股东或出资人、董
事会和公司高级管理人员组成的管理机构对公司经营活动进行管
理。由于公司物质资本所有权主体众多，难以亲自管理，同时随
着企业规模的扩大和市场日益复杂，公司出资者难以适应这种专
业性要求，"这就迫使物质资本所有者放弃对企业的直接占有和控
制，而把经营权委托给具有经营能力的经理，于是便出现了所有
权和经营权的分离"。③ 这种公司治理机制可追溯至 1600~1602 年
英国和荷兰的特许贸易公司创立的董事会领导下的经理人员经营

---

① 汪敬虞编《中国近代工业史资料》第 2 辑下册，科学出版社，1957，第 796 页。
② 天津市档案馆单位编《天津商会档案汇编（1903—1911）》上册，天津人民
　出版社，1989，第 1155 页。
③ 中国法制出版社编《商法论文选萃》，中国法制出版社，2004，第 297 页。

制度。① 后来逐步完善成由股东会、董事会、经理人和监事人分权制衡的公司内部权力运营结构。

就近代中国而言，在《公司律》颁行前，虽有公司的实践，却无可行的公司治理模式，这也正是当时公司举步维艰的主要原因之一。以洋务企业为例，无论官督商办还是官商合办，甚至是商股商办，内部的企业管理依然都是以专制为特色的家族式管理，官衙习气浓厚，难以适应现代企业的发展。著名的汉冶萍公司可谓典型，"汉冶萍公司虽名商办公司，其腐败之习气，实较官局尤甚。……公司职员，汉冶萍三处统计不下千二百人，大半为盛宣怀之厮养及其妾之兄弟，纯以营私舞弊为能"。② 这正如学者所言："在近代企业兴起之初出现的官办、商办之争，反映的实质说到底也就是公司治理结构的问题。"③

在近代公司中，国家行政权力介入公司内部管理的程度过重，使得公司分权管理模式难以真正形成，公司并没有真正获得经营的独立。在官督商办的经营体制下，"由官总其大纲"，④ 实际上排斥了公司内部的自我管理和分权治理，也正是这种官督模式导致了洋务企业的破产。1904 年初《公司律》的颁行，填补了公司治理的立法空白。但由于此时公司属于草创阶段，尚未形成成熟的经理人和监事人阶层，因此，《公司律》将公司内部治理权限主要赋予了董事局和股东会议。股东出资后可以不参与公司管理，但有监督权和投票权。"公司创办时所订合同及记载众股东历次会议

① 梅慎实：《现代公司机关权力构造论》，中国政法大学出版社，1996，第 83 页。
② 汪敬虞编《中国近代工业史资料》第 2 辑上册，科学出版社，1957，第 474 页。
③ 张忠民：《艰难的变迁——近代中国公司制度研究》，上海社会科学院出版社，2002，第 422 页。
④ 李鸿章：《论试办轮船招商》，载《李文忠公全集·译署函稿》第 1 卷，文海出版社，1980，第 40 页。

时决策各事之册并股东总单，须分存公司总号及分号，俾众股东及公司债主可以随时前往查阅。""举行寻常会议，董事局应于十五日前将公司年报及总结分送众股东查核。""举行寻常股东会议时，公司董事应对众股东宣读年报，并由众股东查阅帐目。众股东如无异言，即行列册作准，决定分派利息，并公举次年董事。众股东有以帐目为未明析者，可即公举查察人一二名，详细查核。"①

股东会对重大决策有议决权，"凡会议各事决议可否，从众所言为定"。② 如拟议事项确系公司的重大事件，则可举行特别会议，"公司有重大事件，如增加股本及与他公司并合之类，招集股东举行特别会议"；另外，"董事局欲将公司创办合同或公司章程更改，必须由众股东会议议决"。③

在董事及董事局权限方面，董事是由股东会选任的。"公司已成，初次招集众股东会议时，由众股东公举董事数员，名为董事局。"在公司中，董事局地位极重要，"各公司以董事局为纲领，董事不必常住公司内，然无论大小应办应商各事宜，总办或总司理人悉宜秉承于董事局"。④ 可见，董事局实际上成为公司一切重大事务的管理机构，所做决定，公司总司理人必须执行。总司理人在公司中虽也享有一定职权，但主要是执行董事会决议，组织管理日常公司活动。而查账人对公司账目行使审查权，由股东会选举并对股东会负责，主要任务是审查公司中的董事和总司理人的账目的真实性，"查帐人可以随时到公司查阅帐目及一切簿册，

---

① 《公司律》第 54、47、48 条，《东方杂志》1904 年第 1 期，第 19~20 页。
② 《公司律》第 101 条，《东方杂志》1904 年第 1 期，第 27 页。
③ 《公司律》第 103、114 条，《东方杂志》1904 年第 1 期，第 27、29 页。
④ 《公司律》第 62、67 条，《东方杂志》1904 年第 1 期，第 22 页。

董事及总办人等不能阻止，如有询问应即答复"。①

综上所述，《公司律》首次以法律的形式规定了股东会议、董事局、总司理人以及查账人的公司分权治理模式，从而为清末公司法制的发展构建了一个法律框架。尽管其中各管理机构的职权分配不尽合理，议事规程未尽科学，但对于素无分权治理意识的晚清来说，这已是实质性的发展。这种新型的经济管理模式，初步满足了新兴工商经济的法律需要，有利于新型公司形式企业的成长。

四 促进了政企分立

在近代中国各种法律法规不健全、人治传统比较悠久的背景下，只有颁布公司法才能使"官吏不敢剥削，商伙不敢舞弊"。为此，盛宣怀要求"酌定商务律例，务使华商有途可循，不致受衙门胥吏之舞弄，即不致依附洋商流为丛爵（雀）渊鱼之弊"。② 以"商务律例"来规范官员与企业之间的关系，不但使公司经营"有途可循"，而且可以免除"衙门胥吏之舞弄"，达到官商和谐的目的。③

晚清时期的公司股份制度，并不是中国本土经济发展的自然产物，而是洋务派依据政治权力以传统企业为砧木对西方公司制嫁接的产物。西方的股份公司制度嫁接到中国后就变形了，形成了不伦不类的官督商办股份制，这样就扭曲了人们对股份公司制度的正确认识，使得近代公司制度在中国走了一段较长的歧路。在官督商办初期，商人的权力还是较大的。以轮船招商局为例，在其最初的资本构成中，商人股本比例明显高于官股。在其局规

---

① 《公司律》第 84 条，《东方杂志》1904 年第 1 期，第 24 页。
② 盛宣怀：《愚斋存稿》卷 3《奏疏三》，文海出版社，1975，第 62 页。
③ 杨勇：《近代中国公司治理思想研究》，博士学位论文，复旦大学，2005。

章程中，规定"商总为商局主政"，"商董分派各分局任事仍归总局调度"，规定商局事务属于商办，清政府免添派委员人等，以节靡费。① 但到 19 世纪 80 年代，洋务企业逐渐沦落到官府委任的督办手中，这样侵夺商人股权的事例便层出不穷，企业日益失去独立性，政企合一色彩渐浓。1885 年盛宣怀主持轮船招商局后，"专派大员一人认真督办，用人理财悉听调度"。② 随着官督权力的强化，政府直接派员控制企业，实质上已经形成了政企合一的局面。政企合一模式在企业发展初期确有积极作用，它能依靠政府的政权扶持和政策优惠来拓展业务，但这毕竟不是常态的商业机制。随着官权对企业控制的加深，必然会妨碍企业在自由市场上的独立发展；加之官僚腐败，洋务企业的破产便不可避免了。最终，清政府不得不以"招商"的形式将破烂的洋务企业交还给商人经营。

《公司律》的颁行，以法律的形式规制了政府行政权力对企业的宏观控制，并限制了政府权力对企业内部管理决策的介入。即使是官股，也只能作为出资股份中的成分，政府也只是其中的一个股东，而不享有特权。"无论官办、商办、官商合办等各项公司及各局（凡经营商业者皆是），均应一体遵守商部定例办理。"③《公司律》颁布后，政企分离的态势愈发明显。如 1907 年河南商办的中州煤矿公司欲扩大经营，进行招股集资，但并未成功，于是向官府求助。藩司认为煤矿是"本省利源所在，有关大局，亟应设法维持。因饬官银号备银 10 万，藩库筹备 10 万，共 20 万即入该公司股份，俾资经营"，同时重申，虽然该公司"有官股在

---

① 交通部、铁道部交通史编纂委员会编《交通史航政编》第 1 册，交通部、铁道部交通史编纂委员会，1946，第 143~145 页。

② 交通部、铁道部交通史编纂委员会编《交通史航政编》第 1 册，交通部、铁道部交通史编纂委员会，1946，第 156 页。

③ 《公司律》第 30 条，《东方杂志》1904 年第 1 期，第 17 页。

内，但仍为商股商办，官长不得侵害商权"。① 可见，官府已经注意到与企业分离的必要性，即使是在有官股的企业中，官府也只是享有一般股东应有的法定权利，从而初步构建了公司政企分离的外部的正常关系。

五 改善了官商关系

在中国传统社会中，"中国之官素未得民，中国之民素畏官府"，② 官商关系素不相睦，"良商畏避官吏几如虎狼"。近代以来，洋务民用企业中的官商关系也未得到改善，普遍存在官夺商权、权势不均、"官有权而民无权，官有势而民无势"的现象，致使"入股者寒心，未入股者裹足"，从而极大地挫伤了商民对新式企业投资的积极性。

《公司律》的颁布，在一定程度上削弱了官方的特权，减少了地方官对公司创办和经营事务的无端干涉，有助于公司的独立运作。《公司律》规定，凡社会各界所设公司及局厂、行号、铺店，均须向商部注册，"以享一体保护之利益"。《公司注册试办章程》对此亦作了规定。公司在商部注册后，商部除给予营业执照外，一般都要专门行文地方官和各地商务总会，请予"保护"。③ 商部和地方官的"保护"措施，大致包括发布晓谕告示，为公司张大声势；禁阻不法绅民的扰乱和书差胥吏的需索，为公司经营创造便利条件；维护公司的经营专利权，依商律理断商业纠纷，主持企业破产清算。有的官员还为公司制定了一系列"保护"和"杜

---

① 《时报》1907 年 6 月 23 日、6 月 28 日。
② 郑大华点校《新政真诠——何启 胡礼垣集》，辽宁人民出版社，1994，第 194 页。
③ 华中师范大学历史研究所、苏州市档案馆编《苏州商会档案丛编》，华中师范大学出版社，1991，第 304 页。

弊"等措施。① 有些企业的创始人直接申明注册的目的就是希望"地方官妥为保护，严禁藉端阻挠并攙夺排挤各弊，庶公司有推行之效，商本无折阅之虞"。② 总之，商部依律实施的"保护"注册公司的措施，对约束各级官吏的不良行为，改善公司经营环境，调动创办实业者的积极性产生了一定作用。

《公司律》关于股东权利与义务平等的规定有助于改善官商之间的关系，增进官商之间的经济合作。如该律第 30 条规定："无论官办、商办、官商合办等各项公司及各局（凡经营商业者皆是），均应一体遵守商部定例办理。"第 44 条又规定："附股人不论官职大小，或署己名或以官阶署名，与无职之附股人，均只认为股东一律看待，其应得余利暨议决之权以及各项利益，与他股东一体均沾，无稍立异。"③ 某些洋务大员也要求在公司中体现官商平等的原则，"无论入股者为官为绅，为商为民，或本省官商绅民或外省官商绅民，均以商论，一律作为股东。即有公款，亦以股东论，事权之轻重，利息之厚薄，但视股份多少之数，不问其人职业尊卑之等，至公至平，好无偏私"；④ "既名公司，则事权全在股东。股多者权重，股少者权轻，无论官款、地方公款、本省绅商军民所入之款、外省人所入之款，皆以股东论"。⑤ 这些规定、原则及言论对指导和规范官商合办企业的创立与运营产生了积极

① 《江苏巡抚咨本部文》，《商务官报》丁未年第 27 期（光绪三十三年十月十五日），第 9~10 页。
② 《候选道曾铸等禀本部文：为江西瓷业公司改归商办事》，《商务官报》丁未年第 8 期（光绪三十三年），第 9 页。
③ 《公司律》第 30、44 条，《东方杂志》1904 年第 1 期，第 17、19 页。
④ 张之洞：《张文襄公全集》卷 67《奏议六十七》，中国书店出版社，1990，第 13~14 页。
⑤ 张之洞：《张文襄公全集》卷 68《奏议六十八》，中国书店出版社，1990，第 15 页。

的作用。一些官商合办公司纷纷表示遵守《公司律》的这些规定。如黑龙江隆平煤矿公司："凡附股者即为股东，无论官商士庶，本公司一律看待。"① 两广盐务公司："附股人无论有无官阶，及官阶大小，均只认为股东一律看待，其应得余利暨议决之权，以及各项利益，与各股东一体均沾，无稍立异。"② 北洋滦州官矿有限公司："（官股）与商股一律享受利益，不稍歧异。"③《公司律》对官商关系的改善也促进了官商合办公司数目的增加，"晚清64家官商合办企业中，1904年之后创办的为48家，约占75%。此种局面的出现同《公司律》对企业股权运作的规范、对官商关系的调适有很大关系"。④

六　加强了对股东的保护

《公司律》颁布之前，公司的经营始终处于一种无法可依的状态，这对于公司的出资人——股东来说，总有一种不可名状的不安全感。如上海机器织布局在招商集股时就有人认为："尚无商律，亦无宪法，专制之下，各股东无如之何。"⑤ "民间之实业无由兴，国家之富强无可冀，此皆无法律专条实行保证之所致。"⑥ 著名实业界人士张謇也认为"无公司法，则无以集厚资，而公司业

---

① 《黑龙江隆平煤矿有限公司试办章程》，《商务官报》庚戌年第11期（宣统二年五月初五日），第34页。
② 《两广盐务有限公司章程》，《东方杂志》1904年第11期，第11页。
③ 天津市档案馆编《天津商会档案汇编（1903—1911）》上册，天津人民出版社，1989，第1221页。
④ 李玉：《晚清公司制度建设研究》，人民出版社，2002，第127页。
⑤ 郑观应：《致总办津沪电线盛观察论招商办电报书》，载夏东元编《郑观应集》卷12，上海人民出版社，1998，第1003页。
⑥ 沪商会：《上工商部书》，载经世文社编《民国经世文编·实业三》，文星书局，1962，第30页。

为之不举"。①

持重商思想者非常强调公司的集资功能，鼓励人们积极投资兴办公司。但他们也意识到，由于近代中国法制不健全，投资风险过大，投资者往往"视集股为畏途"。为了改变这一状况，就必须通过立法有效地保护投资者的利益。本着这一思路，《公司律》在保护投资者权益方面作了较详细的规定，如："合资有限公司如有亏蚀、倒闭、欠帐等情，查无隐匿银两讹骗诸弊，只可将其合资银两之尽数并该公司产业变售还偿，不得另向资人追补。""凡创办公司之人不得私自有非分之利益隐匿，以欺众股东。倘有此项情弊，一经查出，除追缴所得原数外，并按照第一百二十六条罚例办理，以示惩儆。至其应得之利益，先在众股东会议时声明允认者，不在此例。""如股东查出公司创办人不遵照按第十六条声明各项办理及有他项弊窦者，众股东可以解散不认。""公司必须遵照第二十一条声明各项办理，方能刊发股票，违者股票作废。他人因此受亏者准控官，向该公司索赔。"② 除了明确股东的权利，《公司律》对股东的义务也作了规定，如，"附股人应照所认股数任其责成"；"附股人不能以公司所欠之款抵作股银"。③

同时，为了防止公司管理人员营私舞弊，损害投资者（股东）利益，《公司律》第52、53、58条对此也作了规定："众股东无论举行寻常及特别会议，即将所议各事由书记列册，凡议定之事，一经主席签押作准后，该公司董事人等必须遵行。""众股东会议时，如有议定之事，董事或股东以为违背商律或公司章

① 张謇：《实业政见宣言书》，载张孝若编《张季子九录·政闻录》卷7，上海书店出版社，1991，第1页。
② 《公司律》第9、17、19、27条，《东方杂志》1904年第1期，第14~15、17页。
③ 《公司律》第33、36条，《东方杂志》1904年第1期，第18页。

程者，均准赴商部禀控核办，惟须在一月以内呈告，逾期不理。至股东禀控必须将股票呈部为据。""凡公司有股之人股票用己名者，无论股本多少，遇有事情，准其赴公司查核帐目。"① 但《公司律》第 61 条对第 58 条有一重大限制，该条规定："如有股东以查核公司帐目、书札及各事为名，实系借端窥觑虚实，私自别图他项利益，损碍公司大局者，董事局应禁阻其查阅。"② 该条之规定实际上是传统的工商经营观念的反映，在某种程度上讲，有使第 58 条为具文之虞。

为了保证股东同股同权，防止官吏等有权势者倚仗特权侵夺公司权益，《公司律》规定："股份银数必须划一，不得参差。""每一股不得折为数份。""无论官办、商办、官商合办等各项公司及各局（凡经营商业者皆是），均应一体遵守商部定例办理。""附股人不论职官大小，或署己名或以官阶署名，与无职之附股人，均只认为股东一律看待，其应得余利暨议决之权以及各项利益，与他股东一体均沾，无稍立异。""凡购买股票者，一经公司注册，即得为股东，所有权利与创办时附股者无异。其应有之责成，亦与各股东一律承任。如须续加股银，亦应照缴。"③ 在如何对待华商与洋商的问题上，重商者认为："凡交涉商务之案，中外宜一律办理，庶免华商吃亏，并杜公司流弊。"④ 据此，《公司律》第 35 条规定："附股人无论华商、洋商，一经附搭股份，即应遵守该公司所定规条章程。"⑤

此外，股东有股利分配的资产受益权、股份转让权、股东会

---

① 《公司律》第 52、53、58 条，《东方杂志》1904 年第 1 期，第 20~21 页。
② 《公司律》第 61 条，《东方杂志》1904 年第 1 期，第 22 页。
③ 《公司律》第 24、26、30、44、56 条，《东方杂志》1904 年第 1 期，第 16~17、19、21 页。
④ 夏东元编《郑观应集》上册，上海人民出版社，1982，第 602 页。
⑤ 《公司律》第 35 条，《东方杂志》1904 年第 1 期，第 18 页。

议出席权、表决权、委托投票权、公司账册和股东会会议记录查阅权、召集股东临时会请示权甚至股东诉权等，这类现代公司法中的基本制度，在《公司律》中都有涉及并且规定得比较详细。如："公司董事局每年应招集众股东举行寻常会议，至少以一次为度。""举行寻常股东会议时，公司董事应对众股东宣读年报，并由众股东查阅帐目。众股东如无异言，即行列册作准，决定分派利息，并公举次年董事。众股东有以帐目为未明晰者，可即公举查察人一二名，详细查核。"① 该法对公司经营的主要方面作了明确的规定，所以在一定程度上体现了近代化公司的经营原则，对当时的中国企业起到了规范和引导的作用。

第四节 《公司律》颁布后的实际效用

一 规范了公司的注册程序

《公司律》及《公司注册试办章程》颁布后，商部据此处理了许多不符合规定的公司。"公司注册既是公司开办必须履行的手续，也是商部贯彻实施商法的重要环节。"② 根据史料，自光绪三十二年四月至光绪三十四年四月的整两年间，被商部驳回公司注册的案例达 118 例之多。这些案例有的是因所订章程不合商律规定而未被注册，如光绪三十二年三月，商人孙钟伟报商部呈请注册福华纸烟公司，由于其注册文件中未明确公司有无经营期限以及举察人名址等诸因，违反了《公司注册试办章程》第 3 条规定以

---

① 《公司律》第 46、48 条，《东方杂志》1904 年第 1 期，第 19 页。
② 徐立志：《清末商法实施考》，载韩延龙编《法律史论集》第 3 卷，法律出版社，2001，第 220 页。

及《公司律》第 18 条规定，而未获注册。① 有的则是其公司所订
章程违背了《公司律》的规定而要求改正的，如光绪三十二年六
月，江苏茅麓树艺公司呈请注册时，由于公司章程不符合《公司
律》规定而被要求更正，具体原因是"该公司集股章程内有以股
东居十股上者定有议决权及由值年董事稽察等句，与律未符，应
即更正"。②《公司律》第 100 条规定股东会决议时，一股者可得一
议决权，也可预定一人十股享有一议决权，依此类推；《公司律》
第 79 条规定查账人由股东会议公举，第 11 条禁止董事兼任查账
人。而该公司章程却规定拥有十股以上的股东方可行使议决权，
取消了拥有十股以下小股东的议决权，而且又载明董事兼职查账
人，这均与《公司律》的强行性的禁止规定相违背，故商部依律
要求其更正后再注册。③ 再如，官商合办的广东自来水公司设立
时，公司章程第 10 条称"总副董事及董事并无任期，永不更换"，
显然有悖于《公司律》第 30 条的规定，"无论官办、商办合办等
各项公司及各局均应一体遵守商部定例办理"。④ 商部认为董事无
任期是不符合有关规定的，可以连选连任，但是不能"永不更
换"。有的更是因为公司章程中所声明的公司类型不符合《公司
律》所规定的四种类型而未被批准。如光绪三十二年七月，湖北
候补知府程颂万等人创办的广艺兴公司，公司章程虽声明为无限，
但同时又被解释为有限公司，语句不一，商部依据《公司律》自
然拒绝予以注册。商部回复："乃查阅该公司声叙呈内称系无限，
而成立章程第十八条内有本公司虽云无限公司，然仅指股额而言，

---

① 转引自徐立志《清末商法实施考》，载韩延龙编《法律史论集》第 3 卷，法律
　　出版社，2001，第 220 页。
② 《商务官报》丁未年第 13 期（光绪三十三年五月二十五日）。
③ 任满军：《晚清商事立法研究》，博士学位论文，中国政法大学，2007。
④ 《公司律》第 30 条，《东方杂志》1904 年第 1 期，第 17 页。

若股金自然有限等语，是于无限二字显属误会，本部碍难注册。"①

二 法院依据《公司律》对商事纠纷的审判

从上述几个未能成功注册的案例可以看出，商部是严格按照《公司律》及《公司注册试办章程》对公司进行规范的。事实上，《公司律》及《公司注册试办章程》颁布后，不仅商部依据它们对公司进行规范管理，而且在涉及商事的经济纠纷时，法院亦以它们为依据进行审判，如：

> 缘彭茂堂即彭书诏，系湖南浏阳人，在汉口乾益泰木行充当管事。杨昌焕系长沙县人，亦在乾益泰行内管帐。胡樾系安徽婺源县人，在江宁县上新河地方开设祥森泰木方。彭茂堂与胡樾素来认识。宣统二年夏季，胡樾往汉口购木，彭茂堂托胡樾代消木植，计价洋四千三百两。胡樾给有祥森期条二纸，以六月底、八月底两期为限。七月初七日杨昌焕因票已逾期，洋未缴到，向胡樾催讨，胡樾以货未卖出，无洋可还，只好于第二期一并付清等语答复。九月十九日，彭茂堂因生意亏空来宁催款，胡樾向彭茂堂索取期条，彭茂堂即云期条并未带来，伊系木行管事，断不至误。胡樾将洋五千五百元交付，彭茂堂出立亲笔收据。讵彭茂堂将该款分还私欠，并不携回乾益泰收帐。经杨昌焕闻风查追，赴上、江两县控告，呈词各执，案未讯定，将人犯卷宗移送到厅，发交民事庭讯办。因彭茂堂有犯罪事实发现，改移本刑庭豫审，当经传同两造，切实研讯，据供前情不讳，应即判决。
>
> 查现行公司律一百廿九条：司事人等有亏空款项或冒骗

人财者，除追缴外，依其事之轻重，监禁少至一月，多至三年等语。此案彭茂堂向胡樾私取洋五千五百元，乾益泰既未收到，且祥森泰所出期票尚未取回，自应斧凿相寻，各还各款。现据胡樾遵缴现洋一千元，又立期票一千元，又以房屋抵押一千二百元，尚有不足之数，另立兴隆票据银一千五百两，合成应还乾益泰木银四千三百两之数。杨昌焕亦情愿具结了案，彭茂堂所取胡樾洋五千五百元，既认赶紧缴还，胡樾亦情愿自向索讨，请免勒追。案经中人调处明白，两造具有遵结附卷，自应体恤商情，和平了结。惟彭茂堂亏空款项，私取人财，不能不究。彭茂堂应照现行公司律一百廿九条，司事人等有亏空款项冒骗人财者，除追缴外，依其事之轻重，监禁少至一月多至三年律，酌量处以监禁两月。自到厅收所之日起限，扣至六月廿七日限满，即行开释。胡樾取保释放。祥森泰原立期票并彭茂堂所立收据当堂涂消。此判。①

这是一起运用《公司律》对经济纠纷进行处理的案例，其法律依据是《公司律》第129条规定："董事、总办或总司理人、司事人等有偷窃、亏空款项或冒骗他人财物者，除追缴及充公外，依其事之轻重监禁少至一月，多至三年或并罚以少至一千圆多至一万圆之数。"本案中，彭茂堂系汉口乾益泰木行管事，以乾益泰名义领取胡樾洋五千五百元偿个人私债，属于"冒骗他人财物"，且数额巨大，自应适用《公司律》第129条规定处罚。再如：

缘上海钱庄元祥、晋大暨宁郡钱庄祥余，向与开设上海

① 汪庆祺编《各省审判庭判牍·判牍类六·市厘门》，李启成点校，北京大学出版社，2007，第136~137页。

三泰野味店交，易历年清帐。自宣统二年正月起至十二月止，揭算帐目，三泰店计欠元祥庄本利银一千六百二十九两三钱六分一厘，祥余庄银二千一百零六两二钱，晋大庄银四千九百十六两二钱七分，该店经手赵士荣于是年秋间病故，遂闭歇。该店于光绪二十七年间开设，计十二股，当时施嗣菜得五股，施卓卿得三股，张文斋得四股，立有合同议单三纸。张文斋名下四股之中，陈子香、傅义逵、赵士荣三人各得一股。后光绪三十二年，陈子香一股推施卓卿之子施杏芳管业。三十四年施杏芳复将自己名下三股暨召得一股，共计四股，单推与张文斋为业。旋由赵士荣向张文斋召得一股，未立字据。宣统元年正月十六日，张文斋又将召进施杏芳名下三股暨上年推与赵士荣一股在内，合计四股，又自名下一股并推与赵士荣管业，并由赵士荣分别出立召据两纸，与张文斋收执，同时赵士荣又在施杏芳推据内亲笔注明"此四股生意于宣统元年正月份由张文斋转归赵士荣管业"字样。惟资本簿上张文斋户下未行注改，赵士荣既故，店又闭歇，合计帐目入不敷出，所有欠人款项应由股东摊偿。施嗣菜允照股认还，赵士荣生前颇着信用，死后并无余产，兼无子嗣。元祥庄等乃向该店司帐许志光索取资本簿并原立议单一纸，于二月间先后呈请本厅，向张文斋追偿七股摊款。四月初上，张文斋由汉口赶回辩诉，业经本厅传集两造并案审讯，合即据理判决。

（判决理由：）查此案股单上载明张文斋得四股，资本簿上张文斋户下注明，内陈子香、傅义逵、赵士荣各得一股，并另页载列赵士荣及傅宜记收戊申年一股资本。又查施杏芳所立推据批明：内一股系丙午年陈子得推归施杏芳，则陈子香之本为股本，于此可证明。该店资本簿系由管帐许志光交出，元祥等庄谓系张文斋临时化户弄弊，未免虚捏。张文斋推股后，该资本簿上未经注改，亦为可疑之点，但查其所呈证据三纸，均可证明是实，内中赵士荣所立召据两纸，系陈子香为见中，庄璇生为代笔。至施杏芳所立推据一纸，系赵士荣为代笔。后赵士荣召进时，复于此推据内亲笔注明"于宣统元年转归赵士荣管帐"字样。核对笔迹，均属相符，又续取赵士荣平日致张文斋亲笔函信一纸，复核无异。并传赵士荣之弟赵士钰来厅质讯，据供确系其兄赵士荣笔迹。是张文斋所呈推股证据，足以证明是实。更从其他方面观察之，赵士钰为赵士荣胞弟，断无偏袒外姓之理？其可疑一。股东对于该店庄款系连带债务，如果张文斋未曾推业，籍词推诿，施嗣棻、傅义逵及赵士荣之父且将先元祥庄等而起诉，岂可任其卸责？可疑二。上年该庄与晋大交易，所立押款纯系施嗣棻产业，张文斋既有资力，无论事前必不令任其推诿，即事后取赎亦须共同出资。施嗣棻始于四月初上身故，何以去年闭店以后未向张文斋交涉？其可疑三。举此以推，则张文斋非股东尤可显见。如元祥庄等专以原立议单为凭，则施杏芳亦在应返之列，何能并向张文斋追究？况议单系股东间内部之契约，推召据为股东间一部分之契约，既有推召据，议单自不能不有所变更，而此一部分之变更却非后之债权者所能反抗，张文斋向在汉口经商，未退股前，于该店事务既不顾问，元祥庄等之与该店交易必非专信张文斋一人，则律以损害赔偿之列亦有所不能。元祥等又以推股当时不登报声明，为通同作弊情事。但查目今商界习惯，除公司专章外，其余各种手续多未完备，如退股一事，递料将来有纠葛而登报声明，间或有之，不数数觏。要之，不登报者盖十之七八，未可独责之于张文斋。至谓通同作弊，张文斋不知赵士荣之将死，赵士荣又岂料己之将死而故贻家属之累也，世间殆无此情理。总之，三泰自有真实之股东，赵士荣家暨傅义逵如不承认，张文斋应负证明之责，今各东不出面反对，而元祥庄等首先指控，在手续上已有欠缺，该庄等债权俱发于宣统二年，而责令一年前退股之张文斋负担，于事理上尤非平允。宣示判决主文如下。

判决主文：讯得张文斋自宣统元年推业后确非三泰店之股东，该店欠元祥庄等之款项均发生在张文斋退股以后，元祥庄等呈请向旧股东张文斋追偿未便准行。讼费六十二元五角着元祥、祥余、晋大各庄自行负担。此判。①

根据《公司律》第 1 条："凡凑集资本共同经营贸易者名为公司。"第 31 条："凡合资公司、股分公司于呈报商部注册时未经声明有限字样，应作无限公司论。如遇亏蚀，除将公司产业变售偿还外，倘有不足，应向合资人、附股人另行追补。"第 32 条："无限公司或铺户等欠帐、亏短，可向股东、铺东追偿，并将自己名下产业变售封抵。"② 该案中，三泰野味店是由施嗣莱、施卓卿、张文斋合股经营，立有合同议单三纸。经营过程中股份几经转让，到该店倒闭时持股人为施嗣莱、傅义逵、赵士荣（当时已死）。从判决中审判厅所说该店"合计帐目入不敷出，所有欠人款项应由股东摊偿"、"股东对于该店庄款系连带债务"等语判断，审判厅显以该店为合资公司，进行债务摊偿。该案难点在于经营过程中发生的几次股份转让，查《公司律》"股分"一节只在第 38 条规定："如无违背公司章程，股票可以任便转卖。"关于股票转卖的规定，显然并不能在此案件中适用。从判牍内容来看，类似合伙

① 汪庆祺编《各省审判庭判牍·判牍类三·钱债门》，李启成点校，北京大学出版社，2007，第 105~107 页。
② 《公司律》第 1、31、32 条，《东方杂志》1904 年第 1 期，第 11、17 页。

公司或铺户股东在转让股份时，由转让方出具"推据"，受让方出具"召据"，审判厅以为"议单系股东间内部之契约，推召据为股东间一部分之契约，既有推召据，议单自不能不有所变更，而此一部分之变更却非后之债权者所能反抗"，可见股东间的股份转让对于以后公司债权人当然发生效力。至于公司内部股份转让是否经过公示程序，《公司律》同样未予规定，当时"商界习惯，除公司专章外，其余各种手续多未完备，如退股一事，逆料将来有纠葛而登报声明，间或有之，不数数觏。要之，不登报者盖十之七八"。而正如我们在案件中看到的那样，即便合伙公司或铺户股东对于所欠债务承担连带责任，但债权人对于公司或铺户内部股份转让无从知悉，也可能陷入追偿无门的境地。

《公司律》及《公司注册试办章程》颁布后，晚清一度兴起了公司热，这与商部、法院严格执行《公司律》、《公司注册试办章程》的法律规范有关。商部极力地以既颁《公司律》、《公司注册试办章程》为依据，将《公司律》、《公司注册试办章程》的诸多规定积极推行和实践到日常工商经济管理领域中，这对于推动早期公司的建设，确实起到了不可替代的作用。遇到经济纠纷时，法院也多以《公司律》、《公司注册试办章程》的规定为依据进行审判，增进了国人对《公司律》、《公司注册试办章程》的了解与信赖，从而也促使他们积极地投资于早期的公司，因而也促进了公司的发展。

三　对官方违背《公司律》不法行为的纠正

《公司律》颁布后，官方虽然信誓旦旦地表示遵守《公司律》，不干涉公司的运作，确保公司独立自由地发展，但实际上与官方关系密切的公司或企业多不能遵循《公司律》运营。尤其是由官督商办转为商办的公司或者仍旧是官商合办的公司，虽然其章程也规定严格按照《公司律》经营，但实际上又有许多其他规定。如江西瓷业有限公司，章程中虽然规定"谨遵钦定商律《公司律》办理"，但同时又声明"本公司性质与其他营业各公司有别，一切办法自不得不因地制宜，而有种种特别之规定"。① 官商合办的黑龙江隆平煤矿有限公司在章程中也声明"一切遵照商律有限公司办理"，但同时也表示"本公司须受督、抚宪督饬，凡改订章程，更易公司重要执事人等，均须呈候批准，方可执行"。② 四川矿物总公司同样声称"一切悉遵商律有限公司条例办理"，但同时又规定由四川总督对该公司"派委监督官一员"，而且总公司和各路分公司之总协理，亦由该督委任。③

官方违背《公司律》的不法行为在创办铁路公司过程中表现得更为明显。如川汉铁路，四川总督锡良根据商部颁发的《重订铁路简明章程》中的"或官商集资请办，或华洋附搭股份，皆须地方官查明是否公正、殷实，尤须督抚查明此路确于中国商运有所裨益，且于规定章程无所违背者，即咨会该部酌核办理"这一条款所规定的"地方官对筑路申请审判的权力"，便于 1904 年成立了官办川汉铁路总公司。而此时，《公司律》已颁布，按照《公司律》的规定，新成立公司章程不得与《公司律》条款相违背。因此，1904 年成立的官办川汉铁路总公司又是依据《公司律》而设，有"认购"、"官本"、"公利"、"抽租"等入股形式。然而事实上，官办川汉铁路总公司的经营是与《公司律》精神相违背的。

1906 年，川籍留日学生蒲殿俊等人就认为川汉铁路公司名为"始也为纯全之官局，继则于官之下而附丽以绅"，实则"强公司以就人，则公司以失其完全法人之资格"，"公司开办，以及两年，

---

① 《商办江西瓷业有限公司章程并源起》，《商务官报》丁未年第 8 期，第 35 页。
② 《黑龙江隆平煤矿有限公司试办简章》，《商务官报》庚戌年第 11 期，第 34 页。
③ 《修改四川通省矿物公司章程》，《商务官报》庚戌年第 9 期，第 33、34 页。

只有奏派之司道大员以充总办，而于《公司律》所定董事之推算，查帐人之设立，股东之权利各条，一无设施，乃至公司章程而无之"。而实际情况也是川汉铁路公司设立数年而"寸线未经勘定，一事未有端倪"，造成股本大量被挪用。鉴于此，蒲殿俊等人上书《改良川汉铁路公司议》并理直气壮地指出："今川汉铁路以租股为大宗，租出于民而不出于官，则路不属于官而属于民，虽欲谓之官办，不可得也。"四川总督锡良也不得不承认因义定名改为商办的法理正确，遂于 1907 年改订章程，向商部奏咨定案，将川汉铁路总公司遵商律改为商办川汉铁路有限公司。这是蒲殿俊等留日学生利用《公司律》对川汉铁路权利保护的一个典型事例。自川汉铁路公司先后颁布集股章程和补充章程后，川省各州纷纷成立租股局负责按租抽股。这在四川近代史上成为影响空前广泛而深远的大事。①

　　除了川汉铁路公司股东依据《公司律》反对官方强行干涉公司运营外，浙路公司也是一个典型的事例。浙路公司于 1905 年成立时，由浙江京官提名，商部奏准任命署两淮盐运使汤寿潜为总理。汤寿潜上任后以"填海之诚，移山之愚"②的精神，使公司取得了不凡的成效。对此，时人这样评价道："浙路公司自成立至今，未满三年，而杭嘉一部分，已经告竣，工程之迅速，建筑之结实，实为各路之冠。良由总协理及在事诸人，洗手奉公，实力办事，始克臻此，此全浙人民所当馨香颂祝者也。"③ 1909 年 7 月 11 日至 12 日浙路公司召开第四次股东代表大会，汤寿潜请求辞去公司"总理"职务，但"众股东以为大局若此，万机待理，汤

---

①　戴逸、张世明主编《中国西部开发与近代化》，广东教育出版社，2006，第 136~137 页。

②　宓汝成编《中国近代铁路史资料》第 3 册，中华书局，1963，第 1001 页。

③　《京外近事述要》，《东方杂志》1909 年第 3 期，第 25 页。

（寿潜）去而人心涣散，心散则浙（路）坐忘"，所以"一致恳求总理勿言退"，甚至是"哀求（汤）续任"。情感之下，汤寿潜不得不"勉力允为续任"。① 此后，又多次召开股东大会，均一致誓言不再另举"总理"而让汤寿潜续任。

在汤寿潜等人的领导下，浙路公司广募股份，加紧筑路，竭力抵制邮传部借债筑路的计划。1910 年 8 月，盛宣怀被任命为邮传部右侍郎，汤寿潜极力反对并上奏军机处，指斥"盛宣怀即为借款之罪魁，又为拒款之祸首"，"朝廷不查而登用之"，无异于"以鬼治病"。鉴于此，他请求朝廷"收回成命"，或将盛宣怀"调离路事以谢天下"。② 汤寿潜的这一行为惹得朝廷权贵勃然大怒，不仅将汤寿潜"即行革职"，而且严令"不准干预路事"。③ 这一事件，举国震惊，浙路公司董事和股东尤为愤慨。公司全体董事、查账员很快致电邮传部和农工商部，希望代为上奏，有所挽回。"浙路公司完全商办，一再奉旨。按照公司律，总协理之选举撤退，权在股东，朝廷向不干涉。"此次亦"断不致违先朝成宪，而夺浙路全体股东所信任与浙省全体人民所仰望之总理"，"董事只知路由商办，总理由商举，若使朝廷可以自由撤退，恐中国商办公司从此绝迹；商业盛衰，关乎国脉，朝廷日日以奖励实业为言，想不忍为此引吭绝脰之举"。④ 江苏等地 13 家商办公司也联合致电邮传部、军机处："浙路纯全商办，职员去留，应付公议；揆以立宪国之法意政府似不当越俎。"⑤ 根据《公司律》第45、49 条之规定，浙江公司董事于 1910 年 9 月 11 日在上海召开

---

① 《纪浙路股东年会大会情形》，《东方杂志》1909 年第 7 期，第 193~194 页。
② 《中国大事记》，《东方杂志》1910 年第 8 期，第 109~110 页。
③ 《清实录·宣统政纪》卷 39，中华书局，1987，第 694 页。
④ 《中国大事记》，《东方杂志》1910 年第 8 期，第 110~111 页。
⑤ 政协浙江萧山市委员会文史工作委员会编《汤寿潜史料专辑》，政协浙江萧山市委员会文史工作委员会，1993，第 761 页。

特别股东大会，商议对策，公论"仍以汤寿潜信用素孚"为"全体股东之信仰"。13 日，全体股东继续开会并要求巡抚增韫面递公呈，请向朝廷奏明公议，"虽黜陟大权，属于行政作用，非臣民所敢推测。惟就法律上言之，商律公司律（关于）公司总理规定，任期、选举及开除由股东全体同意之公决，朝廷绝无限制之明文。今商律公司律正在施行之中，未有废止全部或一部之命令，不应使浙路所享有法律之权利，独行剥夺。诚以法律最为神圣，若未经变更手续，任意歧异，深恐颁行全国之商律，其信用效力，自是而失"①。

在浙路公司与浙江民众的督促下，浙江巡抚增韫电奏朝廷，请求同意汤寿潜"在路自效"。② 朝廷不仅没有采纳增韫的建议，而且还传旨申饬增韫拦禁、压制股东、民众的集会请愿活动。③ 邮传部则出面为官方的违律行为寻找借口，"铁路公司与普通公司情形不同"，"应受国家特别之监督，绝非寻常商业可比"，"《公司律》第七十七条所称总办或总司理人等由董事局选派及由董事局开除，系指商业性质，无关官治之公司而言，路政关系国权，何得妄为此附？"还说"浙路总理汤寿潜，业奉明降谕旨褫职，不准干预正事，而浙省公司尚复牵引该律，妄请增韫代奏，其为误会，已可概见"。该部复声明，铁路公司须依照有关奏案办理。④ 邮传部此举进一步激发了江浙绅民的愤慨，浙江咨议局为此专门召开会议讨论浙路总理事件。该局在给巡抚增韫的呈文中指出："商办之铁路公司，不外为商律公司律中股份公司之一种，苟无特别法

---

① 《浙路总理汤寿潜革职后余闻》，《东方杂志》1910 年第 9 期，第 68 页。
② 《浙路总理汤寿潜革职后余闻》，《东方杂志》1910 年第 9 期，第 69 页。
③ 《清实录·宣统政纪》卷 40，中华书局，1987，第 725 页。
④ 《声明铁路公司与普通公司不同片》，载邮传部编《邮传部奏议类编、续编》，"近代中国史料丛刊"正编 140 号，文海出版社，1967，第 1917 页。

之规定，其对于公司律所揭之明文，不惟有遵守之义务，且有适用之权利。依公司律第七十七条，公司总办或总司理人等，均有董事局选派，如有不胜任及舞弊者，亦有董事局开除。是公司总理之选派与开除，皆属董事局确定之权利，而于此规定未废止或变更以前，绝对有其效力。在董事局固不得自为放弃，即监督者亦非能越法定之范围，而妄加干涉。盖现行之法律，最为神圣，不论治者与被治者，悉当受其约束者也。然被治者不守法，治者尚得加制限以为救济；若治者不守法，复不容被治者之请求，必至失法之信用，无有责被治者以适从，而陷于徒法之悲观。……浙路总理汤寿潜之选任，本于公司律第七十七条之规定，其在路言路，乃以浙路总理之资格，代表浙路股东之意思，不为该条开除之原因。今朝廷不察，加以严谴，虽黜陟之作用，属于君主之大权，断非臣民所敢推测，第因言事革职，而并不准其干涉路事，在表面为对于个人革职之附加处罚，而从根本上以论，则董事局所享有规定之权利，未免因此受无形之剥夺。……浙路集资千万，实为浙省实业之冠，若公司律不足为保障，使商民灰心于他种实业之经营，恐非实业前途之福。"① 并进而要求巡抚增韫转达公意："《公司律》颁布时，别无于其附则有铁路公司不适用此法之条，苟无特别法律规定，于此法条未废止或更改之前，应有遵守义务。……浙路冠名商办，其公司章程第一条谨遵钦定商律，上年呈报总理满任续任，即根据公司律选派之法条。今邮部奏议铁路公司与普通公司情形不同，人民将何适从。"② 江苏咨议局亦发表声明，反对邮传部关于铁路公司与普通公司不同、不依《公司律》规范的奏案，指出："即设公司，既定商办，而钦定大清商律，又

---

① 《浙路总理汤寿潜革职后续闻》，《东方杂志》1910 年第 11 期，第 75~76 页。
② 《浙路总理汤寿潜革职后续闻》，《东方杂志》1910 年第 11 期，第 95 页。

系专为公司而订定之，各省发起商办之铁路公司，人民入股者，皆视公司律文为根据。"该部"即欲特定之路律，别资遵守，亦当别有办法，使根据前日之商律者，进退得以自由，不令组织在前之股东，强遵颁布在后之路律"。① 此后，虽又有该局议员邵义复撰文质问邮传部，浙路股东代表控告邮传部等事件，但都没有扭转汤寿潜被革职的结局，这也标志着浙路公司董事、股东的依律"保汤"运动的失败。

"保汤"运动的失败，产生了极为恶劣的社会影响。正如时论所言："去一汤寿潜事小，破坏商律之事大也。""保全法律之效力，乃可以定民心；保全商律之效力，乃可以兴实业，（而）朝令暮更，则信用扫地，商民何所恃而苏息于国权之下。"② 这一事件引发的民众对官方违律的不满为清政府的灭亡埋下了伏笔。民众依据《公司律》与官方不法行为的对抗，其实质在于权与法的较量。《公司律》的出台标志着公司准则主义的成立，同时也标志着无论是官办、商办还是官商合办等各种公司均应遵守《公司律》，在《公司律》面前一律平等。而官方不想放开对新式企业的控制，还欲继续行使其控制权，在这种情况下，就出现了依权压法或恃权弃法的现象了。立法者蔑视法律，信用不立，无疑使新颁法规的社会信用大打折扣、法制功能受到极大的破坏，在这种情况下，《公司律》虽奉文施行，又能取得多大的社会效果呢？③

第五节　《公司律》的法律地位

公司法的制定是公司经济发育的必然要求，而公司法制的不

---

① 《浙路总理汤寿潜革职后续闻》，《东方杂志》1910 年第 11 期，第 77 页。
② 《浙路总理汤寿潜革职后续闻》，《东方杂志》1910 年第 10 期，第 77 页。
③ 李玉：《晚清公司制度建设研究》，人民出版社，2002，第 162 页。

断完善又可推进公司经济的发展。在中国传统社会中，法典自李悝撰《法经》一直到《大清律》都是以刑法为主要内容，政府从未制定过专门的商事法规。随着清末的法制改革，这种情状大为改观，有关商事的私法体系也逐步开始创建。

在中国传统的商事活动中，合伙制是主体。到明清时期，合伙制已发展为较高级的形态，个别地方的个别合伙企业出现了公司制的萌芽。但对这些经营方式进行调整的仍是合伙契约或约定俗成的不成文法。鸦片战争后，为自强、求富，洋务派开始以传统合伙制为砧木来嫁接西方公司制这个接穗，于是就产生了不伦不类的公司，即官督商办公司，但是这些公司多由官员奏请，是朝廷特许成立的。调节公司运营的，除了主管官员和督办、总办的个人意志外，还有交涉之约款、磋订之合同、试办之奏咨、批准之招股章程、内部之办事细则，从未有统一各类公司之法律。晚清《公司律》的颁行，"为（中国）公司制度规定于法律上之始"，在中国立法史上具有重要的意义。就连后来对该律进行深刻批评，进而发起重修《公司律》倡议的上海预备立宪会人士也承认该律"椎轮荜路，厥功至巨"。①

清末所定《公司律》及配套法律是中国第一部关于调整公司与公司、公司与公司成员等平等主体之间关系的法律。它的颁布表明，中国的法律体系已开始发生质的变化。需要特别指出的是，《公司律》颁布之时，大清民律草案、大清刑律草案、大清刑事民事诉讼律及法院编制法等各项新法均未拟订，所以说，《公司律》不仅是中国近代最早的商事立法，而且也是当时法制改革中制定和颁布最早的新法，在中国法制史上占有重要的地位。从这个意义上说，它不仅是清末商法之先声，而且也是中国商法之嚆矢。

---

① 李玉：《晚清公司制度建设研究》，人民出版社，2002，第113~114页。

它的出现标志着中国传统法律体系开始了向近代转变的历程，为其后的公司立法提供了重要的参考，对公司这一新的经济组织形式在中国的大量出现和公司制度的确立起了巨大的推动作用。其后，无论是孙中山的临时政府，还是北洋政府，或是南京政府，都把公司立法看得非常重要，并将其作为国家立法的重要组成部分。在具体内容上，以后的公司立法也深受它的影响。如北洋政府颁布的《公司条例》就是在清末《公司律》的基础上结合《公司律调查案理由书》修订而成的；南京政府的商业登记法中，公司法中规定股份有限公司的发起人必须是七人以上，董事必须是股东等，均与清末《公司律》规定相同。有的虽不是直接转化，但在拟订过程中，均参考了清末留下来的这些商法及草案，注意吸取这些材料的精华。如1926年北京修订法律馆编成《法律草案汇编》一书，收录了《大清商律草案》（《志田案》）中的总则、商行为、票据法、海船律四部分。

再者，晚清政府对《公司律》的制定是非常重视的。因为自1898年开始，清政府虽然陆续制定了一些经济法规，但都冠以"章程"之名，而在公司法方面则称"律"（以后颁布的破产法，亦称为"律"），这恐怕并非随机而为，显示了《公司律》的法律地位。传统社会的官方重要法规，均以"律"称，如《唐律》、《大明律》、《大清律》等。《汉书·高帝纪下》载："天下既定，命萧何次律令，韩信申军法，张苍定章程。"可见"律"是国家基本法规的专称。晚清官方将公司法冠以"律"，足见其重视程度。①

《公司律》由于时间紧迫，颁布比较仓促。为此，有些学者对它的价值提出了异议，如邱澎生认为《公司律》"主要是翻译搬抄外国的法令，晚清《公司律》中也存在许多规定模糊的地方；同

_____

① 李玉：《晚清公司制度建设研究》，人民出版社，2002，第114页。

时，《公司律》中也对中国传统商业行为较少规范和保护，本国商
人从而难以有效配合，清政府初次进行的经济立法工作因为'移
植性'太强而难以顺利植入中国社会"。① 但是，不可否认的是，
《公司律》的颁布掀起了公司企业发展的高潮。据统计，1904 年到
1908 年，申请登记的公司达 272 家，核准资本总额接近 1 亿两白
银。这些公司中的大多数后来成为中国近代企业的骨干。② 毕竟，
"有"还是"没有"相关的法律在中国这样一个异常重视朝廷态度
的国家里是有巨大意义的。对于当时的中国工商界人士来说，《公
司律》中究竟规定了哪些具体的细节并不重要，关键是朝廷已经
通过立法的形式使长期身份得不到确认的工商业群体能够名正言
顺地在国家中占有一席之地，这种象征意义的作用远比把在市场
经济充分发展的国家中那些精巧的公司立法引入我们的法律体系
要大得多；正因如此，《公司律》可谓功不可没。③

《公司律》的颁布宣告了中国近代公司特许阶段的结束、准则
阶段的到来，使原有公司和新成立的公司能够按照《公司律》确
立的正式制度来创建，从而使我国公司的发展进入一个新的阶段。
实际上，在《公司律》颁布之后确实掀起了公司企业发展的高潮。

第六节 《公司律》的缺陷及补救措施

晚清《公司律》的颁布不仅在中国法制史上具有重要的地位，
而且对晚清的经济发展也产生了重要的影响。然而，《公司律》毕竟

---

① 邱澎生：《禁止把持与保护专利——试析清末商事立法中的苏州金箔业讼案》，
《中外法学》2000 年第 3 期。
② 〔美〕费正清主编《剑桥中国晚清史（1800—1911 年）》下卷，中国社会科学
院历史研究所编译室译，中国社会科学出版社，1985，第 513 页。
③ 夏邦：《晚清法制变革的历史考察》，博士学位论文，华东师范大学，2008。

是中国第一部近代意义上的公司立法，既然是开创性的，就说明它不是一部成熟的法律制度，也就意味着它还存在许多缺陷。

一　《公司律》的缺陷

其一，由于缺乏民法基础理论的支持，公司未能获得独立的法人地位。近代公司的一个根本属性就是具有社团法人资格，即公司"独立为权利之主体，财产与营业均为公司所独有，非股东所共有"。[①] 公司的独立财产所有权是在法人身份基础上获得的法律权利，只有获得法人地位才能独立地承担法律责任。"而晚清《公司律》对公司的定义则为'凑集资本公营贸易者'，这种表述很难将公司同合伙划清界限，不足道明公司的根本特性。"[②] 事实上，股东的有限责任及公司的治理机制，都是建立在公司所有权和经营权分离基础之上的。没有确立公司的法人资格而赋予股东有限责任，这在公司法理论领域里，实是一种荒谬的做法。"我国现行《公司法》，于公司为法人与否，无可资以解决之明文。第一、第四等条，有贸易共营及集资营业等语，是不认为法人之说。……此非借法人之理想，无从说明《公司律》既认有合资有限公司及股份有限之公司，是于此两种必须采用法人主义者。"[③] 从此角度看，《公司律》的有限责任及其他相关制度，实属空中楼阁。

其二，公司形式混乱，不伦不类。《公司律》开门见山地规定了四种公司类别，即合资公司、合资有限公司、股份公司与股份有限公司。这四种形式非为公司种类的统一划分，而实为对大陆

---

① 上海预备立宪公会等编《公司律调查案理由书·总纲》，第 7 页。
② 李玉：《晚清公司制度建设研究》，人民出版社，2002，第 137 页。
③ 张家镇等编《中国商事习惯与商事立法理由书》，中国政法大学出版社，2003，第 195 页。

法系和英美法系公司制度的混杂。"第一种合资公司及第四种股份
有限公司各条观之，似又与大陆法为近。主义不一贯，为立法之
缺点。又第二种合资有限公司，各国罕见其例。直为有限责任之
合名公司，与日本旧商法之合资公司类型。此制实行，恐滋流弊。
第三种股份公司，与英国派之无限责任株式公司相似。此种公司
股东之负担过重，实际不行。且依此方法吸收大资本，亦不甚
便。"① 何况"旧公司律不依公司种类分别规定，故有眉目不清，
难于明了之弊。且其大部分皆为股份公司之规定，而于合资公司，
略焉不详"。②

其三，制度设置不尽科学，导致执行困难，也不利于公司正
常运营。如《公司律》第 18 条规定："公司招股已齐，创办人应
即定期招集各股东会议。"同期的德、日商法规定，召集第一次股
东会议须俟股东缴足第一期股银之后。而《公司律》则准许招股
足额后，不待付款即召开股东会。如此，"则非特到会者（与公
司）之关系浅薄，流弊滋多，且为创办人之集股办事计，亦多掣
滞"。③《公司律》对股东的义务也没有规定，致使出现股东中途
撤股的现象。该律第 104 条规定"股东会议时，所议之事有与股
东一人之私事牵涉者，该股东仍可到场会议，勿须回避"，针对此
条，时人指出："此与各国法律相背，而于事理亦实不合。"④ 召开
股东会议时，"股东有事请议，既有请议之人建议，并须一人赞

---

① 张家镇等编《中国商事习惯与商事立法理由书》，中国政法大学出版社，2003，
　 第 93 页。
② 姚成瀚：《公司条例释义》，商务印书馆，1914，第 9 页。
③ 上海预备立宪公会等编《公司律调查案理由书·股份有限公司·创办》，第
　 52 页。
④ 上海预备立宪公会等编《公司律调查案理由书·股份有限公司·股东总会》，
　 第 10 页。

议，再有众人议决"，① 此条款流弊更多。时人指出，"此项规定本为保护小数股东，使得建议。而其极端，往往足以生大弊。盖普通法例，不经通知事项，不得为议决。《公司律》许以不通知之事项而为议决，必有小数股东，挟欺诈之意，猝然为会议之时要求为议决，而不与各股东调查之时及研究之地者……适以趋于保护小数股东之极端而贻害大局"。② 该律第 61 条规定："如有股东以查核股东帐目书札及各事为名，实系借端窥觎虚实私自别图他项利益，损碍公司大局者，董事局应禁阻其查阅。"③ 此条款极大地损害了股东的监督权，在实践中便会出现董事局以此为借口，拒绝股东正常查账的情况。

此外，《公司律》的缺陷还有很多，就连农工商部在实际工作中亦深感对不少商事问题，"现行之律未能包括"。通观全律，尚存在法律用语不准确等缺陷。梁启超用"卤莽灭裂"作为对该律条款的综合评价，也可谓切中要害。

《公司律》自身的不规范，致使《公司律》不能严格地被执行，典型的表现为官府不尊重《公司律》的各项规定，使得《公司律》规则不断地被变更。如广东曲江商办煤矿，官方"查知该矿畅旺"，便"勒会交出，改归官办"。④ 此事发生后，江苏、广西、直隶等地官府也纷纷仿效，湖南地方官更是赤裸裸地宣称："一律提归官办，于湘省财政前途，大有裨补。"⑤ 可见，为缓解财政危机，官府根本不顾及工商业者的切身利益，也不顾及现有

① 《公司律》第 99 条，《东方杂志》1904 年第 1 期，第 27 页。
② 上海预备立宪公会等编《公司律调查案理由书·股份有限公司·股东总会》，第 17 页。
③ 《公司律》第 61 条，《东方杂志》1904 年第 1 期，第 22 页。
④ 《东方杂志》1905 年第 9 期，第 167 页。
⑤ 汪敬虞编《中国近代工业史资料》第 2 辑上册，科学出版社，1957，第 559 页。

《公司律》之规定。1910 年，邮传部也以"铁路决非寻常商业公司可比，不能将普通公司律附会牵合"[①] 的借口，公然违反《公司律》对于铁路公司的各项规定。

《公司律》的诸多缺陷，再加上制定时间仓促，缺乏对中国传统商业习惯的充分调查与融合，致使律中多有"拂逆商情之处"，[②] 从而也使该律在实践中不能很好地约束、引导华商企业，因而也不乏商民对《公司律》阳奉阴违的现象。如官利，《公司律》第111 条明确要求"公司结帐必有赢余，方能分派股息，其无赢余者不得移本分派"。但各公司章程中，则普遍有以固定利率给发股息（官利）的规定，此举主要是为了迎合国人的传统投资心态；[③] 但其严重破坏了公司（股份有限公司）的资本维持原则，削弱了公司的自我积累能力，"无疑割肉补疮"。[④]

二　《公司律》的补救措施

晚清《公司律》的局限性清楚地表明了单纯地移植外国公司法，如若不与中国的商事习惯相结合，是很难促进经济发展的。事实上，移植大陆法系和英美法系（大陆法系占 3/5，英美法系占 2/5）的《公司律》与中国当时的经济发展情况确实不相符合，就像近代一位学者所说的那样："盖我国三十年来，改革法律，只分别抄录他国成文，未追顾及他国成文的、历史的、社会的因素，即幸而有其学理上的理由，亦未能顾及事实上的成绩。加以掌司法者，每任职过久，头脑凝结，智慧偏倚，阁恤民困，即在法律

---

① 商务编译所编《大清宣统新法令》第 20 册，商务印书馆，1901，第 3 页。
② 天津市档案馆等编《天津商会档案汇编（1903—1911）》上册，天津人民出版社，1989，第 284 页。
③ 李玉：《晚清公司制度建设研究》，人民出版社，2002，第 144 页。
④ 张謇研究中心、南通市图书馆编《张謇全集》第 3 卷，江苏古籍出版社，1994，第 191 页。

范围中，可以顾全人民利益之处，亦不设法应用。"① 这样的法律缺陷直接引起了中国工商界的不满，工商界人士纷纷认为应该由他们自己参与商法的制定。于是上海商务总会、上海商学公会联合于 1907 年 11 月、1908 年 12 月发起了两次全国性的商法讨论大会。

参与讨论的工商界人士认为"商法既为保护商人，推广贸易之用，则编纂商法之事，自与商人之利害较切"，指出"考商法之起源，与他种法律不同，不但异于刑法，抑且异于民法。民法渊源罗马，自古由国家制定，而商法则仿于地中海岸之商业惯例。在西史十七世纪以前，一切海上商法，如罗尔德海法及屋来伦海法等，全由商人以私人之劳力而编定……商法之编定，由商人自为较之出于政府更便调查，有推行之利而无隔膜之弊"。② 当时更有人从主权归属的角度来看待工商界参与商事立法的问题，认为中国"订立法律，其权操于政府，而东西各立宪国，其订立法律，权操于国民，订立商法，权操于商民，政府只有认可宣布之权耳。故其商法随时改良变通，绝无阻碍，而商务得以发达"。③ 被邀参加商法讨论的法律专家孟昭常认为，商人参与商事立法具有法理的正当性，认为"法律为保护人民而设，其保护之结果可行否，必经人民之公认而后定。商法之所以保护商人，则必经商人之公认可知也"。④ 工商业者要求参与商事立法的声浪一时高涨

时人对政府"摹仿他人颁布一种商律，但是定法律的人没有

① 阮毅成：《中国法治前途的几个问题》，《东方杂志》1933 年第 13 期。
② 《论商法起草特开大会事》，《申报》1907 年 11 月 12 日。
③ 《中国新闻》，《农工商报》第 9 期（1907 年）。
④ 《商法调查案问答》，《华商联合报》第 15 期，1909 年 9 月 28 日（宣统元年八月十五日）。

法律思想，也不明商业习惯，徒有规定，不能实施"①的做法很是不满。于是就很自然地将商人参与商事立法落实到对民间商业习惯的调查与整理中去了。工商业者认为，无论东方或者西方，商法都是在商事习惯基础上发展起来的，制定商事法律，"不独各国法制当细较异同，精研得失，且各地商情民俗，亦应调查参酌，期于折衷至当，始可起稿"。② 这一呼声也得到了政府的回应。山东省调查局在论及商事习惯调查时就指出："查各国商法多采用商习惯法，以商事委曲繁变，非专其业者不能深知。今欲编订商法，自非调查各地习惯不足以为立法之根据。"③ 肯定了工商界的呼声。这样，修订法律大臣沈家本上任后，"即于光绪三十三年开馆办事酌设二科，分任民律、商律、民事刑事诉讼律之调查起草。每科设总纂一人，修纂、协修各四人，调查一人或二人。又设诸议官，甄访通晓法政，品端学粹之员，分省延请，以备谘商。凡各省习惯及各国成例，得分别派员或咨请出使大臣调查"。④ 这样，全国性的商事调查正式得以展开。

农工商部在调查的基础上，编成商法调查案，并据此将原由志田钾太郎执笔编纂的《大清商律草案》（《志田案》）修订为《改订大清现行商律草案》。该草案分为总则与公司两编。总则编包括商人、商人能力、商业注册、商号、商业账户、商业使用人、代理商7章，计86条；公司编包括总纲、无限公司、两合公司、股份有限公司、股份两合公司、罚例6章，计281条。就内容来

---

① 《无商法之弊害》，《中华全国商会联合会会报》第1年第1号。

② 天津市档案馆等编《天津商会档案汇编（1903—1911）》上册，天津人民出版社，1989，第285页。

③ 胡旭晟：《20世纪前期中国之民事习惯调查及其意义》，《湘潭大学学报》1999年第2期。

④ 谢振民：《中华民国立法史》，中国政法大学出版社，2000，第899页。

看，比《志田案》要更加契合中国社会的实际，符合当时经济发展的要求；虽然由于辛亥革命的爆发而最终未能被审议通过，但是由于其务实而成熟的立法风格，很快就成为 1914 年北洋政府制定《商人通例》和《公司条例》的范本，① 而实际上被贯彻实施。1914 年颁行的《公司条例》确立了公司的法人地位，这不仅弥补了 1904 年《公司律》法理上的缺陷，而且使近代中国公司制企业初步形成了法人治理机制，由此成为近代中国公司制度发展过程中的重要里程碑。

由于《公司条例》的颁布，公司的法人地位得到了明确的规定，股份有限公司作为近代公司制度的基本组织形式也得到了进一步确认，从而推动了公司制度的发展。时人称："发起工厂企业得到很大动力，几乎每天都有新公司注册。"②

---

① 张晋藩：《清朝法制史》，法律出版社，1994，第 710 页。

② 汪敬虞编《中国近代工业史资料》第 2 辑下册，科学出版社，1957，第 849 页。

结　论

近代以来，随着西方列强的入侵，古老的中国经历了"千年未有之变局"。在此变局下，中国传统经济很难再照老样子发展下去。为了自身的发展及适应形势的变化，中国传统的合伙制在吸取西方经济组织——公司制优点的同时，也逐渐向公司制转化。由于中西国情不同，公司在发展过程中，形成了不同于西方、具有中国特色的体制形式。

中国传统的企业组织主要有业主制（独资制）和合伙制两种形式。业主制是世界上最古老、最简单的企业制度形式，鸦片战争之前也是中国传统社会中最基本的资本组织形式。它不仅是中小工商业组织常用的企业组织形式，而且较大的工商业组织也使用此种组织形式。如明清时期苏州城内著名的孙春阳南货铺，是浙江宁波商人孙春阳在明朝万历年间创立的，到清代已拥有万两以上的资金，而且其铺面极其宽敞。但它从明代创立到清代中叶两百多年的时间里，始终是"子孙尚食其利，无他姓顶代者"，[①]是明显的独资制企业。合伙制，史料中又称为"合本"、"合股"、"合资"、"连财"，也是中国传统社会中常用的一种企业组织形式。根据史料，春秋时期已有了合伙制的萌芽，汉代（其组织形式）已相当成熟，唐宋时期这种企业组织形式已逐渐流行。根据东家出资的资本是否划分为等额"股份"，合伙制又分为一般合伙制和

---

① 钱咏：《履园丛话》卷 24，中华书局，1979，第 640 页。

股份合伙制。股份合伙制不仅普遍存在于地域商业中，如晋商、徽商等；也存在于一些矿业中，如云南铜矿、自贡井盐业等。在近代中国，随着西方经济的冲击，股份合伙制的形态发生了变化：一是与它所适应的经济形式即手工业、传统的商业、钱庄一起存续下来，如"即使在近代化程度最高的上海，绝大部分中小商店都是独资或合伙经营的"；[①] 二是逐渐吸收公司制优点，并开始向公司制转变。虽然中国传统企业已开始向公司转化，但在近代中国最早出现的公司却是通商口岸由外商开办的洋行，其次才是中国传统企业（盐业经营、瓷器经营等）吸收西方公司制优点转化而成的官督商办公司，民营公司则于1895年后才有了快速的发展。

鸦片战争之前，中国古老的大地上就已出现了由英国人创办的公司，时人称为洋行或商馆。比如，1715年，英国东印度公司在广东设"行"；1825年，又在广州设立"商馆"。1832年，怡和洋行成立；1835年，仁记洋行成立。不过，西方列强在中国较大规模地建立公司还是在鸦片战争之后。鸦片战争之后，西方列强在通商口岸争相设立贸易、轮船、保险、银行等洋行，这些洋行大多采取公司的组织形式。

华商附股是国人最早的公司实践。

所谓的华商附股就是指，外国公司进入中国或外商在中国境内设立公司后，那些拥有资本的华商或华人以附股的形式投资于这些公司，以获取盈利。这种由华人向外商公司企业投资、持有外商公司股票，并成为外商公司股东的现象就是所谓的"华商附股"。华商附股，最早可见于19世纪30年代英商宝顺洋行在澳门设立的于仁洋面保安行。该行在创办时就渗进了中国商人的股份。

---

① 江满情：《中国近代股份有限公司形态的演变——刘鸿声企业组织发展史研究》，华中师范大学出版社，2007，第20页。

有人甚至说，这个公司是"广东省城商人联合西商纠合本银"共同创设的。嗣后，华商附股活动一度沉寂，然而到 19 世纪 60 年代这种活动又活跃起来了，70 年代更是到了猖獗的程度。几乎各行各业、各个洋行都有华商的附股，甚至可以这么说，在 19 世纪中国各个对外通商口岸，只要有外商的活动，就有华商的附股。据汪敬虞先生考察，在 19 世纪，外商企业中的华商附股是一个大量存在的现象。从轮船、保险、银行、堆栈以至纺纱、缫丝、煤气、电灯，从资本在数百万两以上的大型企业到资本只有几万两的小型企业，从贸易中心的上海到其他通商口岸，只要有外商的企业，就离不开中国商人的附股。整个 19 世纪，所有华商附股的外商企业累积资本约在白银四千万两。在有的外商企业（如大东汇通银行、中国玻璃公司）中，"华股"所占的比重竟然高达 80%。华人的附股，促进了外商公司在中国的迅速发展，同时在一定意义上也为中国近代公司的创建奠定了基础。19 世纪 70 年代以后，在官督商办公司中主持经营的那些督办、会办大多都有附股活动的经历。

官督商办公司是国人创建最早的公司。

官督商办公司是洋务官员在盐业、茶业以及矿产业等经营基础上对有利于经济发展的西方公司制度的一种借鉴，也是"仿西国公司之例的产物"。官督商办公司在 19 世纪七八十年代获得迅速发展，是与通商口岸外国公司的示范作用分不开的。如香港黄埔船坞公司成立之初，资本只有 24 万元，到 1886 年已增至 156 万元之多；19 世纪末，它已有 8 个大船坞，附有设备完整的工厂，经常雇佣着 2500 至 4500 名中国工人；每年利润率都在 20% 以上，1886 年纯利润率竟达到了 24%。再如香港火烛保险公司，每年的盈利经常相当于股本的 50%，股票升水曾经达到 400%。这样的利润远比中国传统的业主制或合伙制收益要高得多，也远远高于投资于钱庄的利润。另外，西方公司筹资之快也令中国商人惊叹不已，像旗昌轮船公司筹集 100 万两的计划，在短短的 7 个月（1861年 8 月至 1862 年 3 月）内就完成了。

官督商办公司的成功创建，除了受西方公司的示范影响外，政府资金、政策的大力扶助也是非常重要的。

在资金方面，官督商办公司大都获得了官款不同程度的支持。如轮船招商局，"资本虽系商贾集成，实赖官帑之倡率"。① "津沪电报局、汉阳铁厂、萍乡煤矿等企业都是由官款开创，然后招商承办的。"② 除了资金方面给予的扶助外，政府在收税、专利、特权等方面给予的优惠政策也是官督商办公司得以顺利创办的因素。如开平煤矿创办时期，土煤的一般税率为每担银四分，约合每吨六钱七分二厘，为了"恤华商"，以助其"敌洋商"，李鸿章奏请朝廷同意了开平煤矿总办唐廷枢提出的每吨煤缴纳税银一钱的要求。③ 这一优惠待遇均被其他官督商办公司所援引。上海机器织布局在开办之时就获得了"自应酌定十年以内，只准华商附股搭办，不准另行设局"④ 的优惠政策。自此之后，专利也多被其他企业所引用。如 1889 年，商人钟锡良获得在广州设立造纸厂并享有 10 年专利的权利；1895 年，烟台酒厂采用葡萄酿酒获专利 15 年；同年，张謇创办南通大生纱厂，获准专利 10 年；1896 年，王承淮改革旧机器，织造洋布，获准专利 15 年。⑤ 正是依靠官方的扶助，轮船招商局"局基始定"。时人称，招商局"所以能自立者，实赖

---

① 刘锦藻：《清朝续文献通考》卷 361，商务印书馆，1955，考 11052。
② 李玉：《晚清公司制度建设研究》，人民出版社，2002，第 47 页。
③ 孙毓棠编《中国近代工业史资料》第 1 辑下册，科学出版社，1957，第 647~648 页。
④ 李鸿章：《李鸿章全集》第 3 册，海南出版社，1997，第 1716 页。
⑤ 赵元果编著《中国专利法的孕育与诞生》，知识产权出版社，2003，第 6 页。

官为护持，故虽怡和、太古多方排挤，该局犹能支柱"；① "由于得到政府的运粮津贴，在承运货物时……运费比其他轮船公司都低得多"。② 洋商也不得不发出这样的感叹："享有特权，占有优势，其他轮船望尘莫及。"③ 针对官府的扶助，郑观应也给予了肯定："谓上台（对该局）措置不周，体恤不至，可乎?"④ 由于官方的扶助，上海机器织布局、津沪电报局、开平煤矿等官督商办公司降低了成本，增强了与洋商的竞争力，从而在市场站稳了脚跟。

在中国传统企业公司化的过程中，为了促进经济的快速发展，传统的生产组织形式也在逐渐向公司制转变，因为公司制可以极大地加速社会资本的集中，扩大生产规模，提高资本的社会效应，有力地推动社会进步。晚清士人也认识到了公司对经济发展的巨大作用，"欲振商务，须广设公司"；⑤ "公司一事，乃富国强兵之实际"；⑥ 若 "公司不举……则中国不可以富不可以强"。⑦ 正因为公司制对中国经济发展有如此重要的意义，所以官督商办公司在仿行西方公司制方面虽然有很多不足，但其肇始之功却是应该肯定的。

由于受官督商办公司的影响，民营公司在甲午战争之前就有一定程度的发展。恰如时人所言："招商局开其端，一人倡之，众人和之，不数年间，风气为之大开，公司因之云集。"⑧ 甲午战争

---

① 沈桐生：《光绪正要》卷21，文海出版社，1985，第33页。
② 聂宝璋编《中国近代航运史资料》，上海人民出版社，1983，第909页。
③ 聂宝璋编《中国近代航运史资料》，上海人民出版社，1983，第952页。
④ 夏东元编《郑观应集》下册，上海人民出版社，1998，第783页。
⑤ 佚名：《论商务以公司为最善》，载何良栋辑《皇朝经世文四编》卷25，第1页。
⑥ 赵树贵、曾丽雅编《陈炽集》，中华书局，1997，第98页。
⑦ 薛福成：《论公司不举之病》，载宜今室主人编《皇朝经济文新编》卷5，文海出版社，1987，第3页。
⑧ 《中国股份极宜整顿说》，《申报》1883年10月21日。

之后，由于官督商办公司的弊端充分暴露，时人对其进行了批评并要求出台政策以促进民营公司的发展。在舆论压力下，1895 年 7 月 19 日，光绪帝发布"恤商惠工"、"从速变计，招商承办"等谕旨，并规定"一切仿照西例，商总其事，官为保护，若商力稍有不足，亦可借官款维持"。① 为了确保政策的稳定性，清政府又颁布了《振兴厂艺给奖章程》、《矿务铁路公共章程》等法规性文件，公开鼓励发展工商业。以"顺商情，保商利"为宗旨而成立的商部，也力图"痛加扫除"以前"所有牵掣抑勒之弊"，"以副国家保惠商人之至意"。另外，为防范官吏的勒索，政府严禁大小衙门向办厂商民"勒索规费"，违者严加议处。这些措施的颁布及实施促进了 19 世纪末 20 世纪初民营公司企业的快速发展。

"绅领商办"公司是官督商办公司的突破与发展。

"绅领商办"公司作为对官督商办公司的反思，在创建过程中就与官方签订了契约以避免官方的过度干预。如 1896 年，双方签订了一份官商合同，确认双方"利害相共"，"逐年获利，按股均分；如有亏损，亦按股摊认"，即按出资额分享利益、共担风险。在企业经营上，官方不得直接参与，"厂中用人、理财各事，全归商董经理"；但官方有监督之权，"另行公举官董一员，由商务局禀请南洋大臣给委，到厂随时稽查帐目，调护商情"。② 1897 年改为"绅领商办"时，双方又合签了一份官商约款，除继续确认"官商合办"、"利害相共"，明确"无论获利亏折"，逐年清算，"按股摊认"外，否定了官董监察的条款："无庸仍照原约，请派

---

① 朱寿朋：《光绪朝东华录》，中华书局，1958，第 3637 页。
② 张謇：《通州兴办实业章程·大工业生纱厂》，翰墨林编译印书局，1905，第 20 页。

官董。"① "绅领商办" 公司作为对官督商办公司反思的产物，自然在公司化的过程中比官督商办公司前进了一大步，最重要的便是公司的所有权与经营权进一步分离。如官股，不仅限制其对大生公司的直接经营，而且大生公司对官股的董事、代表还保有协商提名、提议撤换等权利，这在实践中确实做到了所有权与经营权的进一步分离。至于私股，大生公司关于股权、股息以及股票转让和遗失补领手续等方面都有具体的规定，相当细致、严格，以保障私股所有者的所有权。中小股东的利益得到了切实的维护。在大生公司中，中小股东有很多，如大生一厂，私人股东就有数百上千户。其中，100 万股以下的小股东达到 849 户，占股东户数的 76.7%，但占有公司的股份不到 15%。为了确保他们的利益，大生公司采取了股权权数设置的办法，限制官股和大股东股权，维护中小商股股东权益，防止官方和大股东以增股为名控制企业。大生公司在第一次股东大会上提议，"选举权及议决权，拟定一股至百股，每股一权；一百一股以上至五百股，每二十股加一权；五百一股以上至无限度股，每四十股加一权"。② 此议遭到官股代表的反对，其后双方协商，股东会最终确定："自一股至一百股每股一权，一百一股以上至无限股，每二十股加一权。"并明确"官股不得分析，多占权数"。③ 大生公司的这一做法，保护了中小股东的利益，也符合现代公司制度保护小股东权益的通行规则，为同时期同类公司企业起到了示范作用。公司账目更加透明。为了

---

① 张季直先生事业史编纂处编《大生纺织公司年鉴（1885—1947）》，江苏人民出版社，1998，第 19 页。

② 张季直先生事业史编纂处编《大生纺织公司年鉴（1895—1947）》，江苏人民出版社，1998，第 98 页。

③ 张季直先生事业史编纂处编《大生纺织公司年鉴（1895—1947）》，江苏人民出版社，1998，第 99 页。

确保公司账目明确、透明，大生纱厂筹办时就对账务做了制度上的规定："本厂进出各款大帐，每届年终清揭一次，另有帐略刊送。"① 所以，大生公司建成投产后，每年企业的账略和说略都公之于众，使股东对企业的经营状况有所了解。《公司律》公布后，大生的经营信息报告更加规范，由查账人签押，于股东常会前 15 日 "分送众股东就阅"。以后制定的财务核算制度，公司进一步明确：由银钱所 "每四礼拜汇记花纱出入盈亏之细数单。年终核明结总，开具清折，另刊帐略，分别咨商务局、寄各股东"。② 从现存的档案看，大生公司及所属企业的说略、账略相当完备，是同一时期其他企业所难比拟的。

"绅领商办" 公司之所以能取得这么大的进步，一是甲午战争之后，清政府为了刺激民营公司的发展，采取了许多有利于经济发展的措施；二是《公司律》的颁布使中国近代公司的发展取得了质的飞跃。

《公司律》的颁布促进了中国近代公司的发展与规范。

《公司律》的制定对民营公司的发展具有重大的意义，它为民营公司的发展提供了法律的保障。如在公司的设立方面，公司的成立由传统的特许主义转变为准则主义，这就为民营公司的创建扫除了障碍。《公司律》颁布之前，公司的设立及营业采用特许主义的原则，需要向地方衙门和中央朝廷申请呈报，然后由朝廷批准才能成立、营业。至于封疆大吏、朝廷要员在受理呈请时，以什么为根据进行审查、核准，并没有成文的法律依据或专门的法律规章。《公司律》颁布后，公司的设立改为准则主义，即只要申

---

① 南通市档案馆等编《大生企业系统档案选编·纺织编Ⅰ》，南京大学出版社，1987，第 4 页。
② 南通市档案馆等编《大生企业系统档案选编·纺织编Ⅰ》，南京大学出版社，1987，第 12 页。

请者满足公司设立的准则要求，就能成立。民营公司的设立不再取决于官方的意愿，这就为民营公司的自由创建、发展提供了便利。再如，《公司律》主张股权平等的原则，同样有利于民营公司结构的完善。《公司律》规定："无论官办、商办、官商合办等各项公司及各局（凡经营商业者皆是），均应一体遵守商部定例办理。"[1] 公司"附股人不论官职大小，或署己名或以官阶署名，与无职之附股人，均只认为股东一律看待，其应得余利暨议决之权以及各项利益与他股东一体均沾，无稍立异。"[2] 这样股东仅以其股权参与公司的经营与监督，而不是根据身份参与治理、监督，监督者与被监督者是一种契约关系，这样就能保证股东能更好地履行监督职责。最后，在公司治理方面采取权力分立原则，通过股东大会、董事会、监事会以及经理的分权制衡关系的构建而形成的公司治理结构，为更有效地监督提供了组织支持。总之，晚清工商业政策的调整以及《公司律》的颁布为民营公司的发展提供了平台。此后，民营公司不断发展壮大，成为近代企业的主流。

---

① 《公司律》第 30 条，《东方杂志》1904 年第 1 期，第 17 页。
② 上海市档案馆编《旧中国的股份制》，中国档案出版社，1996，第 16 页。

参考文献

一 古籍

曹文麟编《张啬庵实业文钞》，文海出版社，1969。

陈忠倚辑《皇朝经世文三编》，文海出版社，1971。

大通系统企业史编写组编《大通系统企业史》，江苏古籍出版社，1990。

《大清法规大全》，考正出版社，1972。

丁凤麟编《薛福成选集》，上海人民出版社，1987。

杜春和编《荣禄存札》，齐鲁书社，1986。

冯桂芬：《校邠庐抗议》，上海书店出版社，2002。

《光绪朝大清会典》，中华书局，1991。

《光绪政要》，中国言实出版社，2000。

郭嵩焘：《郭嵩焘日记》，湖南人民出版社，1981。

贺长龄编《皇朝经世文编》，文海出版社，1975。

洪迈：《夷坚志》，中华书局，2006。

胡伟希选注《论世变之亟——严复集》，辽宁人民出版社，1994。

贾桢等编辑《筹办夷务始末》（咸丰朝），中华书局，1979。

蒋廷黻：《筹办夷务始末补遗》（同治朝），北京大学出版社，1988。

梁启超：《戊戌变法》，上海人民出版社，1957。

李鸿章：《李文忠公全书》，中华书局，1987。

李鸿章：《李文忠公选集》，大通书局，1987。

李鸿章：《李文忠公全集》，商务印书馆，1921。

李世芳：《富阳县志》，巴蜀书社，1992。

郑大华点校《采西学议——冯桂芬　马建忠集》，辽宁人民出版社，1994。

马建忠：《适可斋记言》，文海出版社，1958。

麦仲华编《皇朝经世文新编》，文海出版社，1972。

南炳文、汤纲：《明史》，上海人民出版社，2003。

欧阳辅之编《刘忠诚公遗集》，文海出版社，1968。

齐思和整理《筹办夷务始末》（道光朝），中华书局，1964。

钱泳：《履园丛话》，中华书局，1979。

容闳：《西学东渐记》，中州古籍出版社，1998。

邵之棠辑《皇朝经世文统编》，文海出版社，1980。

沈家本：《历代刑法考》，中华书局，1985。

上海档案馆编《旧中国的股份制》，中国档案出版社，1996。

商务印书馆编《大清光绪新法令》，商务印书馆，1910。

商务印书馆编《大清宣统新法令》，商务印书馆，1909~1911。

盛宣怀：《愚斋存稿》，文海出版社，1975。

王韬：《弢园文录外编》，中华书局，1959。

王溥：《唐会要》，中文出版社，1987。

王铁崖编《中外旧约章汇编》，三联书店，1962。

魏源：《海国图志》，陈华、常绍温等点校注释，岳麓书社，1998。

吴汝纶：《李文忠公奏稿》，上海古籍出版社，1995~2000。

夏振武编《嘉定长白二先生奏议》，文海出版社，1958。

徐珂：《清稗类钞》，中华书局，1984。

徐松：《宋会要辑稿》，中文出版社，1957。

徐润：《徐愚斋自叙年谱》，香山徐氏，1927。

徐润：《徐愚斋自叙年谱》，文海出版社，1976。

杨凤藻编《皇朝经世文新编续集》，文海出版社，1971。

杨书霖编《左文襄公全集》，文海出版社，1979。

姚成瀚：《公司条例释义》，上海商务印书馆，1914。

于宝轩编《皇朝蓄艾文编》，学生书局，1965。

张謇编《通州兴办实业之历史》，翰墨林编译印书局，1910。

张謇研究中心、南通市图书馆编《张謇全集》，江苏古籍出版社，1994。

张孝若编《张季子九录》，中华书局，1931。

张家镇等编《中国商事习惯与商事立法理由书》，中国政法大学出版社，2003。

张孝若：《南通张季直先生传记》，上海书店出版社，1991。

张之洞：《张文襄公全集》，中华书局，1987。

张季直先生事业编纂处编《大生纺织公司年鉴（1895—1947）》，江苏人民出版社，1998。

赵树贵、曾丽雅编《陈炽集》，中华书局，1997。

郑观应：《盛世危言》，北方妇女儿童出版社，2001。

郑大华点校《新政真诠——何启　胡礼垣集》，辽宁人民出版社，1994。

郑荣等修《南海县志》，成文出版社，1974。

直隶高等审判厅书记室编《华洋诉讼判决录》，中国政法大学出版社，1997。

中华书局编辑部编《魏源集》，中华书局，1983。

中研院近代史研究所编《海防档》，文海出版社，1957。

朱寿朋编《光绪朝东华录》，中华书局，1958。

自贡市档案馆编《自贡盐业契约档案选辑》，中国社会科学出版社，1985。

二　专著

〔美〕阿道夫·A. 伯利、C. 米恩斯：《现代公司与私有财产》，甘华鸣等译，商务印书馆，2005。

安虎森、邓宏图主编《制度变迁、转型与中国经济》，经济科学出版社，2007。

〔法〕白吉尔：《中国资产阶级的黄金时代》，张富强译，上海人民出版社，1996。

曹凤岐：《中国企业公司制的理论与实践》，企业管理出版社，1993。

曹均伟：《中国近代利用外资思想》，立信会计出版社，1996。

陈钧：《儒家心态与近代追求——张之洞经济思想论析》，湖北人民出版社，1990。

陈钧、任放：《经济伦理与社会变迁》，武汉出版社，1996。

〔美〕陈锦江：《晚清现代企业与官商关系》，王笛、张箭译，中国社会科学出版社，1997。

陈绍闻主编《中国近代经济文选》，上海人民出版社，1984。

陈旭麓：《近代中国社会的新陈代谢》，上海人民出版社，1992。

陈志武、李玉：《制度寻踪·公司制度卷》，上海财经大学出版社，2009。

陈真主编《中国近代工业史资料》第 3 辑，三联书店，1961。

崔如波：《公司治理：制度与绩效》，中国社会科学出版社，2004。

〔日〕大塚久雄：《股份公司发展史论》，胡企林等译，中国人民大学出版社，2002。

〔美〕道格拉斯·C. 诺思：《制度、制度变迁与经济绩效》，刘守英译，三联书店，1994。

〔美〕道格拉斯·C. 诺思、张五常等：《制度变革的经验研究》，罗仲伟译，经济科学出版社，2003。

邓荣霖主编《现代企业制度概论》，中国人民大学出版社，1995。

丁建弘：《发达国家的现代化道路——一种历史社会学的研究》，北京大学出版社，1999。

丁守和主编《中国历代奏议大典》，哈尔滨出版社，1994。

丁日初主编《上海近代经济史》第 2 卷，上海人民出版社，1997。

丁伟志、陈裕：《中西体用之间——晚清中西文化观述论》，中国社会科学出版社，1995。

豆建民：《中国公司制思想研究（1842—1996）》，上海财经大学出版社，1999。

豆建民：《论中国公司制思想研究》，上海财经大学出版社，1999。

杜恂诚：《民族资本主义与旧中国政府》，上海社会科学出版社，1991。

杜恂诚：《金融制度变迁史的中外比较》，上海社会科学出版社，2004。

范西成、陆保珍：《中国近代工业发展史》，陕西人民出版社，1991。

〔美〕费正清：《剑桥中国晚清史》，中国社会科学院历史研究编译室译，中国社会科学出版社，1985。

〔美〕费维恺：《中国早期工业化：盛宣怀和官督商办企业》，

虞和平译，中国社会科学出版社，1990。

冯天瑜、何晓明：《张之洞评传》，南京大学出版社，1991。

郭库林：《近代中国市场经济研究》，上海财经大学出版社，1999。

古志辉：《制度、制度变迁与企业行为：理论与实证》，经济科学出版社，2007。

〔美〕郝延平：《十九世纪的中国买办：东西间桥梁》，杜恂诚等译，上会科学出版社，1988。

〔美〕郝延平：《中国近代商业革命》，陈潮、陈任译，陈绛校，上海人民出版社，1991。

郝铁川、陆锦碧编《杨兆龙法学文选》，中国政法大学出版社，2000。

何勤华、李秀清：《外国法与中国法——20世纪中国移植外国法》，中国政法大学出版社，2000。

何勤华主编《法的移植与法的本土化》，法律出版社，2001。

侯厚吉、吴其敬主编《中国近代经济思想史稿》，黑龙江人民出版社，1983。

侯强：《社会转型与近代中国法制现代化：1840—1928》，中国社会科学出版社，2005。

胡寄窗：《中国近代经济思想史大纲》，中国社会科学出版社，1984。

胡绳：《帝国主义与中国政治》，人民出版社，1996。

胡成：《困窘的年代：近代中国的政治变革与道德重建》，上海三联书店，1997。

黄逸平编《中国近代经济史论文选》，上海人民出版社，1985。

黄逸平：《近代中国经济变迁》，上海人民出版社，1992。

黄逸峰、姜铎、唐传泗、陈绛：《旧中国的买办阶级》，上海人民出版社，1982。

〔美〕吉尔伯特·罗兹曼主编《中国的现代化》，国家社会科学基金"比较现代化"课题组译，江苏人民出版社，1995。

蒋大兴：《公司法的概念与解释》，法律出版社，2009。

江平：《新编公司法教程》，法律出版社，1997。

江平、赖源河主编《两岸公司法研讨》，中国政法大学出版社，2003。

交通部、铁道部交通史编纂委员会编《交通史航政篇》，交通部、铁道部交通史编纂委员会出版社，1931。

〔德〕卡尔·马克思：《资本论》第1卷，人民出版社，1998。

李时岳、胡滨：《从闭关到开放》，人民出版社，1988。

李文海：《世纪之交的晚清社会》，中国人民大学出版社，1995。

李达文集编辑组编《李达文集》，人民出版社，1980。

李敦祥：《企业发展与制度创新》，广西人民出版社，2000。

李玉：《晚清公司制度建设研究》，人民出版社，2002。

李维安：《公司治理》，南开大学出版社，2003。

李永胜：《清末中外修订商约交涉研究》，南开大学出版社，2005。

李永胜：《清末修律中外交涉研究》，南开大学出版社，2005。

李启成主编《晚清各级审判厅研究》，北京大学出版社，2004。

林金枝：《近代华侨投资国内企业史研究》，福建人民出版社，1983。

林忠：《现代公司论》，中国财政经济出版社，1996。

〔美〕刘广京：《英美航运势力在华的竞争（1862—1874）》，

邱锡荣等译，上海社会科学院出版社，1988。

〔美〕刘广京、朱昌峻：《中国现代化的起始——李鸿章评传》，上海古籍出版社，1995。

刘文华主编《中国公司法讲座》，改革出版社，1995。

刘根秋：《中国古代合伙制初探》，人民出版社，2007。

刘建生、刘鹏生等：《明清晋商制度变迁研究》，山西人民出版社，2006。

刘建生等：《晋商信用制度及其变迁研究》，山西经济出版社，2008。

刘巨钦：《现代企业制度与公司治理》，湘潭大学出版社，2009。

龙菊、张克俭：《从一般企业到股份制公司》，中国物资出版社，1993。

罗荣渠：《现代化新论——世界与中国的现代化进程》，北京大学出版社，1993。

马伯煌主编《中国近代经济思想史》，上海社会科学院出版社，1992。

马敏：《官商之间——社会剧变中的近代绅商》，天津人民出版社，1995。

马敏、朱英：《传统与近代的二重变奏——晚清苏州商会个案研究》，巴蜀书社，1993。

马敏：《商人精神的嬗变——近代中国商人观念研究》，华中师范大学出版社，2001。

〔美〕马士：《中华帝国对外关系史》，张汇文等译，上海书店出版社，2000。

《马克思恩格斯全集》第39卷，人民出版社，1972。

毛泽东：《毛泽东选集》第2卷，人民出版社，1991。

梅慎实：《现代公司机关权力构造论》，中国政法大学出版社，1996。

宓汝成主编《中国近代铁路史资料》，中华书局，1962。

南开大学历史系编《清实录经济资料辑要》，中华书局，1959。

南通市档案馆等编《大生企业系统档案选编·纺织编》，南京大学出版社，1987。

聂宝璋：《中国买办资产阶级的发生》，中国社会科学出版社，1979。

聂宝璋主编《中国近代航运史资料》第1辑，上海人民出版社，1983。

〔美〕柯文：《在中国发现历史——中国中心观在美国的兴起》，林同奇译，中华书局，1989。

彭泽益主编《中国近代手工业史资料》，三联书店，1957。

彭泽益主编《十九世纪后半期的中国财政与经济》，人民出版社，1983。

彭久松、陈然：《中国契约股份制》，成都科技大学出版社，1994。

〔美〕彼得·德鲁克：《公司的概念》，慕冯丽译，机械工业出版社，2006。

〔美〕R. 科斯、A. 阿尔钦等：《财产权利与制度变迁》，刘守英等译，上海人民出版社，2005。

戎文佐、张少龙、王云龙编著《现代企业制度的原理与实务》，中国物资出版社，1994。

阮芳纪、左步青、章鸣九编《洋务运动史论文选》，人民出版社，1985。

单强：《工业化与社会变迁：近代南通与无锡发展的比较》，

中国商业出版社，1997。

上海市粮食局等编《中国近代面粉工业史》，中华书局，1987。

上海社会科学院经济研究所轻工业发展战略研究中心编《中国近代造纸工业史》，上海社会科学院出版社，1989。

上海五金公司等编《上海近代五金商业史》，上海社会科学院出版社，1990。

沈祖炜主编《近代中国企业：制度和发展》，上海社会科学院出版社，1999。

沈渭滨：《困厄中的近代化》，上海远东出版社，2001。

盛洪：《现代制度经济学》，北京大学出版社，2003。

石毓符：《中国货币金融史略》，天津人民出版社，1984。

史全生：《中华民国经济史》，江苏人民出版社，1989。

史际春：《企业和公司法》，中国人民大学出版社，2008。

眭鸿明：《清末民初民商事习惯调查之研究》，法律出版社，2005。

孙毓棠主编《中国近代工业史资料》第 1 辑，科学出版社，1957。

汤志钧编《康有为政论集》，中华书局，1981。

汤志钧：《康有为与戊戌变法》，中华书局，1984。

天津市档案馆等编《天津商会档案汇编（1903—1911）》，天津人民出版社，1987。

〔日〕土肥武雄：《合伙股东责任之研究》，李培皋、叶致中译，中国政法大学出版社，2004。

汪敬虞主编《中国近代工业史资料》第 2 辑，科学出版社，1957。

汪敬虞：《十九世纪西方资本主义对中国的经济侵略》，中国社会科学出版社，1983。

汪敬虞：《唐廷枢研究》，中国社会科学出版社，1983。

汪玲：《现代企业的基本制度》，经济科学出版社，2001。

〔美〕汪荣祖：《走向世界的挫折——郭嵩焘与道咸同光时代》，岳麓书社，2000。

王孝通主编《商事法要论》，商务印书馆，1934。

王进良：《现代产权经济》，中国经济出版社，1994。

王先明：《近代绅士》，天津人民出版社，1997。

王晓秋：《戊戌维新与清末新政——晚清改革史研究》，北京大学出版社，1998。

王相钦、吴太昌：《中国近代商业史论》，中国财政经济出版社，1999。

王立新：《美国传教士与晚清中国现代化》，天津人民出版社，1997。

王培：《晚清企业纪事》，中国文史出版社，1999。

王玉茹：《制度变迁与中国近代化工业》，陕西人民出版社，2000。

王玉茹、刘佛丁、张东刚：《制度变迁与中国近代工业化》，陕西人民出版社，2000。

王处辉：《中国近代企业组织形态的变迁》，天津人民出版社，2001。

王健编《西法东渐——外国人与中国法的现代化》，中国政法大学出版社，2001。

王戎：《晚清工业产权制度的变迁》，云南人民出版社，2004。

魏淑君：《近代中国公司法史论》，上海社会科学院出版社，2009。

巫宝三等编《中国近代经济思想与经济政策资料选辑（1840—1864）》，科学出版社，1959。

吴承明：《中国的现代化：市场与社会》，三联书店，2001。

吴承明、江泰新主编《中国企业史·近代卷》，企业管理出版社，2004。

吴慧主编《中国商业通史》第4卷，中国财政经济出版社，2004。

武水青：《现代企业制度与企业公司化》，中国矿业大学出版社，1994。

武树臣主编《中国传统法律文化辞典》，北京大学出版社，1999。

吴斌等：《中国盐业契约论》，西南交通大学出版社，2007。

吴高臣：《有限责任公司法论》，中国民主法制出版社，2009。

夏炎德：《中国近百年经济思想》，商务印书馆，1948。

夏东元：《郑观应传》，华东师范大学出版社，1985。

夏东元：《晚清洋务运动研究》，四川人民出版社，1985。

夏东元：《盛宣怀传》（修订本），南开大学出版社，1998。

徐雪筠等译编《上海近代社会经济发展概况（1882~1931）——〈海关十年报告〉译编》，上海社会科学院出版社，1985。

许涤新、吴承明主编《中国资本主义发展史》第1卷，人民出版社，1985。

许纪霖、陈达凯主编《中国现代化史》第1卷，上海三联书店，1995。

徐鼎新：《中国近代企业的科技力量与科技效应》，上海社会科学院出版社，1995。

徐新吾、黄汉民主编《上海近代工业史》，上海社会科学院出版社，1998。

徐学鹿主编《商法研究》第1辑，人民法院出版社，2001。

徐岱：《中国刑法近代化论纲》，人民法院出版社，2003。

杨鸿烈：《中国法律思想史》，商务印书馆，1936。

杨松、邓力群编《中国近代史料选辑》，三联书店，1954。

杨国强：《百年嬗蜕——中国近代的士与社会》，上海三联书店，1997。

杨勇刚编《中国近代铁路史》，上海书店出版社，1997。

杨勇：《近代中国公司治理：思想演变与制度变迁》，上海人民出版社，2007。

杨在军：《晚清公司与公司治理》，商务印书馆，2006。

姚之鹤编《华洋诉讼案例汇编》，商务印书馆，1915。

严正明：《晚清企业制度思想与实践的历史考察》，人民出版社，2007。

叶世昌、施正康：《中国近代市场经济思想》，复旦大学出版社，1998。

尹伊君：《社会变迁的法律解释》，商务印书馆，2003。

于纪渭：《股份制经济学概论》，复旦大学出版社，1999。

于干千：《唐代国家土地政策变迁与土地制度演进》，经济科学出版社，2007。

虞晓波：《比较与审视：南通模式与无锡模式研究》，安徽教育出版社，2001。

虞政平：《股东有限责任：现代公司法律之基石》，法律出版社，2001。

虞和平等主编《招商局与中国现代化》，中国社会科学出版社，2008。

袁伟时：《晚清大变局中的思潮与人物》，海天出版社，1992。

苑书义、秦进才主编《张之洞与中国近代化》，中华书局，1999。

章开沅：《开拓者的足迹——张謇传稿》，中华书局，1986。

章开沅、罗福惠主编《比较中的审视：中国早期现代化研究》，浙江人民出版社，1993。

章开沅、马敏、朱英：《中国近代民族资产阶级研究》，华中师范大学出版社，2000。

章开沅、马敏、朱英主编《中国近代史上的官绅商学》，湖北人民出版社，2000。

章继光：《曾国藩思想简论》，湖南人民出版社，1988。

张国辉：《洋务运动与中国近代企业》，中国社会科学出版社，1979。

张晋藩：《清律研究》，法律出版社，1992。

张晋藩：《清朝法制史》，法律出版社，1994。

张仲礼：《中国近代经济史论著选译》，上海社会科学院出版社，1987。

张后铨主编《招商局史（近代部分）》，人民交通出版社，1988。

张培田：《中西近代法文化冲突》，中国广播电视出版社，1994。

张学君：《实业之梦——张謇传》，四川人民出版社，1995。

张维迎：《企业理论与中国企业改革》，北京大学出版社，1999。

张雪艳：《中国经济制度变迁理论与实践研究》，白山出版社，2000。

张忠民：《艰难的变迁——近代中国公司制度研究》，上海社会科学院出版社，2002。

张忠民等编《企业发展史中的制度变迁》，上海社会科学院出版社，2003。

张德美：《探索与抉择——晚清法律移植研究》，清华大学出版社，2003。

赵丰田：《晚清五十年经济思想史》，哈佛燕京学社，1939。

赵靖：《中国经济思想史述要》，北京大学出版社，1998。

赵靖、易梦虹主编《中国近代经济思想史》，中华书局，1980。

赵靖、易梦虹主编《中国近代经济思想资料选辑》，中华书局，1982。

赵晓耕编著《中国法制史》，中国人民大学出版社，2004。

郑世明：《工业文明与中国——企业制度比较研究》，陕西人民出版社，1988。

郑海航：《企业组织学导论》，中国劳动出版社，1990。

中国科学院近代史研究所明清史档案部编《洋务运动》，上海人民出版社，1961。

中研院近代史研究所编《近代中国对西方及列强认识资料汇编》，中研院近代史研究所，1972。

周军、杨雨润主编《李鸿章与中国近代化》，安徽人民出版社，1989。

周建波：《洋务运动与早期现代化思想》，山东人民出版社，2001。

钟祥财：《中国近代民族企业家经济思想史》，上海社会科学院出版社，1992。

祝慈寿：《中国近代工业史》，重庆出版社，1989。

朱镇华：《中国金融旧事》，中国国际广播出版社，1991。

朱英：《中国早期资产阶级概论》，河南大学出版社，1992。

朱英：《转型时期的社会与国家》，华中师范大学出版社，1997。

朱英：《晚清经济政策与改革措施》，华中师范大学出版社，1996。

朱勇：《中国法律的艰辛历程》，黑龙江人民出版社，2002。

朱荫贵：《中国近代公司制企业研究》，上海财经大学出版社，2008。

邹进文：《公司理论变迁研究》，湖南人民出版社，2000。

三　论文

曹成建：《试论近代中国公司法规对外资及中外合资公司之规范》，《四川大学学报》1998 年第 3 期。

陈勇勤：《林则徐最先提出官督商办模式与近半个世纪官方办企业方针的实质》，《福建论坛》1998 年第 2 期。

陈争平：《试论中国近代企业制度发展史上的"大生"模式》，《中国经济史研究》2001 年第 2 期。

陈强：《晚清近代企业经营研究》，硕士学位论文，中国人民大学，2004。

陈育琴：《中国家族企业制度变迁研究》，博士学位论文，中共中央党校，2004。

蔡晓荣：《晚清华洋商事纠纷之研究》，博士学位论文，苏州大学，2005。

豆建民：《中国公司制思想研究》，国家图书馆博士论文库，1998。

豆建民：《论中国近代股份制思潮》，《财经研究》1997 年第 9 期。

段本洛：《简论"官督商办"对民族资本主义发展的阻滞作用》，《历史教学》1982 年第 10 期。

樊百川：《二十世纪初期中国资本主义发展的概况与特点》，《历史研究》1983 年第 4 期。

方志远：《江右商的社会构成及经营方式——明清江西商人研究之一》，《中国经济史研究》1992年第1期。

方流芳：《公司：国家权力与民事权利的分合》，博士学位论文，中国人民大学，1993。

方流芳：《关于公司行为能力的几个法律问题》，《比较法研究》1994年第3、4期。

傅夏仙：《股份合作制：理论、实践及其适宜领域》，博士学位论文，浙江大学，2003。

宫玉松、王成：《近代关于公司制的认识与思考》，《齐鲁学刊》1995年第3期。

龚会莲：《变迁中的民国工业史（1912—1936）》，博士学位论文，西北大学，2007。

郭瑞卿：《略论近代中国公司法律制度》，博士学位论文，中国政法大学，2002。

何丰：《制度变迁中的企业创新研究》，博士学位论文，复旦大学，2004。

胡显中、周晓晶：《中国历史上第一家公司制企业轮船招商局》，《经济纵横》1992年第8期。

胡勇华：《官督商办企业：由传统向近代企业制度演进的过渡性组织形态》，《江汉论坛》2006年第6期。

姜守鹏：《〈金瓶梅〉反映的明代商业》，《东北师范大学学报》1989年第3期。

姜伟：《论股份有限公司制度在清末民初的演进》，《南京师范大学学报》2000年第1期。

江满情：《中国近代股份有限公司形态的演变》，博士学位论文，华东师范大学，2003。

江眺：《公司法：政府与商人权益的博弈》，博士学位论文，中国政法大学，2005。

蒋燕玲：《论晚清重商思潮与公司立法的互动》，《社会科学研究》2005 年第 1 期。

景文宏：《制度变迁对中国早期工业化进程的影响》，《甘肃联合大学学报》2006 年第 6 期。

〔美〕柯丽莎：《在中国控制现代商业——大生企业（1895—1926）》，《亚洲商务杂志》1998 年第 1 期。

科大卫：《公司法与近代商号的出现》，《中国经济史研究》2002 年第 3 期。

康继军：《中国转型期的制度变迁与经济增长》，博士学位论文，重庆大学，2006。

李玉、熊秋良：《中国近代公司制度史：史学领域一块处女地》，《社会科学研究》1997 年第 4 期。

李玉、熊秋良：《试论清末的〈公司律〉》，《湖南师范大学社会科学学报》1994 年第 4 期。

李玉、熊秋良：《论甲午战后国人公司意识的觉醒》，《社会科学辑刊》1997 年第 2 期。

李玉、熊秋良：《论清末的公司法》，《近代史研究》1995 年第 2 期。

李小宁：《关于旧中国公司立法的思考》，《法学》1997 年第 7 期。

李秀清：《中国近代民商法的嚆矢——清末移植外国民商法述评》，《法商研究》2001 年第 6 期。

李春梅：《买办与中国近代股份制的兴起》，《西南交通大学学报》2003 年第 6 期。

李广成：《试论洋务运动与中国近代化》，《齐齐哈尔大学学报》2003 年第 5 期。

李艳鸿：《论清末公司立法》，硕士学位论文，安徽大学，2005。

刘伟：《洋务官商体制与中国早期工业化》，《华中师范大学学报》1995年第4期。

刘广安：《传统习惯对清末民事立法的影响》，《比较法研究》1996年第1期。

卢征良：《早期大生纱厂内部治理结构的发展及其特征研究》，《山东科技大学学报》2007年第2期。

邱澎生：《禁止把持与保护专利——试析清末商事立法中的苏州金箔业讼案》，《中外法学》2000年第3期。

任满军：《晚清商事立法研究》，博士学位论文，中国政法大学，2007。

施友佃、杨波：《试论中国近代的"官利制"》，《东岳论丛》1998年第1期。

孙建华：《近代"华商附股"外国公司：原因、影响与启示》，《黑龙江史志》2009年第24期。

汤可可、钱江：《大生纱厂的资产、盈利和利润分配》，《中国经济史研究》1997年第1期。

汪敬虞：《19世纪外国侵华企业中的华商附股活动》，《历史研究》1965年第4期。

吴承明：《近代中国工业化的道路》，《文史哲》1991年第6期。

王保树：《股份有限公司的董事和董事会》，《外国法译评》1994年第1期。

汪士信：《明清时期商业经营方式的变化》，《中国经济史研究》1988年第2期。

王中茂、梁凤荣：《清季华商附股外资企业之得失再认识》，

《郑州大学学报》2001 年第 5 期。

魏淑君：《公司法在中国的百年历程》，《华东政法大学学报》2005 年第 2 期。

武曦：《官督商办余论》，《上海社会科学院学术季刊》1992 年第 3 期。

熊明辉：《论清末法律渊源》，《湘南学院学报》2004 年第 6 期。

徐卫国：《论甲午战争后清政府经济政策的变化》，《历史教学》1998 年第 3 期。

许世英：《清末商事立法研究》，硕士学位论文，山东大学，2009。

严亚明：《晚清企业制度思想与实践的历史考察》，博士学位论文，华东师范大学，2003。

杨波：《"官利制度"与近代社会资金流向探析》，《福建师范大学学报》1995 年第 3 期。

杨泽伟：《近代国际法输入中国及其影响》，《法学研究》1999 年第 3 期。

杨蓉：《股份公司治理模式研究》，博士学位论文，华东师范大学，2003。

杨洁：《中国 20 世纪 20—40 年代的企业制度思想》，博士学位论文，复旦大学，2003。

杨在军：《中国近代公司特许阶段公司治理研究》，博士学位论文，南开大学，2004。

于醒民、陈兼：《十九世纪七十年代的上海美国轮船招商局》，《中国经济史研究》1985 年第 2 期。

虞政平：《论早期特许公司——现代股份公司之渊源》，《政法论坛》2000 年第 5 期。

曾志：《简论旗昌轮船公司对中国的影响》，《中山大学研究生报》1994 年第 1 期。

曾小萍、冯永明：《近代中国早期的公司》，《清史研究》2008 年第 4 期。

张国辉：《中国新式企业的发动和封建势力的阻挠》，《历史研究》1986 年第 2 期。

张秀英：《近代中国公司制度的发展历程》，《广西师范大学学报》2001 年第 2 期。

张德美：《晚清法律移植研究》，博士学位论文，中国政法大学，2002。

张丽萍：《股份制——传统的延续与创新》，硕士学位论文，辽宁师范大学，2003。

张晓峰：《基于权力视角下的公司治理研究》，博士学位论文，山东大学，2008。

张兵：《近代中国公司制度的移植性制度变迁研究》，博士学位论文，辽宁大学，2008。

赵晓雷：《盛宣怀与轮船招商局》，《财经研究》1993 年第 8 期。

周建波：《晚清"官督商办"企业的改革思想及实施——股份公司制度在中国最初的命运》，《经济界》2001 年第 5 期。

朱荫贵：《从大生纱厂看中国早期股份制企业的特点》，《中国经济史研究》2001 年第 3 期。

朱英：《论清末的经济法规》，《历史研究》1993 年第 5 期。

朱荫贵：《近代中国的第一批股份制企业》，《历史研究》2001 年第 5 期。

宗兆昌：《强制性制度变迁背景下的中国资本市场经济效率》，博士学位论文，河海大学，2005。

邹进文：《古代中西商业合伙经营比较研究》，《商业经济与管理》1996 年第 2 期。

邹进文：《近代中国股份企业的官利制》，《历史档案》1996 年第 2 期。

邹晋文：《清末公司制思想研究》，《清史研究》2003 年第 4 期。

四　外文资料

Chan, Wellington K. K. , "Merchant Organization in Late Imperial Chian: Pattern of Change and Development," *Journal of the Hong Kong Branch of the Royal Asiatic Society*, vol. 15 (1975).

Chang Chung-li, *The Income of the Chinese Centry* (Seattle: University of Washington Press, 1962).

Chu, Samuel C. , "Chang Chien and the Founding of DahSun," *Tsing Hua Joural of Chinese Studies* 2. 1 (1960).

Chu, Samuel C. , *Reformer in Modern China: Chang Chien*, 1853—1926 (New York. Colubia University Press, 1965).

George Wialliams Keeton, "Development of Extraterriality in China, " 2Vols, Clondon, 1928.

Hsu, Immanuel C. Y. , *The Rise of Modern China* (New York: Oxford University Press, 1970).

Many Clabaugh Wright, *The Last Stand of Chinese Conservatism* (Stanford University Press, Stanford California, 1962).

Steven A. Leibo, *Transferring Technology to China*, *the Institute of East Asian Studies* (University of California, Berkeley, California, 1985).

后　记

时光荏苒，转眼间博士毕业已七年有余。其间恩师世明多次劝我把博士学位论文加以修改，然后出版，但琐事缠身，无暇顾及，至今未曾付梓。今年秋季，我被学院派送至北京大学进修学习，在学习之余，利用北京大学充足的图书资源，我对博士学位论文进行了修改。论文修改之际，三年的博士求学生涯亦历历在目。

恩师世明是我敬仰的博导，但中国人民大学的牌子令我胆怯，因为我学识浅薄、资质愚鲁。令人欣慰的是，张师不嫌我资质愚鲁，将我收归帐下，使我得以负笈中国人民大学，从而得到了一次终身受益的学术训练。人大求学的三年间，恩师的耳提面命，给我留下了终生难忘的印象。他朴实严谨的学风，渊博的学识，真诚坦荡、淡泊名利的处世哲学，令我受益良多；三年的悉心教导及谆谆教诲更是我一生的宝贵财富。记得我刚踏进校门之际，恩师就为我拟定了研究方向。此后，从论文的选题到最后的定稿，字里行间无不凝聚着恩师的心血。可以说，没有恩师的教导就没有博士学位论文的写作。师恩似海，永铭于心。

针对我的博士学位论文，硕导李振宏教授也提出了许多很有见地的意见，款款师恩，今生难忘。自2002年以来，李老师一直关注着我的学业，给予我许多无私的关怀与帮助。虽然我已博士毕业，但每每写论文都还请李老师给予指导。每逢此时，李老师总是不吝笔墨地提出令我醍醐灌顶的建议，使我顿受启发。

　　对于我的博士学位论文的写作，中国人民大学清史所专门史教研室杨念群教授、张永江教授、祁美琴教授、孙喆教授也给予了深切关怀。他们学识渊博、学风严谨，给予我无限的启迪，对他们的教诲，我衷心地感谢。我更感谢我的班主任董建中老师，董老师在学习上是良师，在生活中是益友，每当我论文写作陷入困窘无法进展之际，他都给予鼓励、支持并提出宝贵的意见，使我能克服困难，继续论文的写作。

　　论文答辩期间，中国人民大学法学院的资深教授刘文华、清华大学法学院的苏亦工教授、中国社会科学院法学研究所的杨一凡教授、中国人民大学清史所的董建中教授，提出了许多有建设性的意见和建议，在此，对他们表示衷心的感谢。

　　三年的博士生活，我还要特别感谢我的父母妻儿，正是他们的殷勤期望与大力支持，才使我有动力进行学术的深造及论文的写作。三年时间里，爱人张梅女士不仅承担了全部的家务，而且还负责了对儿子的教育、培养，儿子虽聪明好学，但也贪玩、好动。正是家人的无私支持与默默奉献才使我可以将所有心思都用在论文的写作上并得以顺利完稿。

　　除了师长、家人之外，我还要特别感谢院长杨培景教授，他力排众议，坚决让我出来进修。若没有他的支持，我也没有机会在北京大学得以进修，更无缘利用北京大学优厚的图书资源进行论文修改。

　　最后，再次感谢恩师世明教授，除了指导论文的写作之外，他还为这次书稿进行了深入细致的修改，并对社会科学文献出版社老师的辛勤工作衷心致谢！

孙　喆

2017 年 12 月 8 日于北大

图书在版编目（CIP）数据

砧木与嫁接：中国近代公司法律制度贯通论／孙喆
著. -- 北京：社会科学文献出版社，2018.11
（经济法与法人类学研究文库）
ISBN 978-7-5201-3379-1

Ⅰ.①砧… Ⅱ.①孙… Ⅲ.①公司法-法制史-研究
-中国-近代 Ⅳ.①D922.291.912

中国版本图书馆 CIP 数据核字（2018）第 205184 号

经济法与法人类学研究文库
砧木与嫁接：中国近代公司法律制度贯通论

著　　者／孙　喆

出 版 人／谢寿光
项目统筹／芮素平
责任编辑／郭瑞萍　汪延平

出　　　版／社会科学文献出版社·社会政法分社（010）59367156
　　　　　　地址：北京市北三环中路甲 29 号院华龙大厦　邮编：100029
　　　　　　网址：www.ssap.com.cn
发　　　行／市场营销中心（010）59367081　59367083
印　　　装／三河市尚艺印装有限公司

规　　　格／开 本：880mm×1230mm　1/32
　　　　　　印 张：9　字 数：223 千字
版　　　次／2018 年 11 月第 1 版　2018 年 11 月第 1 次印刷
书　　　号／ISBN 978-7-5201-3379-1
定　　　价／59.00 元

本书如有印装质量问题，请与读者服务中心（010-59367028）联系

▲ 版权所有 翻印必究